Fabienne Becker-Stoll / Renate Niesel / Monika Wertfein

Handbuch Kinderkrippe

Fabienne Becker-Stoll /
Renate Niesel / Monika Wertfein

Handbuch Kinderkrippe

So gelingt Qualität in der Tagesbetreuung

HERDER

FREIBURG · BASEL · WIEN

MIX
Paper from responsible sources
FSC® C010798

2. Auflage 2015

www.herder.de

Umschlagkonzeption: R·M·E Roland Eschlbeck / Rosemarie Kreuzer
Umschlaggestaltung: Verlag Herder
Umschlagabbildung: Klara Killeit
Fotos im Innenteil: Hartmut W. Schmidt, Freiburg

Satz und Layout: post scriptum, Emmendingen / Hinterzarten
Herstellung: Graspo CZ, Zlín

Printed in the Czech Republic

ISBN 978-3-451-32833-6

Inhalt

Vorwort

Das Handbuch *Kinderkrippen – So gelingt Qualität in der Tagesbetreuung* haben wir unter dem Eindruck des massiven Ausbaus an Betreuungsplätzen für Kinder in den ersten drei Lebensjahren in Deutschland und des Rechtsanspruches auf einen Betreuungsplatz ab August 2013 geschrieben. Länder und Kommunen haben in den vergangenen Jahren erhebliche Anstrengungen unternommen, um ein bedarfsgerechtes Angebot an Plätzen einzurichten. Nach Angaben der Bundesländer sollen im Kita-Jahr 2013/2014 voraussichtlich insgesamt rund 810 000 Kita-Plätze zur Verfügung stehen. Die letzten Elternbefragungen durch das Deutsche Jugendinstitut ergaben einen Bedarf von bundesweit rund 780 000 Plätzen.

Gleichzeitig haben aber Lehrinhalte zur Entwicklung von Säuglingen und Kleinkindern in der Ausbildung der Fachkräfte nach wie vor nicht das Gewicht und die Bedeutung, die ihnen zukommen müsste. Auch in der Fort- und Weiterbildung sind fundierte Angebote zur Entwicklung von Kleinkindern und zu ihren Grundbedürfnissen und den davon abzuleitenden pädagogischen Handlungsanforderungen nicht in dem Maße erweitert worden, wie es nötig wäre. Längst nicht alle Fachkräfte, die bisher mit dem Altersspektrum von drei bis sechs Jahren gearbeitet haben und nun auch jüngere Kinder in ihren Einrichtungen betreuen sollen, konnten für diese pädagogische Herausforderung in ausreichender Weise fortgebildet werden. Eine standardisierte Ausbildung und laufende Fortbildungen für Tagespflegeeltern, die als Voraussetzung zur Berufsausübung bundesweit gelten, gibt es ebenfalls nicht. Damit kann nicht in jeder Kindertageseinrichtung sichergestellt werden, dass Kleinkinder in öffentlich geförderten Kindertageseinrichtungen und Tagespflegestellen von gut ausgebildeten, auf Säuglinge und Kleinkinder spezialisierten Fachkräften betreut, erzogen und gebildet werden.

Mit diesem Buch möchten wir dazu beitragen, dass nicht nur Schaden von jungen Kindern durch eine unzureichende Qualität in Kindertageseinrichtungen abgewendet wird, sondern dass Kindertageseinrichtungen – seien es Kinderkrippen oder altersgemischte Einrichtungen – für Kinder in den ersten drei Lebensjahren zu einer familienergänzenden

Entwicklungsumgebung werden, von der Kinder in ihrer Entwicklung und auch die Eltern profitieren können.

Wir haben daher den Fokus des Handbuchs auf die Entwicklungsbedürfnisse von Kindern in den ersten drei Lebensjahren und die sich daraus ableitenden notwenigen Qualitätsanforderungen in der außerfamiliären Betreuung von Kleinkindern gelegt. Dabei werden Kinder in den ersten drei Lebensjahren nicht als unter Dreijährige zusammengefasst, sondern es wird zwischen den Bedürfnissen von Säuglingen (im ersten Lebensjahr), Einjährigen (ab zwölf Monaten) und Zweijährigen (ab 24 Monaten) unterschieden.

Auch wenn die einzelnen Kapitel inhaltlich aufeinander aufbauen, so kann jedes einzelne auch für sich alleine gelesen werden. Wir haben uns bemüht, alle Erkenntnisse und Empfehlungen mit möglichst aktuellen wissenschaftlichen Untersuchungen zu untermauern, um somit auch einen aktuellen Überblick über den Stand der Forschung zu bieten. Am Ende jedes Kapitels stehen kommentierte Literaturempfehlungen zur Vertiefung und zum Weiterlesen.

Das erste Kapitel »Die Bedeutung von pädagogischer Qualität in Krippen« erklärt, was unter pädagogischer Qualität zu verstehen ist, und dass sich diese nur vom Kind und seinen Bedürfnissen her ableiten lässt. Dabei werden auch unterschiedliche Aspekte von pädagogischer Qualität und ihr Zusammenwirken dargestellt. Außerdem wird erläutert, wie pädagogische Qualität erfasst und beobachtet werden kann.

Im zweiten Kapitel geht es um die entwicklungspsychologischen Grundlagen in den ersten drei Lebensjahren, die Entwicklungsaufgaben und Grundbedürfnisse des Kindes, die Bindungs- und Explorationsentwicklung sowie die Emotionsregulation und ihre Auswirkung auf die Gehirnentwicklung von Kleinkindern. Dabei wird die große Bedeutung der Eltern und anderer Betreuungspersonen für die gesunde Entwicklung in dieser Altersspanne verdeutlicht.

Kapitel drei stellt dann den Übergang in die frühpädagogische Praxis dar. Dabei wird auf die Beziehungs- und Interaktionsqualität in der Krippe und Tagespflege sowie die Bedeutung einer gelungenen Eingewöhnung für das Kind eingegangen, aber auch die Qualität der Erzieherin-Kind-Beziehung und ihre Auswirkungen auf die Entwicklung von Kindern im ersten, zweiten und dritten Lebensjahr beleuchtet.

Im vierten Kapitel stehen die Peerbeziehungen im Mittelpunkt: miteinander spielen, streiten, Freundschaft schließen – Peerinteraktionen in den ersten Lebensjahren. Der aktuelle Forschungsstand zur Bedeutung von frühkindlichen Beziehungen wird dargestellt und Möglichkeiten aufgezeigt, wie die Beziehungen der Kinder im Gruppengeschehen und im pädagogischen Alltag moderiert und unterstützt werden können.

Kapitel fünf beschäftigt sich mit dem Grundrecht auf Bildung und dem Bildungsauftrag von Kindertageseinrichtungen. Zunächst wird erläutert, was Bildung, Erziehung und Betreuung jeweils bedeuten und wie Kinder in den ersten Lebensjahren lernen, angetrieben von der Lust an der Exploration und am Spielen. Anschließend wird aufgezeigt, wie Bildungsbegleitung durch die Erzieherin im Dialog mit dem Kind aussehen kann.

Das sechste Kapitel zum Thema Beobachtung schließt direkt an das fünfte Kapitel an und zeigt, wie wichtig es ist, Bildungsprozesse von Kindern richtig zu beobachten, um einerseits Kinder besser zu verstehen und unterstützen zu können, andererseits aber auch die Eltern an der Entwicklung des Kindes teilhaben zu lassen. Schließlich werden die Voraussetzungen für professionelle Beobachtung und Dokumentation dargestellt.

Das siebte Kapitel wendet sich einer besonderen Herausforderung der Kleinkindbetreuung zu: Kindern unter drei in Gruppen mit erweiterter Altersmischung. Hier wird aufgezeigt, welche Veränderungen notwendig sind, damit klassische Kindergärten den Bedürfnissen von Kleinkindern gerecht werden können, sodass alle Beteiligten davon profitieren und weder die Jüngsten noch die älteren Kinder das Nachsehen haben.

Im letzten und achten Kapitel wird die aktuelle Qualität in Krippen und anderen außerfamiliären Betreuungsformen anhand von zwei wissenschaftlichen Studien dargestellt. Die Ergebnisse dieser Studien machen deutlich, dass pädagogische Alltagsroutinen oft nicht an den kindlichen Grundbedürfnissen ausgerichtet werden. Vor diesem Hintergrund wird gezeigt, wie alltägliche pädagogische Abläufe an den Entwicklungsbedürfnissen der Kinder ausgerichtet werden können und welche Ressourcen dafür notwendig sind. Schließlich werden auch die verantwortlichen Akteure auf Ebene der Träger, Kommunen und Länder benannt. Dabei wird deutlich, dass ausreichende Qualität ohne die notwendigen Ressourcen und ohne systematische Evaluation und wissenschaftliche Begleitung nicht möglich sind.

Wir möchten all diejenigen unterstützen, die sich mit der Bildung, Erziehung und Betreuung von Kindern in den ersten drei Lebensjahren befassen. Damit sind in erster Linie die pädagogischen Fachkräfte gemeint. Angesprochen sind aber auch diejenigen, die auf der organisatorischen und administrativen Ebene Kindertagesbetreuung für unter Dreijährige anbieten, organisieren und ausbauen. Das Buch eignet sich darüber hinaus für die Aus-, Fort- und Weiterbildung im Bereich der Frühpädagogik sowie für die Studiengänge zur frühkindlichen Bildung.

An vielen Stellen in diesem Buch wird deutlich werden, dass die Grundprinzipien guter pädagogischer Arbeit keine Einteilung in »unter drei« und »über drei« kennt. Auch aus entwicklungspsychologischer Sicht gibt es keine scharfe Abgrenzung, da die Heterogenität des Entwicklungsstandes bei gleich alten, z. B. dreijährigen Kindern, groß ist. Daher hoffen wir, dass unser Plädoyer für gut abgestimmtes pädagogisches Verhalten auf frühkindliche Bedürfnisse (wie z. B. eine kindorientierte Eingewöhnung) auch für die Kinder »über drei« ein Gewinn sein wird.

Wir möchten mit diesem Buch alle Berufsgruppen ansprechen, die für das Wohlergehen von Kindern in den ersten drei Lebensjahren verantwortlich sind. Damit schließen wir Vertreter und Vertreterinnen der Träger und auch die Personen, die auf der politischen Ebene wirken, ausdrücklich ein. In erster Linie richten sich die Beiträge jedoch an die Menschen, die tagtäglich mit den jungen Kindern arbeiten. Die Berufsbezeichnungen im Bereich der Tagesbetreuung sind vielfältig, setzen unterschiedliche Ausbildungen und Qualifikationen voraus und unterscheiden sich auch von Bundesland zu Bundesland. In unseren Texten sprechen wir meistens von Fachkräften, pädagogischen Fachkräften oder Erzieherinnen und hoffen, dass sich die Mitglieder der verschiedenen Berufsgruppen, seien sie weiblich oder männlich, gleichermaßen angesprochen fühlen.

Neben aller Wissenschaftlichkeit und dem dringend notwendigen Fachwissen möchten wir Fachkräfte auch dazu ermuntern, den besonderen Charme und die Lebensfreude der Jüngsten immer wieder bewusst wahrzunehmen und sich in der Interaktion mit den Kindern daran zu freuen.

Wir wünschen Ihnen viel Freude beim Lesen und hoffen, Sie in Ihrer täglichen Praxis und in der Arbeit mit Kleinkindern und ihren Familien umfassend zu unterstützen.

Fabienne Becker-Stoll
Renate Niesel
Monika Wertfein

1 Die Bedeutung pädagogischer Qualität in Kinderkrippen

Seit über zwanzig Jahren wird in Deutschland die Frage nach der frühpädagogischen Qualität und dem Verständnis von Qualitätskonzepten in der Frühpädagogik kontrovers diskutiert. Ging es dabei zunächst meist um das Bildungsverständnis und um die Vorzüge pädagogischer Konzepte oder Richtungen, steht heute bei der Betreuung von Kindern in den ersten drei Jahren die Sicherung des kindlichen Wohlbefindens im Mittelpunkt.

Der massive quantitative Ausbau der Kindertagesbetreuung für Kinder in den ersten drei Lebensjahren hat die Frage nach der Qualität verdrängt, auch weil es den Rechtsanspruch auf einen Krippenplatz ab dem 1. 8. 2013 zu erfüllen galt. Allerdings ist sich die Fachwissenschaft einig, dass gerade bei der Betreuung von Kleinkindern die Qualität der Betreuung darüber entscheidet, ob die außerfamiliäre Betreuung dem Kindeswohl auch langfristig zuträglich ist oder nicht. Der Erfolg des Ausbauprogramms muss daher zuerst daran gemessen werden, ob und wieweit Krippen und Kindertagespflegestellen als familienergänzende Orte für Kinder »das körperliche, emotionale, soziale und intellektuelle Wohlbefinden und die Entwicklung der Kinder in diesen Bereichen fördern und die Familie in ihrer Betreuungs- und Erziehungsaufgabe unterstützen« (Tietze 1998, S. 20; Deutsche Liga für das Kind 2008).

Neben verstärkten Forschungsaktivitäten, die die aktuelle Qualität in Angeboten für Kinder unter drei Jahren in Deutschland empirisch erfassen (vgl. Kap. 8), haben sich angesichts des rasanten Ausbaus in den vergangenen Jahren verschiedene Akteure warnend zu Wort gemeldet.

Entwicklungsrisiken bei mangelnder Qualität

Die Deutsche Liga für das Kind (2008, S. 2) hat mit einem Positionspapier die Notwendigkeit von Qualitätsentwicklung in Kinderkrippen und Kindertagespflege zum Wohl des Kindes verdeutlicht: »Krippen und Kindertagespflegestellen, die anerkannten Mindestanforderungen an Qualität nicht genügen, können für die dort betreuten Kinder ein erhebliches Entwicklungsrisiko darstellen. Die Anpassungsfähigkeit des Kindes kann überfordert, das Sicherheitsgefühl erschüttert und die seelische Gesundheit beeinträchtigt werden. Risiken ergeben sich insbesondere in den Fällen, in denen eine Einrichtung oder Tagespflegestelle konzeptionell, strukturell oder personell nicht ausreichend für die Altersgruppe der unter Dreijährigen ausgestattet ist. Frei gewordene Plätze in einer Kindertageseinrichtung ohne Weiteres mit Kindern unter drei Jahren aufzufüllen, ohne über die notwendigen Voraussetzungen zu verfügen, wird den Bedürfnissen der Kinder nicht gerecht und ist insofern fahrlässig.«

Nachfolgend soll geklärt werden,

- warum pädagogische Qualität so wichtig ist
- was unter pädagogischer Qualität zu verstehen ist
- dass pädagogische Qualität sich nur vom Kind und seinen Bedürfnissen ableiten lässt und
- wie pädagogische Qualität in Einrichtungen für Kinder unter drei Jahren erfasst werden kann.

1.1 Pädagogische Qualität geht vom Kind und seinen Bedürfnissen aus

Könnte man Kinder in den ersten drei Lebensjahren fragen, welchen Anspruch sie an die Qualität in Kindertageseinrichtungen haben, würden sie antworten: Eine Kita ist dann gut für uns, wenn wir uns wohl, wertgeschätzt und unterstützt fühlen.

Das Verständnis von Qualität in Kindertageseinrichtungen muss sich vom Kind und seinen entwicklungsspezifischen Bedürfnissen her ableiten (z. B. Bensel/Haug-Schnabel 2008). Damit sind sowohl die physischen Grundbedürfnisse nach Schutz vor Kälte und Hitze, nach Nahrung, nach Sauberkeit und körperlicher Unversehrtheit als auch die psychischen Grundbedürfnisse nach Bindung, Kompetenz- und Autonomieerleben gemeint (Becker-Stoll/Wertfein 2013, vgl. Kap. 2). Wenn man diesen Grundsatz ernst nimmt, wird deutlich, dass das Verständnis von frühpädagogischer Qualität nicht von einem spezifischen pädagogischen Ansatz abhängig gemacht werden kann (z. B. ob nach Montessori, Steiner oder eher nach der Reggiopädagogik gearbeitet wird), sondern sich vielmehr grundsätzlich darin zeigt, inwiefern die Bedürfnisse der Kinder befriedigt werden und ihre Entwicklung altersangemessen unterstützt wird (Becker-Stoll/Wertfein 2013). Gleichzeitig müssen die verschiedenen Aspekte der Bildung, Erziehung und Betreuung von Kindern in der Kindertageseinrichtung sowie ihre Gelingensbedingungen betrachtet werden.

Altersangemessene Bildung, Betreuung und Erziehung

Die bestehenden und genutzten strukturellen Bedingungen stellen den Rahmen dar, in dem die täglichen interaktiven Prozesse der pädagogischen Fachkräfte mit den Kindern stattfinden und die eigentliche pädagogische Qualität prägen. In Anlehnung an die Definition von Cryer (1999) ist pädagogische Qualität dann gegeben, »wenn die jeweiligen pädagogischen Orientierungen, Strukturen und Prozesse das körperliche, emotionale, soziale und intellektuelle Wohlbefinden und die Entwicklung und Bildung der Kinder in diesen Bereichen aktuell wie auch auf Zukunft gerichtet fördern«. Dabei kommt es darauf an, »das stellvertretend wahrgenommene Interesse des Kindes an guter Bildung, Betreuung und Erziehung in den Mittelpunkt« zu stellen und damit die Qualität grundsätzlich aus Kindperspektive zu betrachten und zu bewerten (Tietze et al. 2007, S. 6).

Die Arbeit mit der jüngsten Altersgruppe ist sehr herausfordernd und stellt hohe Ansprüche an die Belastbarkeit des Personals. Nicht immer werden die Arbeitsbedingungen als ausreichend und unterstützend erlebt. Vor allem eine hohe Fluktuation im Team, knappe Personalressourcen (ohne Personalreserven bei kurzfristigem Personalausfall, z. B. bei Krankheit, oder bei erhöhtem Personalbedarf, z. B. während der Eingewöhnung) und Zeitmangel im Tagesablauf tragen dazu bei, dass Fachkräfte immer wieder an ihre Belastungsgrenzen stoßen. Für die pädagogischen Teams bedeutet eine gute Qualität in Kindertageseinrichtungen die Gewährleistung von Arbeitsbedingungen, unter denen sich Anforderungen und Ressourcen die Waage halten.

Fragt man die Fachkräfte nach ihrer subjektiven Einschätzung, wird schnell deutlich, dass – neben den strukturellen Rahmenbedingungen – ein gutes Team die wichtigste Ressource für die pädagogische Arbeit und die Bewältigung des Kita-Alltags darstellt (Wertfein/Spies-Kofler 2008; Wertfein/Müller/Kofler 2012). Darüber hinaus konnte gezeigt werden, dass die Teamqualität einen entscheidenden Einfluss auf die Interaktionsqualität hat: Je besser und unterstützender die Kooperation im Team ist, desto positiver und entspannter sind die Interaktionen zwischen Fachkräften und Kindern im Kita-Alltag (Wertfein/Müller/Danay 2013). Dies zeigt, dass die Selbstfürsorge der Fachkräfte und die gegenseitige Unterstützung im pädagogischen Team wichtige Ressourcen und gute Voraussetzungen für die emotionale Verfügbarkeit und angemessene Fürsorglichkeit der Fachkräfte für die Kinder sind.

Fürsorge und Selbstfürsorge der Fachkräfte

1.2 Pädagogische Qualität wirkt sich auf Kinder aus

Mittlerweile gibt es eine wachsende Anzahl von Studien, die Zusammenhänge zwischen der Qualität außerfamiliärer Betreuung und dem Entwicklungsstand von Kindern in Sprache, Kognition und sozial-emotionalen Kompetenzen bestätigen (z. B. Burchinal et al. 2008; Mashburn et al. 2008). Insbesondere die Daten der NICHD-Studie belegen empirisch sowohl den Einfluss von Familienfaktoren als auch den der außerfamiliären Betreuung auf die kindliche Entwicklung (NICHD 1998, 1999, 2000, 2002, 2003, 2006). So fanden sich beispielsweise längsschnittliche Zusammenhänge zwischen einer niedrigen Qualität der außerfamiliären Betreuung und späterem externalisierendem Problemverhalten der Kinder: Negative Effekte des Besuchs einer Kindertageseinrichtung mit niedriger Qualität zeigten sich vor allem dann, wenn die Kinder sehr viel Zeit in der Einrichtung verbrachten und die Gruppen sehr groß waren (Belsky 2009; McCartney et al. 2010). Zwar fielen die Effektstärken der Einrichtungsqualität insbesondere im Vergleich zum Einfluss der Familie eher gering aus, dennoch dürfen diese Einflüsse in ihrer Bedeutung nicht unterschätzt werden. Bei Kindern, die in ihren Familien keine ideale Betreuung erfahren, kann eine außer-

Zusammenwirken von Familie und Kita

familiäre Betreuung mit ausgezeichneter Qualität kompensatorisch wirken und Defiziten in der sozialen Entwicklung sowie Problemverhalten vorbeugen. Erfahren diese Kinder dagegen auch in der außerfamiliären Betreuung eine niedrige Qualität, so wirkt sich dies zusätzlich negativ auf ihre Entwicklung aus (Watamura et al. 2011).

Internationale Studien zur pädagogischen Qualität in Tageseinrichtungen und im Schulunterricht belegen auch für ältere Kinder, dass die konkreten Interaktionen zwischen Pädagogen und Kindern, d.h. die Prozessqualität im engeren Sinne (vgl. Kap. 1.3), entscheidend für das Gelingen von Bildungsprozessen sind (Pianta/Hamre 2009). Eine höhere Qualität der Fachkraft-Kind-Interaktion konnte mit besseren Lern- und Entwicklungsfortschritten in sowohl akademischen Kompetenzbereichen, wie z.B. der Sprachentwicklung, als auch der sozio-emotionalen Entwicklung in Verbindung gebracht werden (Anders et al. 2012; Mashburn et al. 2008; Siraj-Blatchford et al. 2002; Beckh et al. 2013).

Grundlegend wichtig für das Gelingen von Prozessqualität scheint also die Kompetenz der Fachkraft zu sein, Interaktionen individuell abgestimmt auf das einzelne Kind zu gestalten, ohne dabei das Gruppengeschehen aus dem Auge zu verlieren (Ahnert, 2006, 2007; Ahnert et al. 2006; vgl. auch Kap. 3 in diesem Buch). Somit sind folgende Faktoren Voraussetzungen für gelingende Bildungsprozesse: eine hohe individuelle Beziehungsqualität (Birch/Ladd 1998; Howes 2000) und professionelle Responsivität (u.a. Rubenstein/Howes 1983; Whitebook et al. 1990; Gutknecht 2012) sowie eine gute Organisation der Lernsituation (Hamre/Pianta 2007; Siraj-Blatchford et al. 2002).

Interaktionen individuell gestalten

1.3 Aspekte der pädagogischen Qualität

Pädagogische Qualität ist ein komplexes Gefüge unterschiedlicher Aspekte und Einflüsse. Grundsätzlich kann unterschieden werden in die Bereiche Orientierungsqualität, Strukturqualität und Prozessqualität, die in Wechselwirkung miteinander stehen und kaum unabhängig voneinander betrachtet werden können (vgl. Abb. 1.1): Bildung, Betreuung und Erziehung von Kindern werden dabei als interaktive Prozesse betrachtet. Diese Dynamik des pädagogischen Alltags mit dem pädagogischen Handeln der Erzieherinnen und den Erfahrungen, die Kinder machen können, kann insgesamt und im Hinblick auf die unterschiedlichen Aspekte pädagogischer Qualität jeweils sehr unterschiedlich ausfallen.

Die *Orientierungsqualität* spiegelt das Bild vom Kind, das die pädagogische Fachkraft vertritt und das in ihrer Auffassung über Bildung und Entwicklung sowie in konkreten Bildungs- und Erziehungszielen sowie Erziehungsmaßnahmen zum Ausdruck kommt (Tietze / Viernickel 2007).

Unter *Strukturqualität* werden all jene Faktoren subsumiert, die als gegeben betrachtet werden müssen und sich mehrheitlich nur auf politischer Ebene verändern lassen. Hierzu zählen die Gruppengröße, der Erzieher-Kind-Schlüssel, die räumlichen Bedingungen (qm pro Kind), die Qualifikation der pädagogischen Fachkräfte durch Aus- und Weiterbildung, die Vorbereitungszeit, die Kontinuität der pädagogischen Fachkräfte sowie das Einkommen des Personals (Viernickel / Schwarz 2009; Tietze / Viernickel 2007).

Prozessqualität im weiteren Sinne erfasst die gesamte Art und Weise, wie pädagogische Fachkräfte den Bildungs-, Erziehungs- und Betreuungsauftrag umsetzen. *Prozessqualität im engeren Sinne* legt den Fokus auf die Interaktionen zwischen Fachkräften und Kindern. »In den Interaktionsprozessen zeigt sich sowohl die Dynamik des pädagogischen Geschehens als auch der Umgang mit dem Kind« (Müller 2011, S. 65).

Teamqualität als wichtige Ressource

Die Management- und Organisationsqualität, und hierbei besonders die Teamqualität, stehen zwischen dem Input (Struktur- und Orientierungsqualität) und dem Output (Prozessqualität im engeren Sinne). Untersuchungen zeigen, dass »die Qualität des Managements und der *Organisation* einer Kindertageseinrichtung einen eigenständigen Einfluss auf das Prozessgeschehen hat und zusätzlich die Wirkung der strukturellen Bedingungen moderiert« (Viernickel 2008, S. 47). Nicht nur aus Sicht der Fachkräfte selbst erweisen sich eine gute Zusammenarbeit im Team, klare Teamabsprachen und ein gutes Teamklima als wichtige Ressourcen und Gelingensbedingungen für gute pädagogische Praxis (Wertfein / Spies-Kofler / Becker-Stoll 2009; Müller 2011; Wertfein / Müller / Danay 2013).

Abbildung 1 veranschaulicht das Zusammenwirken der verschiedenen Aspekte von Qualität im Setting der Kindertagesbetreuung. Orientierungsqualität und Strukturqualität beeinflussen sich gegenseitig. Je nachdem, welche Vorstellung in einer Kindertageseinrichtung darüber herrscht, wie z. B. Bildungsprozesse der Kinder begleitet werden sollen, werden die zur Verfügung stehenden Ressourcen eingesetzt und genutzt oder nicht. Die Abstimmung und Organisation im Team moderiert den Einfluss von Orientierungsqualität und Strukturqualität auf die eigentliche Prozessqualität, also die konkrete pädagogische Interaktion mit den Kindern. So kann beispielsweise die beste pädagogische Konzeption auch bei ausreichenden Ressourcen in der Kindertageseinrichtung nicht in pädagogisches Handeln umgesetzt werden, wenn es starke Konflikte im Team gibt. Umgekehrt kann auch bei weniger guter Ausstattung durch liebevolle und engagierte Interaktion mit den Kindern und gute Abstimmung im Team ein lernfreudiges und entspanntes Klima entstehen.

Empirische Untersuchungen zeigen, dass sich die unterschiedlichen Aspekte der pädagogischen Qualität zwar wechselseitig beeinflussen,

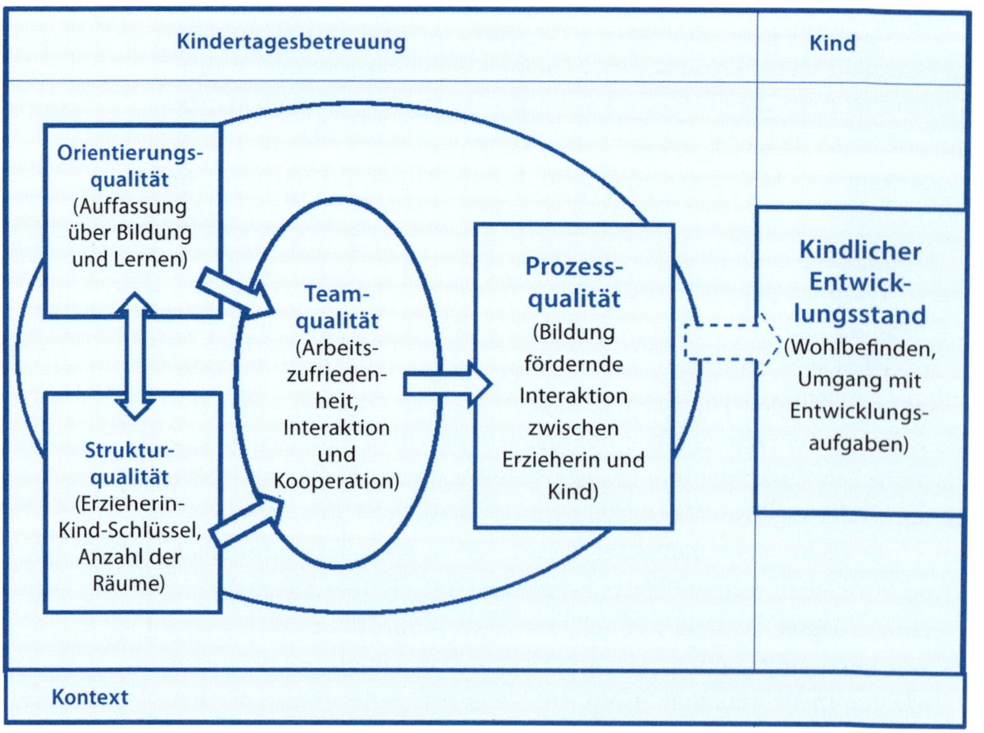

Abbildung 1.1: Bereiche und Zusammenhänge zwischen pädagogischen Qualitätsmerkmalen in Kinderkrippen (in Anlehnung an Bundesministerium für Familie, Senioren, Frauen und Jugend 2005, S. 649).

aber nicht vollständig gegenseitig bestimmen (Tietze 1998, 2008). Dies hängt zum einen damit zusammen, dass je nach Studie und Erhebungsinstrumentarium unterschiedliche Perspektiven (z.B. Eltern, Fachkräfte) auf die pädagogische Qualität abgebildet werden. Zum anderen kann die Prozessqualität in zwei Gruppen einer Kindertageseinrichtung sehr unterschiedlich ausfallen, auch wenn dasselbe pädagogische Konzept (Orientierungsqualität) oder der gleiche Erzieher-Kind-Schlüssel (Strukturqualität) gegeben sind.

Fachkräfte haben Gestaltungsspielräume

Trotz vergleichbarer Ausgangsbedingungen besteht somit ein hoher Gestaltungsspielraum durch die pädagogischen Fachkräfte. Entscheidend ist hierbei der Umgang mit den verfügbaren Ressourcen, insbesondere das Zeit- und Personalmanagement, sowie die Umsetzung bestehender Qualitätsansprüche. Dies wird besonders deutlich und daran mess- und beobachtbar, in welchem Maße die pädagogische Arbeit an den individuellen Bedürfnissen der Kinder in der Einrichtung oder Gruppe orientiert ist und wie flexibel und veränderbar deren Planung und Gestaltung gehandhabt werden (Tietze et al. 2007). Darüber hinaus kann die praktisch umsetzbare Qualität stark eingeschränkt werden, wenn sich Eltern, die Einrichtungsleitung, die pädagogischen Fachkräfte und/oder der Träger nicht darüber einig sind, was gute pädagogische Qualität ausmacht und worauf besonders zu achten ist (vgl. Kap. 8.4, 8.6).

1.4 Pädagogische Qualität kann man messen

Um der Frage nachzugehen, ob und wie sich die dargestellten Qualitätsaspekte im frühpädagogischen Bereich erfassen und messen lassen, soll im Folgenden ein kurzer Überblick über den Begriff des »Messens« in pädagogischen Zusammenhängen gegeben sowie wissenschaftliche Mindestanforderungen an Messinstrumente dargestellt werden. Denn: Nur ein einheitliches Verständnis auf dieser Ebene kann zu möglichst objektiven Einschätzungen und belastbaren Aussagen für die Praxis führen.

Unter Messen versteht man allgemein die Zuordnung von Zahlen zu Merkmalsausprägungen. Damit Merkmalsausprägungen gemessen werden können, braucht man Skalen. Dinge, die vorher nicht messbar waren, können anhand von Skalen messbar werden. Ausprägungen von bestimmten Merkmalen können gemessen werden, z.B. die Körpertemperatur, Gewicht einer Person oder die Höhe eines Gegenstandes. Dabei kommt es darauf an, welches Messinstrument verwendet wird (z. B.: Wird die Körpertemperatur mit einem digitalen oder analogen Thermometer gemessen?) und wie genau und zuverlässig gemessen wird (z. B.: Messen zwei unterschiedliche Thermometer die gleiche Temperatur?).

Klare Qualitätskriterien machen Weiterentwicklung sichtbar

Das gilt auch für die pädagogische Qualität: Erst wenn sie anhand eindeutiger Qualitätskriterien messbar ist, kann ein Mehr oder Weniger an Qualität bestimmt werden. Erst durch die Messung wird deutlich, in welchen Bereichen eine Verbesserung nötig oder gewünscht ist, um daraus wiederum zu schließen, welche Maßnahmen und Ressourcen zu einer gezielten Veränderung erforderlich sind. Zu einem späteren Zeitpunkt kann durch eine weitere Einschätzung überprüft werden, ob diese Veränderung stattgefunden und was sie bewirkt hat.

Intuitiv scheint der Bereich der Strukturqualität am einfachsten zu erfassen zu sein, da es sich hierbei um quantitativ messbare Aspekte der Qualität handelt. Dies mag beispielsweise für die Gruppengröße oder die Größe der Räume in Quadratmetern zutreffen. Hingegen ist schon die Berechnung des Erzieherin-Kind-Schlüssels hoch komplex und kaum zuverlässig möglich (Viernickel / Schwarz 2009).

1.4.1 Messmethoden in der Frühpädagogik

Wie geht man vor, um die pädagogische Qualität zu erfassen? Grundsätzlich stehen verschiedene mündliche und schriftliche Messmethoden zur Verfügung. Zudem kann man wählen zwischen der Erfassung der Qualität aus Sicht der Betroffenen (z. B. Fachkräften, Leitung, Eltern) oder aus der Perspektive von Außenstehenden (z. B. Forschern, Fachberatern).

Bei der Messung von pädagogischer Qualität kommen sowohl strukturierte Interviews und Fragebögen als auch systematische Beobachtungsverfahren wie Einschätzskalen oder Kriterienkataloge zum Einsatz. Für alle Verfahren gilt, dass sie in ausreichendem Umfang den erforderlichen Messgütekriterien genügen, d. h. sie müssen

- objektiv sein (Kriterium der Objektivität)
- zuverlässig messen (Kriterium der Reliabilität)
- und die Messung muss zu gültigen Ergebnissen führen (Kriterium der Validität).

Von der *Objektivität* eines Verfahrens kann dann gesprochen werden, wenn seine Durchführung und Auswertung unabhängig vom jeweiligen Anwender ist. So sollten z. B. zwei Beobachter, die mit einem Beobachtungsverfahren ein Kind in derselben Situation beobachten, zum gleichen Ergebnis kommen. Ebenso sollten zwei Personen, die mit einem Verfahren z. B. die pädagogische Konzeption einer Einrichtung inhaltlich auswerten, zum gleichen Ergebnis kommen.

Zuverlässigkeit (Reliabilität) wird einem Verfahren dann zugeschrieben, wenn es möglichst genau und fehlerarm misst. Dabei sollten wiederholte Anwendungen desselben Verfahrens zu gleichen Ergebnissen führen (Retest-Reliabilität).

Von *Gültigkeit* (Validität) kann bei einem Verfahren nur dann gesprochen werden, wenn es das, was es messen soll, auch tatsächlich abbildet.

Diese Gütekriterien bauen aufeinander auf. So kann ein Messverfahren nur zuverlässig sein, wenn es auch objektiv ist, und nur dann valide messen, wenn es sowohl objektiv als auch zuverlässig ist (Bortz 2005; Amelang / Schmidt-Atzert 2006). Die wissenschaftliche Überprüfung der Messgüte eines Verfahrens ist sehr aufwendig und führt oft zu Revisionen des Verfahrens. Dennoch sollten alle in der frühpädagogischen Praxis angewandten Verfahren wissenschaftlich erprobt und ihre Messgüte nachgewiesen sein. Schließlich ist nicht nur die Anwendung z. B. eines Evaluationsverfahrens aufwendig, sondern auf der Grundlage der Evaluationsergebnisse werden weitreichende Entscheidungen – für die Fachkräfte, die Kinder, die Eltern – getroffen.

1.4.2 Einschätzen pädagogischer Qualität und ihrer Bedingungen

Beobachtung ist subjektiv

Nach Braun (2010) ist »Messen« in pädagogischen Zusammenhängen ein eher selten angewandter Begriff. Seiner Ansicht nach trifft der Begriff »Einschätzen« das Vorgehen besser, weil es immer eine Vielzahl von Faktoren gibt, die das Ergebnis beeinflussen. Vor allem der Beobachter selbst steht immer in der Gefahr, seine subjektive Wertung in eine Einschätzung einzubringen. Objektives »Messen« ist möglich bei Zeitfaktoren (Wie lange spricht eine Erzieherin mit einem Kind?) oder bei Strukturdaten (Wie viele Kinder sind heute da?). Das Einschätzen der »Atmosphäre« in der Gruppe ist ungleich schwieriger, aber ebenfalls objektiv möglich, wenn verschiedene Beobachter bei jeder Messung die gleichen Kriterien anlegen (z. B.: Wird zusammen gelacht? Spricht die Fachkraft die Kinder mit Namen an?).

Der Fachbegriff, der für die Einschätzung sozialer Arbeit zugrunde gelegt wird, ist »Evaluation« und kann als Selbstevaluation durch die Fachkraft selbst oder als Fremdevaluation, z. B. durch ein Forscherteam, zur Anwendung kommen. Die *Selbstevaluation* ist ein systematisches Nachdenken und Einschätzen der eigenen beruflichen Praxis. Während die (unsystematische) Reflexion des eigenen Handelns im Alltag einer Kindertageseinrichtung ständig, zumeist bezogen auf konkrete Ereignisse, z. B. in Form von Team- und Elterngesprächen, stattfindet, ist die Selbstevaluation stärker strukturiert und kriteriengeleitet. Sie stellt Fragen zum Zusammenhang von Prozess und Ziel und gibt der Reflexion somit eine Richtung (Braun 2010; Tietze 2004). Selbstevaluation kann auch auf der Grundlage eines Kriterienkataloges stattfinden. Der Kriterienkatalog *Pädagogische Qualität in Tageseinrichtungen für Kinder* (Tietze / Viernickel 2007) enthält z. B. unterschiedliche pädagogische Qualitätsbereiche und beschreibt gute Qualität aus verschiedenen Blickwinkeln. Zu diesen Qualitätsbereichen gibt es ausführliche Selbstevaluationsmaterialien, mit denen ein Team jeden Qualitätsbereich gemeinsam einschätzen kann. Dieser fortlaufende Selbstevaluationsprozess kann das pädagogische Team und seine pädagogische Arbeit maßgeblich unterstützen, setzt jedoch ein hohes Maß an Selbstreflexion, die Fähigkeit zu einer realistischen Selbsteinschätzung und eine vertrauensvolle Zusammenarbeit der Fachkräfte voraus (Braun 2010).

Selbsteinschätzung und Selbstreflexion

Die *Fremdevaluation* ergänzt die Methoden der Evaluation, erfordert jedoch einen höheren organisatorischen und oft auch finanziellen Aufwand und Einsatz. Fremdevaluation ist dadurch gekennzeichnet, dass die pädagogische Qualität in der Regel durch geschulte Beobachter beurteilt wird, und ist vor allem dann sinnvoll, wenn die Qualität im Sinne einer Stärken-Schwächen-Analyse möglichst objektiv über alle Qualitätsbereiche hinweg eingeschätzt werden soll (Braun 2010).

Externe Einschätzung von Stärken und Schwächen

Im deutschsprachigen Raum haben sich Verfahren zur Einschätzung der pädagogischen Prozessqualität und zur Qualitätsentwicklung etabliert, die von Tietze und seinen Mitarbeitern entwickelt wurden. Hierzu gehören die

- Krippen-Skala (KRIPS-R, Tietze et al. 2007)

- Kindergarten-Skala (KES-R, Tietze et al. 2007)
- Skala für Hort- und Ganztagsschulangebote (HUGS, Tietze et al. 2005) und
- Tagespflege-Skala (TAS, Tietze, Knobeloch/Gerszonowicz 2005).

Diese Einschätzskalen gehen zurück auf US-amerikanische Skalen um die Autoren Harms, Clifford und Cryer (Cryer 1999), liegen in verschiedensprachigen Adaptionen vor und werden weltweit genutzt. Die Skalen erfassen verschiedene Bereiche pädagogischer Qualität, u. a. Platz und Ausstattung, Betreuung und Pflege der Kinder, sprachliche und kognitive Anregungen, Bildungsaktivitäten, Interaktionen, Strukturierung der pädagogischen Arbeit und die Zusammenarbeit von Eltern und Erzieherinnen. Die Einschätzung erfolgt im Rahmen einer mehrstündigen Beobachtung durch trainierte Beobachter und wird durch eine mündliche Nachbefragung der zuständigen pädagogischen Fachkraft ergänzt.

Bei den genannten Verfahren handelt es sich um prozessorientierte Instrumente zur Qualitätsentwicklung in Kindertageseinrichtungen. Sie berücksichtigen sowohl konkretes pädagogisches Handeln als auch den tatsächlichen Einsatz bestehender Ressourcen und Materialien. Auf diese Weise lässt sich verdeutlichen, welche pädagogische Qualität in einer Einrichtung unter den jeweiligen Rahmenbedingungen realisiert werden kann. Die Einschätzungen werden pro Gruppe durchgeführt, in altersgemischten Einrichtungen werden unterschiedliche Verfahren pro Altersgruppe der Kinder eingesetzt (z. B. Krippenskala und Kindergartenskala).

Nachhaltige Qualitätssicherung

Die Einschätzskalen weisen insgesamt eine gute Messgüte auf (Tietze 2006). Durch eine regelmäßige Fremdevaluation und durch die zeitnahe Einschätzung mehrerer Gruppen einer Einrichtung können Genauigkeit und Aussagekraft der Qualitätsergebnisse erhöht werden (Braun 2003). Mit entsprechendem Mehraufwand (Bewertung aller Skalenstufen von 1 = unzureichende Qualität bis 7 = ausgezeichnete Qualität) können die Beobachtungsergebnisse auch dazu genutzt werden, pädagogischen Teams konkrete Rückmeldungen über die Stärken und Entwicklungspotenziale in der jeweiligen Einrichtung zu geben. Auf diese Weise können Forschung und Praxis gemeinsam zur nachhaltigen Qualitätssicherung in Kindertageseinrichtungen beitragen (Wertfein/Müller/Kofler 2012). Die genannten Skalen kamen u. a. in der Krippenstudie und der NUBBEK-Studie zum Einsatz, die in Kapitel 8 dieses Buches näher beschrieben werden.

1.4.3 Qualität muss fortlaufend überprüft werden

Einheitliche Qualitätsstandards fehlen noch

Bisher gibt es in Deutschland (noch) keine einheitlich verbindlichen Standards, die die Qualität frühkindlicher Bildung, Erziehung und Betreuung in öffentlicher Verantwortung bestimmen. Dennoch lassen sich aufgrund nationaler und internationaler Forschungsergebnisse auf unterschiedlichen Ebenen Qualitätsanforderungen beschreiben, die handlungsleitend für die Gestaltung der Arbeit in der Kindertagesbetreuung und deren Finanzierung sein sollten (Strehmel 2008). Neben dem *Nationalen Kriterienkatalog* (Tietze / Viernickel 2007; Tietze 2004) können die unterschiedlichen Aspekte von Qualität in Kindertageseinrichtungen anhand von bestehenden und regelmäßig angewandten Qualitätsentwicklungsverfahren und zur Qualitätssicherung herangezogen werden. Wichtig ist, dass die pädagogische Qualität aus der Kindperspektive betrachtet wird und sich maßgeblich an den kindlichen Interessen hinsichtlich guter Bildung, Erziehung und Betreuung orientiert (Tietze et al. 2007). Mit anderen Worten: Je besser es den Fachkräften tagtäglich gelingt, den Interessen der Kinder gerecht zu werden und im Alltagsgeschehen auf die kindlichen Bedürfnisse zu reagieren, desto hochwertiger ist die Qualität der Kindertageseinrichtung.

Doch ist jede Einrichtung anders und nicht immer kann die bereits erreichte Qualität in einer Einrichtung über das gesamte Kindergartenjahr gewährleistet werden. Dies hängt damit zusammen,

- dass Kindertageseinrichtungen sich stark darin unterscheiden können, wie (vergleichbare) bestehende Ressourcen bzw. Rahmenbedingungen im jeweiligen Team eingesetzt und genutzt werden
- dass besonders engagierte Kindertageseinrichtungen zusätzliche Herausforderungen auf sich nehmen, ohne zusätzliche Ressourcen zu erhalten, etwa durch die Aufnahme von Kindern bis drei Jahre mit besonderem Betreuungs- und Unterstützungsbedarf, z. B. Kinder unter einem Jahr, Kinder mit Migrationshintergrund, Kinder aus Familien, die Hilfen zur Erziehung erhalten, Kinder mit Entwicklungsverzögerung (Wertfein / Müller / Kofler 2012)
- dass die pädagogische Qualität beeinträchtigt wird, wenn Verwal-

tungs- und Leitungsaufgaben sowie hauswirtschaftliche Tätigkeiten von den pädagogischen Fachkräften übernommen werden müssen, ohne dass dies in die personellen und zeitlichen Ressourcen (insbesondere Verfügungszeit) eingeplant wurde

- dass altersgemischte Einrichtungen sich schwerer tun, den Kindern in den ersten drei Lebensjahren alters- und entwicklungsangemessen gerecht zu werden (vgl. Kap. 8.1; Tietze / Becker-Stoll / Bensel et al. 2013).

Die Ausführungen haben gezeigt, dass es bei der Qualität aus Kindperspektive um die entwicklungsangemessene Beantwortung der kindlichen Grundbedürfnisse geht. Welche das genau sind und was bei der Entwicklung von Kindern in den ersten drei Lebensjahren von zentraler Bedeutung ist, wird in Kapitel 2 näher erläutert.

Kommentierte Literaturempfehlungen zu Kapitel 1

Maywald, J. / Schön, B. (2008). Krippen: Wie frühe Betreuung gelingt. Fundierter Rat zu einem umstrittenen Thema. Weinheim/Basel: Beltz.
In diesem Buch beschreiben praxisnahe Wissenschaftlerinnen und Wissenschaftler wie Liselotte Ahnert, Martin Dornes, Joachim Bensel und Gabriele Haug-Schnabel, Éva Hédervári-Heller, Susanne Viernickel und Wiebke Wüstenberg ausführlich die vielfältigen Qualitätsaspekte von Krippen.

Bostelmann, A. / Fink, M. (2013). Glückliche Krippenkinder. Wie Eltern ihre Kinder unterstützen können. Weinheim/Basel: Beltz.
Dieses Buch zeigt Eltern und Fachkräften, was wichtig ist, damit es den Jüngsten in Krippe und Kita gut geht. Es vermittelt anschauliche Einblicke in den Krippenalltag und konkrete Anregungen, wie Eltern ihre Kinder begleiten können, damit diese mit Freude den Tag in der Krippe verbringen. Fachkräften gibt dieses Buch konkrete Fragen und Antworten an die Hand, um mit Eltern ins Gespräch zu kommen.

Becker-Stoll, F. / Berkic, J. / Kalicki, B. (Hrsg.) (2010). Bildungsqualität für Kinder in den ersten drei Jahren. Berlin: Cornelsen Scriptor.
Dieses Buch gibt einen Überblick zum Stand der Bildungsqualität für Kinder in den ersten drei Lebensjahren. Es stellt die wichtigsten Ergebnisse der aktuellen nationalen und internationalen Forschung vor, diskutiert Fragen der Qualifizierung für diese pädagogische Arbeit und widmet sich zentralen frühpädagogischen Themen aus wissenschaftlicher und praxisorientierter Perspektive.

2 Theoretische Grundlagen zu Entwicklung und Bindung

In Kapitel 1 wurde gezeigt, warum sich pädagogische Qualität von den Bedürfnissen des Kindes ableiten muss. Bevor in Kapitel 3 auf deren Umsetzung in der frühpädagogischen Praxis und Aufgaben der außerfamiliären Bezugspersonen eingegangen wird, sind zunächst entwicklungspsychologische Grundlagen zu klären, insbesondere die Fragen,

- was die die wichtigsten Entwicklungsschritte und Grundbedürfnisse von Kleinkindern sind
- wie sich Bindungsbeziehungen in den ersten Lebensjahren entwickeln
- welche Bedeutung Bindungsbeziehungen für die Stressregulation haben und
- wie sich die Erfahrungen in den ersten drei Lebensjahren auf die Gehirnentwicklung und die weitere Kompetenzentwicklung auswirken.

2.1 Entwicklung als Aufgabe

Das Verständnis der Entwicklung über den gesamten Lebenslauf ist ein Verdienst der Entwicklungspsychologie, aus der die sogenannte Psychologie der Lebensspanne hervorgegangen ist. Das Konzept stellt einzelne Entwicklungsabschnitte wie z. B. die frühe Kindheit und Entwicklungsthemen wie z. B. das Lernen in Zusammenhang mit der gesamten lebenslangen Entwicklung. Dies kommt auch beim »lebenslangen Lernen« zum Ausdruck (Baltes 1990; Oerter/Montada 2008). Ein Lebensspannen-Konzept umfasst alterstypische Entwicklungsaufgaben wie beispielsweise den Übergang von der Familie in die Kindertageseinrichtung, deren Bewältigung oder Nicht-Bewältigung die weitere Entwicklung maßgeblich beeinflussen kann. Von Geburt an stellt sich dem Individuum eine Reihe von Entwicklungsaufgaben, deren sukzessive, möglichst erfolgreiche Bewältigung als Grundlage für eine gesunde Entwicklung und als Basis für die Erlangung immer komplexer werdender Kompetenzen gesehen wird. Diese Entwicklungsaufgaben stehen in Zusammenhang mit der jeweiligen kulturellen Umwelt.

»Eine Entwicklungsaufgabe ist eine Aufgabe, die sich in einer bestimmten Lebensperiode des Individuums stellt. Ihre erfolgreiche Bewältigung führt zu Glück und Erfolg, während das Versagen des Individuums unglücklich macht, auf Ablehnung durch die Gesellschaft stößt und zu Schwierigkeiten bei der Bewältigung späterer Aufgaben führt« (Havighurst 1982, S. 2).

Innerhalb der Lebensspanne gibt es Zeiträume, die besonders geeignet erscheinen, bestimmte Lernprozesse oder Entwicklungsaufgaben zu bewältigen, sogenannte »sensitive Perioden«. Zwar bilden Entwicklungsaufgaben keine in sich abgeschlossenen zeitlichen Einheiten – sie können auch zu einem früheren oder späteren Zeitpunkt bearbeitet werden und greifen zeitlich ineinander über. In den sensitiven Perioden erfolgt deren Bewältigung jedoch mit dem geringsten Aufwand. Die Anforderungen haben einen unterschiedlichen Verbindlichkeitsgrad; manche müssen unbedingt bewältigt werden (z. B. Kontrolle der Ausscheidungsorgane, soziale Kontaktfähigkeit, Spracherwerb), andere sind eher als Chancen zu sehen, die das Individuum ergreifen kann oder nicht. Schließlich gibt es Entwicklungsangebote, die für manche Individuen nicht realisierbar sind – sei es aufgrund mangelnder Kompetenz oder infolge familiärer und restriktiver sozioökonomischer Bedingungen.

Sensitive Perioden nutzen

Die gelungene Bewältigung von Entwicklungsaufgaben in einem Lebensabschnitt schafft die Grundlage für günstigere Entwicklungsbedingungen in den folgenden Lebensabschnitten (Waters/Sroufe 1983).

Entwicklungsaufgaben		
Alter	Aufgabenbereich	Aufgabe der Bezugsperson
0 bis 3 Monate	Physiologische Regulation	Behutsame Pflegeroutinen
3 bis 6 Monate	Handhabung von Spannungen	Sensitive, kooperative Interaktion
6 bis 12 Monate	Aufbau einer effektiven Bindung	Erreichbarkeit Bereitschaft zu antworten
12 bis 18 Monate:	Erfolgreiche Exploration	Sicherer Bezugspunkt
18 bis 30 Monate	Individuation (Autonomie)	Nachhaltige Unterstützung

Tabelle 2.1 Einteilung der Entwicklungsaufgaben (Waters/Sroufe 1983, zit. n. Oerter/Montada 1998, S. 123).

Voraussetzung dafür, dass die alterstypischen Entwicklungsaufgaben gut bewältigt werden, ist jedoch die Erfüllung der seelischen Grundbedürfnisse. Im ersten Lebensjahr geht es vor allem um die Erfüllung des Grundbedürfnisses nach Bindung. Nach dem Aufbau der Bindungsbeziehungen stehen im zweiten und dritten Lebensjahr die Grundbedürfnisse nach Autonomie und Kompetenzerleben stärker im Vordergrund.

In der psychologischen und pädagogischen Fachsprache hat sich der Gebrauch des Fachbegriffs »Entwicklungsaufgabe« erweitert und meint immer das Zusammenwirken von individueller Leistungsfähigkeit, kulturellen Erwartungen und individuellen Zielsetzungen. Der positive, motivationale Charakter der Herausforderung wird betont, auf den das Individuum mit einem Zuwachs an Kompetenzen – mit Entwicklungsfortschritten – reagiert. Wichtig ist dabei, dass die Umwelt dem Entwicklungsstand angemessene Ressourcen zur Verfügung stellt, z. B. durch verlässliche Beziehungen und eine anregungsreiche Umgebung.

2.2 Körperliche und seelische Grundbedürfnisse

Auch wenn das Bild vom Kind heute die vielfältigen Kompetenzen, die Kinder von Geburt an mitbringen, und die beachtliche eigene Aktivität ihrer Bildungsentwicklung in den Vordergrund stellt, so sind Kinder gerade in den ersten Lebensjahren gleichzeitig auch sehr verletzbar und völlig von der liebevollen, beständigen Pflege und Versorgung durch vertraute Bezugspersonen abhängig.

Seit den Untersuchungen von René Spitz (1945) zum Hospitalismus wissen wir, dass die Befriedigung der physischen Grundbedürfnisse (Hunger, Durst, körperliche Hygiene, Schutz vor Kälte oder Hitze) nicht ausreicht, um eine gesunde Entwicklung von Kindern zu gewährleisten. Voraussetzung hierfür ist vielmehr eine angemessene Befriedigung der psychischen Grundbedürfnisse. Neugeborene, Säuglinge und Kleinkinder sind ganz auf die Befriedigung der Grundbedürfnisse durch ihre soziale Umwelt angewiesen. Nach den beiden amerikanischen Motivationsforschern Deci und Ryan (1995) unterscheiden wir dabei die drei psychischen Grundbedürfnisse *Bindung*, *Kompetenzerleben* und *Autonomieerleben*. Im weiteren Entwicklungsverlauf geht es bei der Befriedigung des Bindungsbedürfnisses um das Bedürfnis nach sozialer Eingebundenheit oder menschlicher Nähe. Werden die Grundbedürfnisse nach Bindung, Kompetenz und Autonomie ausreichend befriedigt, kann sich das Kind aktiv mit seiner Umwelt auseinandersetzen und die alterstypischen Entwicklungsaufgaben gut bewältigen.

Was alle Kinder brauchen

Das Grundbedürfnis nach Bindung steht für das Bedürfnis, enge zwischenmenschliche Beziehungen einzugehen, sich sicher gebunden zu fühlen und sich als liebesfähig und liebenswert zu erleben. Dem Grundbedürfnis nach Kompetenz liegt der Wunsch nach einer effektiven Interaktion mit der Umwelt zugrunde, durch die positive Ergebnisse erzielt und negative verhindert werden können. Autonomie steht für das Grundbedürfnis nach freier Bestimmung des eigenen Handelns und selbstbestimmter Interaktion mit der Umwelt (Deci/Ryan 1992). Der Mensch hat die angeborene motivationale Tendenz, sich mit anderen Personen in einer sozialen Umwelt verbunden zu fühlen, in dieser Umwelt effektiv zu wirken und sich dabei persönlich als autonom und initiativ zu erfahren.

Elterliches Engagement

In den ersten Lebensjahren sind Kinder darauf angewiesen, dass auch ihre psychischen Grundbedürfnisse von ihrer unmittelbaren sozialen Umwelt befriedigt werden. Das Grundbedürfnis nach Bindung wird zunächst von den Eltern beantwortet. Hierbei sind wiederum drei Aspekte grundlegend: elterliches Engagement, Struktur und Unterstützung von Autonomie. Elterliches Engagement steht für eine Beziehung zum Kind, die von Freude und Interesse am Kind geprägt ist, in der Gefühle offen ausgedrückt werden können und die Bezugsperson emotional und zeitlich verfügbar ist. Fehlendes elterliches Engagement reicht dagegen von mangelnder Feinfühligkeit bis zu Vernachlässigung und Misshandlung. Struktur wiederum ist notwendig, um die Kompetenz eines Kindes zu fördern. Sie umfasst an den Entwicklungsstand angepasste Herausforderungen, aber auch Hilfestellung beim Erwerb von neuen Strategien. Das Gegenteil von Struktur – Chaos – ist charakterisiert durch Unvorhersagbarkeit, Über- oder Unterstimulation, einem Mangel an Kontrolle und Unterstützung beim Erreichen von Zielen (Skinner/Wellborn 1994). Autonomie unterstützendes Verhalten beinhaltet die Gewährung von Freiheit und Wahlmöglichkeiten bei einem Minimum an Regeln, sodass eigene Ziele erkannt und verfolgt werden können. Autonomie wird auch als Entwicklungsschritt verstanden, als Übergang zu selbst reguliertem Verhalten (Deci/Ryan 1995), der jedoch nicht unabhängig von der Umwelt geschehen kann und somit sehr beeinflussbar ist (Ryan/Kuhl/Deci 1997). Die Unterstützung von Autonomie ist demnach ein wichtiger Punkt im Verhalten von Bezugspersonen (Ryan/Deci/Grolnick 1995). Die Hemmung von Autonomiebestrebungen kann durch übermäßige Kontrolle, Manipulation oder Strafen geschehen.

Gewährung von Freiheit und Wahlmöglichkeiten

Folgt man der Bindungstheorie, ist für die genannten Prozesse zunächst der Aufbau einer sicheren Eltern-Kind-Bindung die Grundvoraussetzung, um im weiteren Entwicklungsverlauf Kompetenz- und Autonomiebestrebungen optimal beantworten und fördern zu können.

2.3 Bindungsentwicklung in den ersten Lebensjahren

Als grundlegendste Entwicklungsaufgabe der ersten zwölf bis 18 Monate kann der Aufbau einer ersten Bindungsorganisation gesehen werden (vgl. Tab. 2.1). Um zu verstehen, warum die Bewältigung dieser Aufgabe Voraussetzung dafür ist, die Aufgaben Exploration und Autonomieentwicklung bewältigen zu können, werden zunächst grundlegende Annahmen der Bindungstheorie dargestellt. Dieses Wissen ist für das Verständnis des Verhaltens von Kindern unter drei Jahren für pädagogische Fachkräfte elementar, und es macht deutlich, warum ein an den Bedürfnissen des Kindes orientiertes Eingewöhnungsverfahren (vgl. Kap. 3.1) für das Wohlergehen von Kindern von entscheidender Bedeutung ist.

Entwickelt und formuliert wurde die Bindungstheorie von John Bowlby, einem britischen Psychiater und Psychoanalytiker. Die Kernthese seines Ansatzes ist, dass es ein evolutionär entstandenes, angeborenes Bindungsverhaltenssystem gibt, das die Nähe zwischen Kind und Bindungsperson sichert, steuert und reguliert (Bowlby 1969/1982). Dieses Verhaltenssystem wird jedoch nur bei erhöhtem innerem oder äußerem Stress aktiviert. Solange beim Kind Wohlbefinden vorherrscht, ist hingegen ein anderes Verhaltenssystem wirksam: das sogenannte Explorationsverhaltenssystem (Exploration = Erkundung der Umwelt). Betrachtet man das Zusammenspiel dieser beiden Verhaltenssysteme, wird deutlich, warum vor allem in frühen Entwicklungsphasen eine permanente äußere Regulation von Gefühlen und Verhalten durch *konstante Bezugspersonen* stattfindet. Bowlby sieht die beiden Systeme (Bindung und Exploration) wie in einer Wippbewegung als miteinander verbunden an. Diese Wippe schwingt bei kleinen Kindern über den gesamten Tagesverlauf permanent hin und her: Unter stressfreien äußeren Bedingungen (d. h., das Kind ist satt, gesund, fühlt sich wohl und hat keine Schmerzen) kann das Bindungssystem deaktiviert und das Explorationssystem aktiviert werden (vgl. Abb. 2.1), was eine optimale Auseinandersetzung mit der Umwelt ermöglicht und die Grundbedürfnisse nach Autonomie und Kompetenz bedient. Ist das Kind jedoch gestresst (z. B. durch Hunger, Furcht, Trauer, Krankheit), wird das Bindungssystem aktiviert und das Explorationssystem deaktiviert (vgl. Abb. 2.1). In diesem Fall wird das Kind eine vertraute Bezugsperson brauchen, die es ihm durch feinfühlige Antworten auf seine Bedürfnisse ermöglicht, sein Bindungssystem wieder zu deaktivieren, um anschließend mit der Erkundung der Umwelt fortfahren zu können (Bowlby 1969/1982). Durch dieses permanente Wechselspiel zwischen Bindungs- und Explorationsverhaltenssystem und der Reaktion der Umwelt darauf erfährt das Kind (im Idealfall) zum einen, dass es in Überforderungssituationen Hilfe bekommt, seine Bedürfnisse ernst genommen werden und dass es wahrgenommen wird. Über diese Erfahrung baut sich in jeder engen und konstanten Beziehung eine eigene Form der Bindungsorganisation auf. Zum anderen kann das Kind in Phasen der Entspannung optimal seine Umwelt erkunden, Wissen aufbauen und mit der sicheren Basis der bekannten Bezugsperson im Hintergrund Neues ausprobieren.

Angeborenes Bindungsverhalten

Wechselspiel zwischen Bindung und Exploration

2.3.1 Entwicklung von Bindungsbeziehungen

Die kindlichen Bindungsmuster bilden sich im ersten Lebensjahr aufgrund der Erfahrungen aus, die ein Kind mit seinen engen und konstanten Bindungspersonen macht. Das Ausmaß, in dem die Bindungsperson auf die Bedürfnisse eines Kindes eingeht, wird dabei durch ihre *Feinfühligkeit* bestimmt (Ainsworth et al. 1978; Grossmann et al. 1985). Die Feinfühligkeit ist die Fähigkeit und Bereitwilligkeit der Betreuungsperson, die Signale und das Verhalten des Säuglings wahrzunehmen und richtig zu deuten sowie prompt und angemessen darauf zu reagieren. Erfährt ein Kind feinfühlige Reaktionen, vor allem in den Situationen, in denen sein Bindungssystem aktiviert ist, in denen bildlich gesprochen die Wippe auf die Bindungsseite schwingt, wird es mit hoher Wahrscheinlichkeit eine sichere Bindungsorganisation gegenüber der feinfühligen Bindungsperson entwickeln. Im Kontakt mit wenig feinfühligen oder sehr inkonsistent reagierenden Bindungspersonen werden als Folge im Verhalten des Kindes gegenüber dieser Bindungsperson unsichere Bindungsstrategien beobachtet. Ein unsicheres Bindungsverhaltensmuster ist also Ausdruck der Anpassung des Kindes an die Reaktionen der Bindungsperson auf seine Bindungs- und Explorationsbedürfnisse. Demnach ist das gezeigte Bindungsverhaltensmuster keine Eigenschaft des Kindes, sondern zeigt vielmehr, ob das Kind diese Bindungsperson als sichere Basis nutzen kann, um durch Nähe und Körperkontakt seine negativen Emotionen zu regulieren oder nicht (Grossmann/Grossmann/Waters 2005).

Feinfühligkeit und sichere Bindung

Zunächst entwickeln die meisten Kinder eine erste Bindungsbeziehung zu der Person, die sich am meisten um sie kümmert, also am häufigsten und intensivsten mit ihnen interagiert. Diese primäre Bindung wird in drei Phasen innerhalb der ersten neun Monate vom Kind aus entwickelt, bevor dann weitere Bindungsbeziehungen folgen. Die Bindungsentwicklung erstreckt sich insgesamt über vier Phasen, die sich teilweise überlappen und fließende Übergänge aufweisen (Ainsworth 1978/2003):

Bindung entwickelt sich in Phasen

Erste Phase der »vorbereitenden Anhänglichkeit« (0–3 Monate): Das Baby zeigt Orientierung und Signale ohne Unterscheidung der Person und unterschiedslose Ansprechbarkeit auf alle Personen.

Zweite Phase der »entstehenden Bindung« (3–6 Monate): Das Baby zeigt Orientierung und Signale, die sich auf eine oder mehrere besondere Person(en) richten, und differenzierende Ansprechbarkeit auf die primäre Bezugsperson, meist die Mutter, wobei die Ansprechbarkeit auf andere Personen fortbesteht.

Dritte Phase der »ausgeprägten Bindung« (6–12 Monate): Das Baby versucht, die Nähe zu bestimmten Personen durch Fortbewegung, Signale und Kommunikation aufrechtzuerhalten. Es zeigt jetzt eine klar definierte Bindung an die primäre Bezugsperson mit auffallender Verminderung der Freundlichkeit gegenüber anderen Personen.

Vierte Phase der »zielkorrigierten Partnerschaft« (12–36 Monate): In dieser Phase entwickelt das Kind die Fähigkeit, Ziele und Pläne einer anderen Person zu verstehen und von den eigenen zu unterscheiden. Von nun an sind Kinder in der Lage, ihre Bindungsbedürfnisse mit ihren Bindungspartnern zu verhandeln. Das Kind versucht, Pläne und Absichten der Partner durch »zielkorrigiertes« Verhalten mit den eigenen Zielen in Einklang zu bringen. Das bedeutet auch, dass Kinder jetzt mit kurzen Verzögerungen umgehen können, also verstehen, wenn die Bindungsperson zum Kind sagt, es soll noch kurz warten, bis sie ihm etwas geben kann.

Bindungsentwicklung und »Fremdeln«

Schon während der dritten Phase (8–12 Monate) können Bindungen an eine oder mehrere bekannte Personen über die Mutter hinaus beobachtet werden. Babys, die an die Pflege durch eine andere Person als die Mutter gewöhnt sind, verlieren die Toleranz gegenüber einer solchen Pflege nie vollständig, obwohl sie vielleicht anfänglich gegen den Weggang der Mutter protestieren. Sehr kurz, nachdem das Baby eine klare Bindung an die Mutter erkennen lässt, beginnt es vor allem durch Grußreaktionen eine Bindung an andere Personen, oftmals an den Vater, zu zeigen. Nachdem Unterscheidungsfähigkeit und Bindung an andere Personen als die Mutter oder eine andere primäre Bindungsperson auftreten, äußern manche Babys Angst vor Fremden. Das bedeutet, dass nun das Kind klar unterscheidet, welche Personen als ihm zugehörig akzeptiert werden und welche nicht – ein sinnvoller Mechanismus, um sich zu schützen. Wenn nun neue Personen (z. B. Erzieherinnen) als Bezugs- oder gar Bindungspersonen eingeführt werden sollen, muss dies v. a. in der Phase des Fremdelns behutsam und gut geplant vorgenommen werden (vgl. Kap. 3.1).

»Fremdeln« als Schutzmechanismus

2.3.2 Bindung und Exploration gehören zusammen

Neben dem Bindungsverhaltenssystem gibt es ein komplementäres Explorationsverhaltenssystem, das die Grundlage für die Erkundung der Umwelt bietet. Explorationsverhalten ist jede Form der Auseinandersetzung mit der Umwelt und damit die verhaltensbiologische Grundlage von Lernen. Die Erkundung der Umwelt ist Voraussetzung für das Überleben, weil nur durch eine aktive Auseinandersetzung mit der Umwelt Gefahren erkannt und Nahrungsquellen gefunden werden können.

Ohne Sicherheit keine Exploration

Bowlby hat als Erster das Explorationsverhaltenssystem mit dem Bindungsverhaltenssystem in Zusammenhang gebracht. Er postuliert nicht nur, dass das Kind von Geburt an mit beiden Verhaltenssystemen ausgestattet ist, die jeweils durch Mangel aktiviert und durch Befriedigung beruhigt werden. Beide Systeme sind komplementär und interdependent, d. h., sie können nicht gleichzeitig aktiviert sein. Man wird also kein Kind beobachten können, das stark gestresst ist und gleichzeitig seine Umwelt aktiv erkundet. Ein Kind kann nur dann Explorationsverhalten zeigen – sich z. B. für neues Spielzeug interessieren –, wenn sein Bindungsverhaltenssystem beruhigt ist. Hat das Baby zu einer Person eine Bindung aufgebaut, kann es von dieser sicheren Basis aus seine Umwelt erkunden.

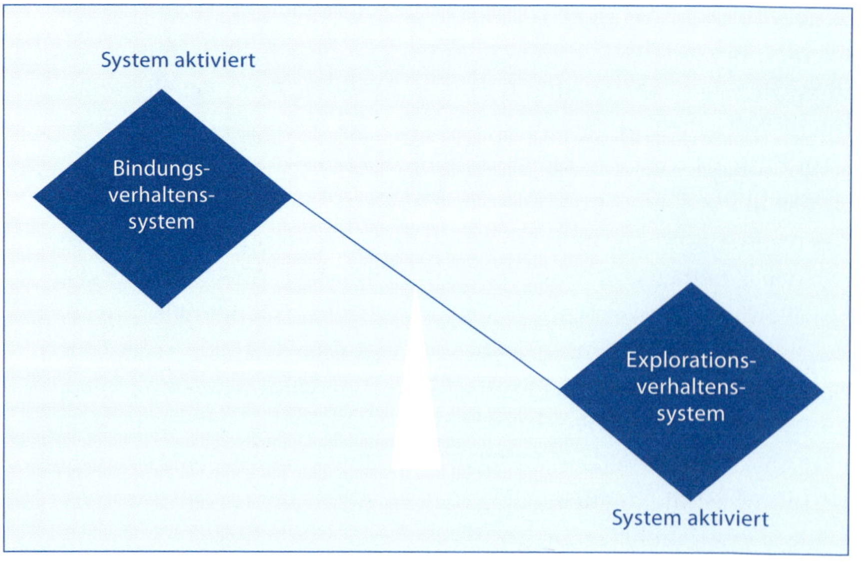

Abbildung 2.1: Die Balance von Bindungs- und Explorationsverhaltenssystem nach Bowlby (1969/1982)

Kommt das Kind dann bei seinen Erkundungsversuchen in eine Überforderungssituation (z. B. Erschrecken, Angst, Müdigkeit, Schmerz, Hunger, Unwohlsein), wird sein Bindungsverhalten aktiviert und es wird zum »sicheren Hafen« der Bindungsperson zurückkehren. Dort gewinnt es meist über Körperkontakt seine emotionale Sicherheit wieder. Das Bindungsverhaltenssystem beruhigt sich und das Explorationsverhaltenssystem wird wieder aktiviert, sodass das Kind sich von seiner »sicheren Basis« lösen und der Erkundung der Umwelt zuwenden kann. Wie flexibel das Kind die Balance zwischen diesen beiden Verhaltenssystemen gestalten kann und wie bedürfnis- und situationsangemessen es sich dabei verhält, hängt stark von den elterlichen Reaktionen auf das kindliche Verhalten ab sowie von der Fähigkeit und Bereitschaft der Bindungspersonen, auf die Bedürfnisse des Kindes zu achten.

2.3.3 Elterliche Feinfühligkeit als Voraussetzung für Bindungssicherheit

Dem kindlichen Explorations- und Bindungsverhaltenssystem steht das elterliche Pflegeverhaltenssystem gegenüber. Es stattet Eltern mit der Fähigkeit und Bereitschaft aus, auf die Signale und Bedürfnisse des Kindes zu reagieren, es zu beschützen und zu versorgen und unterstützt auch die Bindungsentwicklung der Eltern an ihr Kind. Durch seine Bindungssignale sorgt das Kind für die Aufrechterhaltung der elterlichen (meist mütterlichen) Zuwendung, die für das Überleben des Säuglings notwendig ist (Grossmann/Grossmann 2012).

Wie Eltern auf die Bindungs- und Explorationsbedürfnisse ihres Kindes reagieren, ist sehr unterschiedlich und hängt weitgehend mit ihren eigenen Kindheitserfahrungen zusammen. Mary Ainsworth hat dieses elterliche Antwortverhalten als *Feinfühligkeit* beschrieben (Ainsworth 1978/2003). Feinfühligkeit von Bindungspersonen gegenüber den Signalen des Kindes bedeutet, sich in die Lage des Kindes versetzen zu können und es als eigenständige Person mit eigenen Bedürfnissen und Absichten anzuerkennen. Feinfühliges Verhalten gegenüber einem Kleinkind ist die Voraussetzung für den Aufbau einer emotional vertrauensvollen und tragfähigen Beziehung und beinhaltet, die Signale des Kindes wahrzunehmen, richtig zu interpretieren sowie prompt und angemessen darauf zu reagieren. Neuere Untersuchungen zur Rolle des

Auf die Signale des Kindes angemessen reagieren

Vaters und zur väterlichen Feinfühligkeit legen nahe, dass diese für eine sichere Exploration für das Kind eine ebenso bedeutende Rolle spielt wie die mütterliche Feinfühligkeit für eine sichere Bindungsorganisation (Kindler/Grossmann 2004). Das Konzept der »feinfühligen Herausforderung im Spiel« geht davon aus, dass der erwachsene Spielpartner in seiner Interaktion mit dem Kind nicht nur feinfühlig auf die Bindungsbedürfnisse des Kindes eingeht, sondern ebenso die Neugier, die Exploration und die Tüchtigkeit des Kindes unterstützt und fördert. Bei feinfühliger Herausforderung lässt das Kind den Beobachter deutlich erkennen, dass es das Werk selbst gemacht und so gewollt hat. Untersuchungen (Kindler/Grossmann 2004) zeigen, dass feinfühlige Unterstützung kindlicher Exploration der Bereich ist, von dem aus sich väterliche Einflüsse auf zentrale Aspekte der sozial-emotionalen und Bindungsentwicklung über Zeiträume bis zum 22. Lebensjahr entfalten.

Väterliche »Feinfühligkeit« beim kindlichen Explorieren

Kinder fordern die Feinfühligkeit ihrer Eltern in unterschiedlicher Weise heraus: Schon Neugeborene unterscheiden sich deutlich in ihrer Fähigkeit, sich zu orientieren und zu regulieren. Während manche Babys schnell herausfinden, wie sie saugen müssen, um Nahrung aufzunehmen, brauchen andere viel Unterstützung und Anleitung, bis es mit dem Stillen klappt. Einige Neugeborene lassen sich auch durch unangenehme Reize und laute Geräusche nicht aus der Ruhe bringen, während andere dadurch in großen Stress geraten und sich nur durch ausgiebiges Trösten und Besänftigen wieder beruhigen lassen. Für diese offensichtlichen Temperamentsunterschiede gibt es eine Vielzahl an zusammenwirkenden Erklärungen, die sowohl in der Veranlagung des Kindes als auch im Verlauf der Schwangerschaft und Geburt liegen können (Grossmann et al. 1985; Zimmermann/Spangler 2008). Diese unterschiedlichen Verhaltensdispositionen wirken sich auch auf die Bindungsentwicklung aus.

Kinder, die schon als Neugeborene leicht irritierbar und wenig orientierungsfähig sind, entwickeln eher unsichere Bindungen an ihre Eltern. Bekommen die Eltern von sehr irritierbaren Kindern Unterstützung in Form eines Feinfühligkeitstrainings, erhöht sich langfristig nicht nur ihre Feinfühligkeit, sondern auch die Wahrscheinlichkeit einer sicheren Bindung (van den Boom 1994).

2.3.4 Feinfühligkeit fördert Bindung und Exploration

Mit dem »Kreis der Sicherheit« heben Cooper, Marvin, Hoffmann und Powell (2000) die Doppelfunktion von Bindung, nämlich das Trösten und die Unterstützung des Erkundungsdranges hervor. Zentraler Bestandteil dabei ist das Konzept der sicheren Basis von Mary Ainsworth (Ainsworth et al. 1978; vgl. auch Waters/Cummings 2000). Die Erklärungen zum »Kreis der Sicherheit« folgen weitgehend der Wiff-Expertise »Missverständnisse über Bindungstheorie« von Gerhard Suess (2011, S. 214–216).

Im »Kreis der Sicherheit« wird auf der rechten Seite des Kreises die Funktion der *sicheren Basis* und auf der linken Seite des Kreises die Funktion des *sicheren Hafens* beschrieben. Mit diesen beiden Funktionen von Bindung lassen sich die unterschiedlichen Bindungsqualitäten beschreiben, wie sie in der Bindungsforschung z. B. in der »Fremden Situation« vielfach empirisch bestätigt wurden.

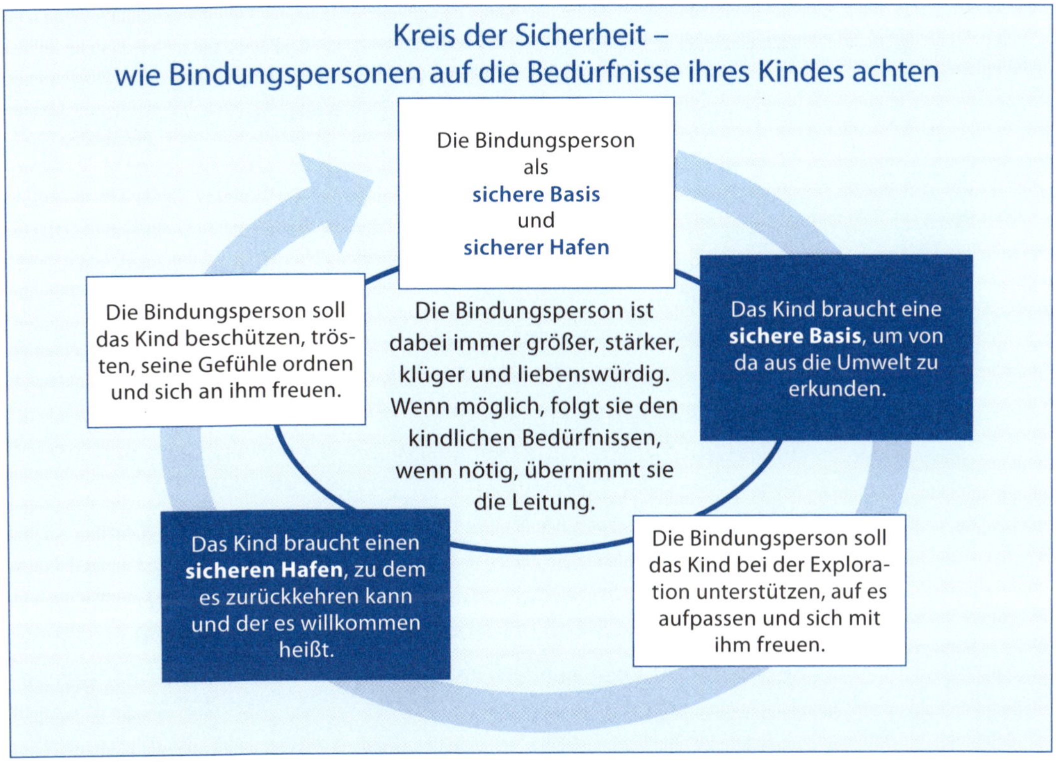

Abbildung 2.2: Kreis der Sicherheit. Erstellt nach Cooper/Marvin/Powell (2000) und Scheuerer-Englisch/Suess/Pfeifer (2003, S. 27)

Verhalten in der »Fremden Situation«

Die »Fremde Situation« (Ainsworth et al. 1978) ist eine standardisierte Forschungssituation, in der die Balance zwischen Bindung- und Explorationsverhalten von Kleinkindern (12–18 Monate) beobachtet werden kann. In der »Fremden Situation« werden Bindungsperson und Kind in einen ansprechend eingerichteten Raum mit Spielsachen gebracht. Während zwei kurzer Trennungen, bei denen auch eine fremde Person den Raum betritt, wird das interaktive Verhalten des Kindes erfasst. Dabei wird darauf geachtet, ob das Kind die Bindungsperson als sichere Basis nutzen kann, von der aus es den fremden Raum und die Spielsachen erkundet. Es wird beobachtet, wie das Kind auf die fremde Person reagiert – und vor allem, wie es sich während der kurzen Trennungen verhält und ob es die zurückkommende Bindungsperson dann wieder als »sicheren Hafen« wahrnimmt.

Verschiedene Beziehungsqualitäten

Bei Vorliegen einer *sicheren Bindungsqualität* zwischen Bindungsperson und Kind können sich Kinder von dieser lösen und ihrem Bedürfnis nachgehen, die Welt zu erkunden und zu erobern. Die Bindungsperson unterstützt sie dabei, behält sie im Auge und wacht darüber, dass der Erkundungsdrang nicht zu riskanten Situationen führt. Sie unterstützt das Kind subtil dabei, eigene Selbstwirksamkeitserfahrungen zu sammeln, und freut sich schließlich mit dem Kind über dessen Leistungen. Bei sicheren Bindungen fördert die Anwesenheit der Bindungsperson die Explorationsfreude der Kinder. Sie können sich darauf verlassen, dass diese während ihrer Exploration über ihre Sicherheit wacht und sie auch nicht abweist, wenn sie das Bedürfnis nach Nähe zu ihr haben. Sie können darauf vertrauen, dass sie bei Verunsicherung Trost bei ihr finden, erfahren, dass die Bindungsperson Freude an ihnen hat, oder auch, dass sie sich an sie wenden können, um ihre Gefühlswelt wieder in Ordnung zu bringen, wenn diese aus welchen Gründen auch immer aus den Fugen geraten ist (Marvin et al. 2003).

Bei manchen Eltern-Kind-Paaren gelingt dieses Lösen und Unterstützen von Exploration allerdings nicht so gut. Die Kinder erfahren bei aufkeimendem Erkundungsdrang, dass die Eltern sich unwohl fühlen, und dieses Unwohlsein überträgt sich dann mit der Zeit auf die Kinder, sodass sie sich von sich aus nur schwer lösen können und sich diesem Elternteil gegenüber als nähebedürftig zeigen – so die Ausführungen von Marvin et al. (2003). In der »Fremden Situation« werden diese Bindungsbeziehungen als *unsicher-ambivalent* eingestuft. In der Vergangenheit haben die Kinder die Bindungsperson als unbeständig feinfühlig erlebt und gelernt, dass sie ein tolerierbares Ausmaß an Nähe nur dadurch erreichen können, wenn sie den Ausdruck ihrer Bindungsbedürfnisse maximieren. Diese Strategie resultiert aus den zurückliegenden Erfahrungen, da die betroffenen Kinder – wie es Längsschnittauswertungen zeigen – aufgrund der unbeständig erlebten Feinfühligkeit wenig Vertrauen in die psychologische Verfügbarkeit dieser Bindungsperson aufbauen konnten (de Wolff/van Ijzendoorn 1997; Grossmann et al. 1985). Sie sind deswegen auch in unverfänglichen Situationen alarmiert, ihr Bindungsverhaltenssystem wird schnell aktiviert und sie beruhigen sich auch im Körperkontakt mit der Bindungsperson nur schwer. Die erfahrene Feinfühligkeit verändert also über die Ausbildung von Bindungsmodellen den subjektiven Lebensraum von Kindern (Bretherton/Munholland 1999).

Manche Kinder haben gelernt, dass die Bindungsperson gerade in solchen unbekannten Situationen blind gegenüber ihren Bedürfnissen nach Nähe ist, und dass sie gerade dann sogar mit Zurückweisung zu rechnen haben. Da es schwerer auszuhalten ist, mit seinen Bindungsbedürfnissen zurückgewiesen zu werden, als diese zurückzuhalten, handeln diese Kinder nach der Devise »Nah, aber nicht zu nah« und vermeiden ihre jeweilige Bindungsperson gerade in Phasen von innerer Verunsicherung. Die Qualität dieser Bindungsbeziehung wird folgerichtig *unsicher-vermeidend* bezeichnet. Die Kinder wiederum lernen dadurch, gerade bei Verunsicherung die Äußerung von Bindungsbedürfnissen zu minimieren, um nicht zurückgewiesen zu werden. Mary Main (1982) umschrieb diese Strategie mit »Vermeidung im Dienste der Nähe«.

Von der Bindungssicherheit zur Beziehungskompetenz

Bindungssicherheit bedeutet, dass sich das Kind auf beiden Funktionsebenen (sichere Basis und sicherer Hafen) mit ausreichender Flexibilität bewegen kann, und zwar entsprechend der eigenen Bedürfnislage. Bei Unterbrechungen in der Beziehung bemüht sich die Bindungsperson, diese wiederherzustellen. Dadurch lernt das Kind, auch mit Beziehungen, die in schwere Wasser geraten, umzugehen und sie nicht als Bedrohung wahrzunehmen – es lernt also vertiefte Beziehungskompetenz.

Dies alles gilt nur in eingeschränktem Ausmaß für die beiden beschriebenen Varianten unsicherer Bindungsbeziehungen, die folgerichtig als »eingeschränkter Kreis der Sicherheit« bezeichnet werden.

Manche Kinder zeigen während der Fremden Situation Unterbrechungen oder Widersprüche in ihrem Bindungsverhalten gegenüber der Bindungsperson. Sind diese Anzeichen so deutlich ausgeprägt, dass keine klare Verhaltensstrategie mehr erkennbar ist, spricht man von Bindungsdesorganisation. Für eine Desorganisation des Bindungsverhaltens gibt es viele Ursachen, die am Kind oder aber auch an der Umwelt liegen können. Im Gegensatz zu den sicheren oder unsicheren Bindungsmustern besteht aber kein klarer Zusammenhang zwischen elterlicher Feinfühligkeit und der Bindungsdesorganisation (Spangler/Fremmer-Bombik/Grossmann 1996).

2.4 Emotionsregulation und Stressbewältigung

Je nachdem, wie feinfühlig Eltern auf die emotionalen Signale des Säuglings reagieren, gelingt es ihnen besser oder schlechter, das Kind zu beruhigen. Es sind diese tausendfach wiederholten Erfahrungen, die die Fähigkeit des Kindes, mit Stress umzugehen, nachhaltig beeinflussen werden. Das Stressreaktionssystem ist eng mit dem elterlichen Fürsorge- und dem kindlichen Bindungsverhaltenssystem verknüpft. Eine der wichtigsten Fürsorgefunktionen besteht darin, den Säugling bei der Regulation von basalen physiologischen und emotionalen Reaktionen und dem Aufbau zunehmend komplexer Verhaltensantworten auf emotionale Belastung zu unterstützen. Auf diese Weise beeinflusst das Fürsorgeverhalten der Eltern die Entwicklung eines ausbalancierten Stressreaktionssystems, einer effektiven Emotionsregulation und einer zielkorrigierten Selbststeuerung (Zimmermann 2000).

Stress ist nicht immer sichtbar

Kinder, die bei emotionaler Belastung die Nähe einer Bezugsperson suchen, bei dieser Trost und Beruhigung erfahren und sich dann wieder der Exploration der Umgebung zuwenden, haben zur Bezugsperson eine sichere Bindung aufgebaut. Kinder mit unsicher-vermeidender Bindung an einen Elternteil vermeiden es, negative Belastung gegenüber den Bezugspersonen auszudrücken, und wenden sich stärker der Exploration zu. Sie wirken z. B. nach kurzen Trennungen nach außen hin emotional wenig belastet (und somit vermeintlich unbelastet), sind es jedoch durchaus, wie man auf physiologischer Ebene feststellen kann. Kinder mit unsicher-ambivalenter Bindung an einen Elternteil zeigen einerseits Verhalten, das die Nähe zum Elternteil etabliert oder aufrechterhält, gleichzeitig jedoch Kontaktwiderstand oder weinerliche Passivität. Sie beruhigen sich nur sehr langsam und explorieren nicht mehr. Diese beiden Gruppen von Kindern mit unsicherer Bindung finden beim Elternteil keine emotionale Sicherheit. Dem Elternteil gelingt es nicht, die negativen Emotionen des Kindes zu regulieren. Bindungsgestörte Kinder weisen eine noch tiefer gehende Beeinträchtigung der Bindung- und Explorationsbalance auf. Beispielsweise begeben sie sich bei Verunsicherung nicht in die Nähe der Bezugsperson, nehmen jedoch mit beliebigen Personen engen Kontakt auf oder lassen sich nicht zu einem angemessenen Explorationsverhalten ermutigen (Zimmermann 2001).

2.4.1 Emotionale Erfahrungen und Gehirntätigkeit

Die Erkenntnisse aus der Neurobiologie und Gehirnforschung (Braun et al. 2002) zeigen, wie sich frühe Bindungserfahrungen auf die Entwicklung im kindlichen Gehirn auswirken. Das menschliche Gehirn erfährt in den ersten Lebensjahren nicht nur ein enormes Wachstum (ca. 400 g bei Geburt und ca. 1000 g im Alter von zwei Jahren), sondern auch eine starke Verdichtung der neuronalen Netzwerke. Beim Säugling sind insbesondere die Areale im Gehirn, in denen starke Gefühle wie Wut, Furcht oder Trennungsangst entstehen, noch wenig mit den Arealen verbunden, die helfen, diese Gefühle zu regulieren. Damit neue Verbindungen zwischen verschiedenen Gehirnarealen entstehen können, müssen bestimmte Stellen im Gehirn gleichzeitig stimuliert werden, denn nur das gleichzeitige Aktivieren verschiedener Nervenzellen führt zu bleibenden Strukturveränderungen, also zu neuen und bleibenden Verbindungen. Hierbei spielt die feinfühlige Interaktion der Bezugsperson mit dem Kind eine entscheidende Rolle. Denn nur durch die Interaktion mit den vertrauten Bezugspersonen werden die wichtigen Areale im Gehirn des Kindes so aktiviert, dass neue Vernetzungen entstehen können. Ganz besonders gilt dies für die Vernetzungen zwischen den Gehirnarealen, in denen Gefühle entstehen, und denjenigen, in denen sie reguliert werden.

Feinfühlige Interaktionen schaffen neue neuronale Vernetzungen

Nach Braun et al. (2002) beeinflussen die frühkindlichen emotionalen Erfahrungen die funktionelle Entwicklung des Gehirns und führen somit zur Entstehung von neuen (sensorischen, motorischen und limbischen) Schaltkreisen im Gehirn, die eine optimale Leistungsfähigkeit und Anpassung an die Umwelt ermöglichen. Fehlt eine entsprechende Stimulation (z. B. bei Vernachlässigung), entwickeln sich diese hochkomplexen Strukturen im Gehirn nur unzureichend und erschweren somit die Anpassung an die Herausforderungen alterstypischer Entwicklungsaufgaben. Die Qualität des emotionalen Umfeldes und der Grad der frühkindlichen geistigen Förderung beeinflussen somit entscheidend die späteren intellektuellen und sozio-emotionalen Fähigkeiten eines Kindes (Braun et al. 2002).

Hier kann man tatsächlich von »Zeitfenstern« sprechen. Erfährt ein Kind in den ersten Lebensjahren keine angemessene Reaktion durch vertraute Bezugspersonen auf seine Gefühlsäußerungen, können diese wichtigen Vernetzungen für den Umgang mit Stress im Gehirn nicht richtig aufgebaut werden. Dies kann nachhaltige Folgen haben.

Wenn ein Kind schreit, braucht es Hilfe, um sich zu beruhigen

Von größter Bedeutung ist also, wie Eltern und Bezugspersonen mit den starken negativen Gefühlen des Kindes umgehen. Wut, Furcht und Trennungsangst sind bereits bei der Geburt angelegt, um das Überleben des Babys zu sichern. Ein Kind, das schreit, benötigt die Hilfe der Eltern, um sich zu beruhigen. Wird eines der Alarmsysteme wie Wut, Furcht oder Trennungsangst im Gehirn ausgelöst, befindet sich das Kind so lange in einem Zustand emotionaler Not und intensiver körperlicher Erregung, bis ein Erwachsener ihm hilft, sich zu beruhigen. Dabei muss bedacht werden, dass das Gehirn des Kindes durch Stress nachhaltig geschädigt werden kann (Sunderland 2006).

Das bedeutet, dass alles, was ein Kind mit seinen Bezugspersonen erlebt, Vernetzungen zwischen den Gehirnzellen seines Großhirns bewirkt. Deshalb ist die Art, wie z. B. die Eltern ihrem Kind zuhören, mit ihm spielen, es in den Arm nehmen und trösten und wie sie es behandeln, wenn es unartig ist, so wichtig. Erhält ein Kind nicht genügend Beistand beim Durchleben seiner intensiven Gefühle, kann daraus eine Überaktivität der Alarmsysteme seines Gehirns entstehen, die später zu Angststörungen, Aggressionen oder Depressionen führen. Die Unterstützung und emotionale Verfügbarkeit der Bindungsperson ist also Voraussetzung für die Entwicklung einer adaptiven Emotionsregulation. Adaptive Emotionsregulation ist ein zentrales Merkmal einer resilienten Persönlichkeit. Im Säuglingsalter und in der frühen Kindheit wirken die

Bindungspersonen als externe Organisatoren für ihre Kinder, indem sie ihnen helfen, ihre Gefühle zu regulieren.

In ihrer Entwicklung zeigen Kinder eine zunehmend selbstständige Regulation ihrer Gefühle. Dabei wenden sie die Emotionsregulationsmuster an, die sie in der Interaktion mit ihrer Bindungsperson gelernt haben.

2.4.2 Die Entwicklung der Emotionsregulation

Die Entwicklung der Emotionsregulation von der Kindheit bis zum Jugendalter lässt sich als Entwicklung von überwiegend externer hin zu überwiegend interner Regulation beschreiben. Jedoch wird die externe Emotionsregulation nicht gänzlich durch interne Selbstregulationsstrategien abgelöst. Der Schwerpunkt verschiebt sich vielmehr im Laufe der Entwicklung mehr und mehr in Richtung Selbstregulation. Schon früh unterscheiden sich Kinder im Hinblick darauf, ob sie eher zu individueller oder sozialer Emotionsregulation tendieren und wie flexibel sie über verschiedene Regulationsstrategien verfügen können (Spangler 2001). Grundlegende Strategien der Emotionsregulation und die damit verbundenen Muster des emotionalen Ausdrucks werden als Bindungsverhaltensstrategien in der frühen Bindungsbeziehung zu den Eltern erlernt und im Laufe der weiteren Entwicklung auf neue Beziehungen und Situationen übertragen. Der frühen Bindungsbeziehung kommt demzufolge eine besondere Bedeutung für die Emotionsregulation und die Stressbewältigung zu (Zimmermann et al. 2001).

Von der externen zur Selbst-Beruhigung

Für den Erwerb der emotionalen Ausdrucks- und Empathiefähigkeit und auch für die Entwicklung der Regulationsfähigkeit von Gefühlen ist die Interaktion mit den Bezugspersonen also entscheidend. Säuglinge können Gefühle zunächst nur durch Mimik und Stimme der Bezugsperson erkennen und unterscheiden; eigene Gefühlsreaktionen werden auch durch »Gefühlsansteckung« ausgelöst (Janke 1999). Durch die wechselseitige Interaktion mit der Bezugsperson lernt das Kind, durch Nachahmung unterschiedliche mimische Ausdrucksformen (später auch gestischen und stimmlichen Ausdruck) wahrzunehmen und auszudrücken. Reagiert die Bezugsperson nicht und verhält sich dem Kind gegenüber teilnahmslos und mit unbewegtem Gesichtsausdruck, löst dieses Verhalten beim Kind zunächst Verunsicherung und schließlich eine negative Gefühlsäußerung aus. Das macht deutlich, welche Bedeutung der elterlichen Feinfühligkeit für die Förderung der emotionalen Entwicklung in der alltäglichen Interaktion zwischen Bindungsperson und Kind zukommt (Wertfein 2006, S. 66).

Von der wechselseitigen zur selbstständigen Emotionsregulation

Die Entwicklung der Emotionsregulation kann von der frühen Kindheit an als Prozess von einer zunächst äußeren bzw. wechselseitigen Regulation hin zu einer zunehmend inneren und selbstständigen Emotionsregulation beschreiben werden (Zimmermann 2001; Sroufe 2002). Dieser fließende Übergang lässt sich anhand folgender Entwicklungsphasen beschreiben (Friedelmaier 1999; Holodynski 1999 zit. n. Wertfein 2006, S. 67).

1. Von der externen Regulation zur wechselseitigen Interaktion (1–6 Monate)

Die Bezugsperson reguliert überwiegend das Erregungsniveau des Säuglings. Der Emotionsausdruck des Kindes ist noch ungerichtet und undifferenziert, die Reaktion der Bezugsperson eher explorativ. Etwa ab dem dritten Lebensmonat übernimmt das Kind zunehmend selbstständig Regulationsanteile der externen Regulation durch Nachahmung vor allem positiver mimischer und stimmlicher Äußerungen der Bezugsperson.

2. Von der wechselseitigen Regulation zur rückversicherten Selbstregulation (ab 6 Monaten)

Mit zunehmender Entwicklung seiner motorischen Fähigkeiten übernimmt das Kind einen größeren Anteil an der äußeren Emotionsregulation, beobachtet die Reaktionen der Bezugsperson auf sein Schreien oder wendet sich von unangenehmen Reizen ab. In dieser Phase beginnt eine wechselseitige Abstimmung von Verhaltensabsichten. Gegen Ende des ersten Lebensjahres erkennt das Kind zunehmend den Zusammenhang zwischen Gefühl und Gefühlsanlass bei sich und der Bezugsperson und reguliert seine Emotionen selbst durch soziale Rückversicherung. Hierbei empfängt das Kind aus dem jeweiligen Gesichtsausdruck der Bezugsperson wichtige Hinweise für die Bewertung einer Situation und leitet daraus eigene Gefühls- und Verhaltensreaktionen ab.

3. Von der Rückversicherung zur Selbstregulation der Gefühle (ab 3 Jahren)

Während die Anwesenheit der Bezugsperson weiterhin für die Einordnung emotionaler Erfahrungen von Bedeutung ist, bezieht sich das Kind nicht mehr unreflektiert auf den Gefühlsausdruck der Bezugsperson. Vielmehr reguliert es seine Gefühle zunehmend auch selbst ohne direkte Unterstützung der Bezugsperson, etwa durch spielerische Ablenkung. Dabei entwickelt es immer mehr auch ein Wissen über die Trennung von Emotionserleben und Emotionsausdruck (Wertfein 2006, S. 67). Bis zum Alter von etwa sechs Jahren erfolgt eine graduelle Veränderung: Überwog bislang die soziale Regulation durch andere Personen (z. B. durch Trost und Ermutigung), wird nun der Anteil an Selbstregulation größer (Pinquart / Schwarzer / Zimmermann 2011, S. 193).

2.4.3 Eine besondere Situation: das Einschlafen

Auch wenn Kinder allmählich lernen, vor allem ihre negativen Gefühle zu regulieren, sind insbesondere ihre Ängste noch zu intensiv, um ohne Hilfe der Bindungs- und Bezugspersonen reguliert zu werden. Wie wirksam z. B. das Trennungsangst-System bis in die mittlere Kindheit ist, kann man deutlich am Wunsch von Kindern ablesen, bei ihren Eltern zu schlafen. Gerade aber in Bezug auf das »Durchschlafen« von Kleinkindern sind Eltern oft verunsichert oder haben auch zu hohe Erwartungen an ihr Kind, die nicht seiner Entwicklung entsprechen. Oft spielt das Thema Schlafen und Einschlafen ja auch in der außerfamiliären Betreuung eine Rolle und Eltern holen sich Rat bei der Erzieherin ihres Kindes.

Durchschlafen erfordert Vertrauen

Grundsätzlich gibt es keine Regeln, ab wann ein Kind im eigenen Bett schlafen soll. Wenn Eltern und Kind ausreichend Schlaf und beide Eltern genügend körperliche Intimität miteinander bekommen, gibt es keinen Grund, das gemeinsame Schlafen in einem Bett zu beenden. Die meisten Kinder im Kleinkind- und Vorschulalter brauchen einen Erwachsenen neben sich, um einschlafen zu können. Fast alle Kinder kommen regelmäßig ans Bett der Eltern, um Trost zu suchen. Auslöser dafür sind das Furcht- und Trennungsangst-System, das bei Kindern sehr leicht aktiviert ist und das noch nicht ausreichend mit den Bereichen im Gehirn verbunden ist, die für eine effektive Selbstregulation von Ängsten verantwortlich sind. Verständnisvolle Eltern akzeptieren dieses natürliche Entwicklungsstadium des kindlichen Gehirns. Ratgeber, die schon bei Kleinkindern in den ersten Lebensjahren eine konsequente räumliche Trennung des Kindes beim Schlafen von den Eltern fordern, ignorieren die Tatsache, dass das Bindungsverhaltenssystem des Kleinkindes bei Müdigkeit aktiviert ist und dass das Kind die körperliche Nähe der Bindungsperson braucht, um das Bindungsverhaltenssystem zu beruhigen. Noch schwerwiegender ist, dass ein müdes Kind mit aktiviertem Bindungssystem durch das Weggehen der Bindungsperson geradezu in Trennungsstress und Trennungsangst, die bis zu Panik reichen kann, versetzt wird. Wie vorher schon dargestellt, kann ein Kleinkind seine Gefühle noch nicht alleine regulieren, und erst recht nicht panikartige Trennungsangst. Folgen die Eltern solchen Schlaftrainings, setzen sie ihr Kind einem andauernden gefährlichen Stress aus, der das Kind völlig überfordert und sein Gehirn mit Stresshormonen überflutet. Es spricht also vieles dafür, Kleinkindern die körperliche Nähe und Geborgenheit zu geben, die sie brauchen, um sich zu beruhigen, zu entspannen und gut zu schlafen.

Liebevoller Körperkontakt gegen Trennungsangst

Wir wissen auch, dass vor allem der Körperkontakt zu einem geliebten Menschen die Ausschüttung der Glückshormone Opioide und Oxytocin im Gehirn auslöst. Wenn Opioide und Oxytocin im Gehirn dominieren, wird die Welt als warm und einladend empfunden. Erlebt ein Kind wiederholt Furcht und Wut, wird die Ausschüttung von Glückshormonen in seinem Gehirn blockiert. Ohne Trost und körperliche Zuwendung bleiben die Stresshormone Kortison, Adrenalin und Noradrenalin sehr hoch. Sind die Stresshormone lange erhöht, kann die Umwelt als feindselig und bedrohlich empfunden werden. Oxytocin kann aber weder injiziert noch verabreicht werden. Der einzige Weg, es im Gehirn zu aktivieren, ist die liebevolle menschliche Bindung. Jede Form liebevollen Körperkontakts zwischen Eltern und Kindern aktivieren Oxytocin und Opioide im Gehirn des Kindes. Wenn das Kind neben dem ruhigen Körper eines Elternteils liegt, überfluten Glückshormone sein Gehirn – aber nur dann, wenn der Elternteil selber ruhig und entspannt ist.

Für die Tagesmutter oder die Erzieherin in der Kinderkrippe bedeuten diese Erkenntnisse, dass für Kinder die Schlaf- und vor allem die

Einschlafsituation einen sehr sensiblen Übergang darstellen. Das hängt damit zusammen, dass bei Müdigkeit das Bindungssystem aktiviert ist und dass das Kleinkind die körperliche Nähe seiner Bindungsperson braucht, um sich zu beruhigen und seine negativen Gefühle regulieren zu können. Überdies brauchen Kinder eine vertraute angstfreie Umgebung, um überhaupt schlafen zu können. Die verlässliche Anwesenheit der Bezugserzieherin, die z. B. neben den einschlafenden Kindern sitzt und den Kindern, die das möchten, durch Berührung (Hand auf den Rücken legen) Sicherheit gibt, hilft den Kindern, sich zu entspannen und zu schlafen. Allerdings löst auch die Aufwachsituation in einer nicht vertrauten Umgebung eine Aktivierung des Bindungsverhaltenssystems aus. Gerade in der außerfamiliären Betreuungssituation brauchen die Kinder ebenfalls die zuverlässige Anwesenheit der Bezugserzieherin, um gut wieder in die aktive Wachphase zu gelangen.

Vertraute Umgebung schafft Sicherheit

2.5 Sichere Bindung und Kompetenzentwicklung

Wie sich die Erfahrungen feinfühliger Zuwendung durch die Eltern und sicherer Bindungsbeziehungen auf die weitere Entwicklung des Kindes bis ins junge Erwachsenenalter hinein auswirken, zeigte sich in mehreren internationalen Längsschnittstudien (Grossmann/Grossmann/Kindler 2005; Sroufe et al. 2005), aus denen im Folgenden einige Ergebnisse dargestellt werden.

Bereits am Ende des ersten Lebensjahres zeichnen sich sicher gebundene Kinder durch subtile und vielfältige Kommunikationsfähigkeiten aus (Ainsworth/Bell 1974; Grossmann/Grossmann 1991). Im Alter von zwei Jahren sind diese Kinder in Problemlösesituationen eher in der Lage, auf soziale Ressourcen, z. B. die Unterstützung durch die Mutter, zurückzugreifen (Matas/Arendt/Sroufe 1978; Schieche 1996). Im Kindergarten wurde bei sicher gebundenen Kindern weniger aggressives bzw. feindseliges Verhalten gegenüber anderen Kindern und weniger emotionale Isolation und Abhängigkeit von den Erzieherinnen beobachtet. Sicher gebundene Kinder zeigten mehr Kompetenz im Umgang mit anderen Kindern und eine positivere Wahrnehmung von sozialen Konfliktsituationen und waren sehr viel konzentrierter beim Spiel (Sroufe 1983; Suess/Grossmann/Sroufe 1992). Schon in der frühen

Mehr soziale Kompetenz und Konzentration

Kindheit zeigen sich demnach bei Kindern mit sicherer Bindung höhere soziale Kompetenzen als bei Kindern mit unsicherer Bindung. Sicher gebundene Kinder verfügen des Weiteren in unterschiedlichen Altersstufen über eine höhere Ich-Flexibilität, d. h. die Fähigkeit, Gefühle und Impulse situationsangemessen zu regulieren. Das bedeutet, dass sie eher in der Lage sind, die Kontrolle und Modulation von Impulsen, Bedürfnissen und Gefühlen dynamisch an situative Erfordernisse anzupassen als Kinder, die auf eine unsichere Bindungsstrategie zurückgreifen müssen. Kinder mit einer hohen Ich-Flexibilität können sich z. B. in einer Gruppensituation zurücknehmen und warten, bis sie an der Reihe sind; sie können mit Niederlagen umgehen und sind bei Konflikten mit anderen Kindern in der Lage, einen Kompromiss zu finden. Auch im späteren Schul- bzw. Jugendalter zeichnen sich sicher gebundene Kinder durch eine positive soziale Wahrnehmung, hohe soziale Kompetenz, beziehungsorientiertes Verhalten, bessere Freundschaftsbeziehungen mit Gleichaltrigen und Vertrauens- oder Liebesbeziehungen aus (Zimmermann et al. 2000). Insgesamt lassen die genannten Ergebnisse darauf schließen, dass eine sichere Bindungsorganisation in der Herkunftsfamilie auch Vorteile in anderen Kontexten bietet, im Sinne einer gelungenen Anpassung.

Übergänge werden besser bewältigt

Kinder mit sicherer Bindungserfahrung kommen auch mit dem Übergang von der Familie in die Kindertageseinrichtung oder zur Tagesmutter leichter zurecht. Sie haben die Erfahrung gemacht, dass sie sich auf die Zuwendung und Unterstützung ihrer Eltern verlassen können, und gehen zuversichtlich neue Beziehungen ein, zeigen aber ihren Trennungsschmerz oder ihre Trennungsangst auch deutlich – nicht zuletzt, weil sie gelernt haben, dass ihre starken negativen Gefühle von ihren Eltern reguliert werden, dass sie durch liebevolle Zuwendung Trost erfahren.

Für die Erzieherin oder Tagesmutter heißt das aber nicht, dass sie die Bindungsqualität zwischen Kindern und Eltern beurteilen soll, sondern dass sie als neue Bezugsperson feinfühlig sowohl auf die Bindungsbedürfnisse als auch auf die Explorationsbedürfnisse des Kindes reagiert und im Kontext der außerfamiliären Betreuung eine sichere Basis und ein sicherer Hafen wird.

2.6 Frühkindliche Entwicklung und außerfamiliäre Betreuung

Seit mehr als drei Jahrzenten beschäftigen sich Forscher aus verschiedenen Ländern mit den Auswirkungen früher außerfamiliärer Betreuung auf die kindliche Entwicklung. Die wichtigsten Erkenntnisse stammen aus der Längsschnittstudie des NICHD Early Child Care Research Network aus den USA, bei der über 1000 Kinder von der Geburt bis zum Jugendalter untersucht wurden (vgl. NICHD 2001).

Chancen und Risiken familienergänzender Tagesbetreuung

In ihrem sehr lesenswerten Buch *Wieviel Mutter braucht ein Kind?* hat die Entwicklungspsychologin Liselotte Ahnert den aktuellen Forschungsstand und die wichtigsten Ergebnisse der NICHD-Studie zusammengefasst (Ahnert 2010, S. 161ff.). Im Zentrum der Forschung steht die Frage, wie entwicklungsprägend die Erfahrungen in öffentlicher Betreuung sind, wenn diese schon im Säuglings- und Kleinkindalter beginnt, und unter welchen Betreuungsbedingungen Risiken befürchtet oder Entwicklungsanreize erwartet werden können.

Wie im vorliegenden Kapitel dargelegt wurde, sind die Betreuungsbedingungen in den ersten Lebensjahren besonders wichtig, da sie die Fundamente für die spätere Entwicklung legen. So bildet sich in den ersten Jahren das Immunsystem aus, die Meilensteine der sozialen, geistigen und sprachlichen Entwicklung werden durchlaufen. In dieser Zeit entwickeln sich die Mutter-Kind-Bindungen und weitere Beziehungen, die das Kind künftig für ein angepasstes Sozialverhalten und seine emotionale Regulation braucht. Schließlich fallen die frühen Lebensjahre in eine Periode der Hirnentwicklung, in der die Verdichtung der neuronalen Netzwerke die Hirnaktivität für kommende Anforderungen prägt.

Vor diesem Hintergrund müssen nach Ahnert (2010, S. 162) Qualität, Typ, Ausmaß und die zeitliche Beanspruchung einer öffentlichen Betreuung systematisch im Hinblick auf folgende Fragen untersucht werden:

- Werden Kleinkinder in öffentlicher Betreuung tatsächlich häufiger krank?
- Können Kleinkinder bei außerfamiliärer Betreuung überhaupt eine Mutter-Kind-Bindung entwickeln und aufrechterhalten?
- Profitieren Kleinkinder von den stimulierenden Bildungsangeboten

der Tagesbetreuung in Bezug auf ihre intellektuelle und sprachliche Entwicklung?

- Wie entwickelt sich das Sozialverhalten von Kindern, die von mehreren Erwachsenen und auch außerfamiliär betreut werden?
- Welchen Stress erleben Kleinkinder beim Übergang in die außerfamiliäre Betreuung?

2.6.1 Auswirkungen auf die Gesundheit

In der NICHD-Studie wurde u. a. der Gesundheitszustand der Kinder erhoben. Dabei erwiesen sich ein- und zweijährige Kinder, die in Kindertageseinrichtungen betreut wurden, als besonders erkrankungsanfällig. Das Risiko, eine Ohrenentzündung zu bekommen, war für Einjährige mehr als doppelt so hoch, wenn sie tagsüber in einer öffentlichen Einrichtung betreut wurden. Auch die Wahrscheinlichkeit einer Erkrankung der oberen Luftwege war für tagesbetreute Kinder wesentlich höher als für ausschließlich familienbetreute Kleinkinder. Diese Unterschiede verschwanden aber im dritten Lebensjahr. Dennoch galt auch hier, dass je mehr Kinder in einer Gruppe betreut wurden, desto häufiger das betreffende Kind krank war. Am häufigsten erkrankten jedoch diejenigen Kinder, die bis dahin ausschließlich in der Familie betreut worden und am seltensten krank waren. Daraus lässt sich ableiten, dass erstens die Erkrankungshäufigkeit von Kindern in öffentlicher Betreuung davon abhängig ist, wie viele Kinder betreut werden, und dass zweitens eine frühe außerfamiliäre Betreuung Kinder resistent gegenüber weiteren Ansteckungserkrankungen machen kann. Dabei darf das Erkrankungsgeschehen allerdings nicht eskalieren, da es ansonsten anstelle der erhofften Widerstandsfähigkeit zu chronischen Krankheitsverläufen kommen könnte (Ahnert 2010, S. 164f.).

Indikator Gruppengröße

2.6.2 Auswirkungen auf die Eltern-Kind-Bindung

Ein Hauptergebnis der NICHD-Studie (NICHD 1997) in Bezug auf die Qualität der Mutter-Kind-Bindung und außerfamiliäre Betreuung ist, dass die frühe Inanspruchnahme von Tagesbetreuung nicht grundsätzlich die Eltern-Kind-Beziehung verschlechtert: Danach war die mütterliche Feinfühligkeit die dominierende Einflussgröße auf die Bindungssicherheit der Mutter-Kind-Bindung, unabhängig davon, ob das Kind ausschließlich zu Hause oder in nicht mütterlicher Betreuung war. Das Entstehen einer sicheren Bindung war weniger wahrscheinlich, wenn eine dürftige Qualität der Fremdbetreuung mit a) geringer mütterlicher Feinfühligkeit, b) einem mehr als minimalen Umfang der Fremdbetreuung oder c) mehr als nur einem Betreuungsarrangement verbunden war.

Die Kombination von unfeinfühliger Betreuung sowohl zu Hause als auch in außerfamiliärer Betreuung war sehr häufig mit unsicheren Mutter-Kind-Bindungen verbunden (Friedmann/Boyle 2009). Weitere Untersuchungen zeigen, dass unsichere Mutter-Kind-Bindungen allein durch den frühen Beginn der Fremdbetreuung (vor dem dritten Lebensmonat des Kindes) oder durch eine hohe Fluktuation der Betreuungssettings (z. B. auch Wechsel von Bezugserzieherinnen) oder durch die lange Dauer (mehr als 30 Stunden pro Woche) noch eine weitere Verschlechterung der Beziehungsqualität erlitten. Bei einer unsicheren Mutter-Kind-Bindung reicht einer dieser drei Faktoren in der außerfamiliären Betreuung aus, um die Qualität der Mutter-Kind-Beziehung noch weiter zu verschlechtern (Belsky et al. 2007).

2.6.3 Trennungsangst und Trennungsstress

Die Trennung eines Kindes von seinen Eltern gilt als der wichtigste Stressor in der frühen Kindheit. Kleinkinder sind selbst in einer völlig fremden Umgebung wenig irritiert und ängstlich, solange die Eltern dabei sind. Das liegt daran, dass die Eltern durch ihre Nähe dem Kind ermöglichen, bei Überforderung durch die fremde Umgebung bei ihnen Schutz zu finden und Hilfe zu bekommen, um ihre Ängste zu regulieren.

Im Alter von sechs bis acht Monaten stellt sich beim Baby die Trennungsangst ein, die meist bis zum 14. Monat anhält, aber bis zum fünften Lebensjahr noch bedeutsam sein kann. Trennungen von den Eltern tun Kindern fast auf die gleiche Weise weh wie körperlicher Schmerz (Sunderland 2006). Wenn die Eltern nicht anwesend sind, muss ein Kleinkind von einer ihm vertrauten Person betreut werden – alles andere führt zu Stressreaktionen.

Betreuung durch vertraute Personen

Kommen Kleinkinder ohne Eingewöhnungsphase von einem Tag auf den anderen in eine Kinderkrippe, so wie dies früher insbesondere auch in der ehemaligen DDR der Fall war, zeigen sie sehr starke Stressreaktionen, die sich auf ihre gesamte Entwicklung negativ auswirken können (Ahnert 2010, S. 191). Ein solcher abrupter Übergang in die außerfamiliäre Betreuung kann sich auch negativ auf die Mutter-Kind-Beziehung auswirken. In einer Studie von Ahnert und Kollegen (2004), bei der die Bindungsqualität vor und drei Monate nach dem Krippeneintritt gemessen wurde, konnte gezeigt werden, dass die Mutter-Kind-Bindung von einem sicheren in ein unsicheres Muster kippte, wenn der Übergang in die Krippe ohne Eingewöhnung stattfand. Wenn sich die Mutter aber für die Eingewöhnung des Kindes in die Krippe genügend Zeit nahm, bleib die Bindung erhalten oder verbesserte sich in einigen Fällen sogar.

Zentraler Faktor Eingewöhnung

Die Entwicklung von Vertrauen und der Aufbau von emotionalen Beziehungen brauchen viel Zeit und gemeinsame Erfahrungen. Oder anders ausgedrückt, nur dann, wenn ein Kind bei einer Bezugsperson Trost suchen und finden kann, wird es sie als sichere Basis nutzen können. Das wiederum ist die Voraussetzung dafür, dass die Bezugsperson dem Kind wirksam helfen kann, seine Gefühle zu regulieren und zu explorieren (vgl. Kap. 3.1). Daher ist es beim Übergang von der familiären zur außerfamiliären Betreuung so wichtig, auf die Bindungsbedürfnisse des Kindes zu achten und ihm bei der Stressregulation zu helfen.

Wie der Übergang von der Familie in eine außerfamiliäre Betreuung kindgerecht und entwicklungsangemessen gestaltet werden kann und welche Bedeutung bei der außerfamiliären Bildung, Erziehung und Betreuung der Beziehung zwischen Erzieherin und Kind zukommt, wird in Kapitel 3 erläutert.

2.6.4 Auswirkungen auf die kognitiv-sprachliche und soziale Entwicklung

Die Zusammenhänge zwischen der frühen außerfamiliären Betreuung und der kognitiven/sprachlichen bzw. der sozialen Entwicklung zeigen sich in der NICHD-Studie sowie in anderen Untersuchungen als sehr kompliziert und widersprüchlich, auch weil dabei verschiedene Einflussfaktoren zusammenwirken. So spielt nicht nur die Qualität der außerfamiliären Betreuung eine wichtige Rolle, sondern auch, ab welchem Alter und in welchem Umfang diese in Anspruch genommen wird. Der Einfluss der Tagesbetreuung auf die kognitive und soziale

Entwicklung der Kinder ist aber insgesamt geringer als der Einfluss der familiären Betreuungs- und Beziehungsqualität.

Kinder, die in den ersten drei Lebensjahren ausschließlich bei der Mutter waren, erzielten bei den kognitiven Tests und Sprachtests im Durchschnitt ähnliche Ergebnisse wie fremdbetreute Kinder – aber bessere, wenn die Qualität der Fremdbetreuung niedrig, und schlechtere, wenn diese hoch war (Burchinal et al 2000).

Qualität der Fremdbetreuung ist entscheidend

Die Untersuchungen nach 15, 24, 36 und 54 Monaten nach Geburt des jeweiligen Kindes ergaben, dass früher beginnende Betreuungsverhältnisse mit besseren Ergebnissen bei kognitiven Tests und Sprachtests in Beziehung standen, aber auch laut Betreuungspersonal mit mehr problematischen und weniger prosozialen Verhaltensweisen. Eine von der Stundenzahl her längere Fremdbetreuung führte zu mehr Verhaltensauffälligkeiten und Konflikten. Eine qualitativ bessere Fremdbetreuung war zu jedem Untersuchungszeitpunkt mit besseren Ergebnissen bei kognitiven Tests und Sprachtests sowie zu einigen Untersuchungszeitpunkten mit einer besseren sozioemotionalen Entwicklung und einem positiveren Verhalten gegenüber Gleichaltrigen verbunden (NICHD 2006a).

Obwohl die (Qualität der) Fremdbetreuung hinsichtlich Art, Dauer und Stabilität die kindliche kognitiv-sprachliche und sozioemotionale Entwicklung während der ersten drei Lebensjahre beeinflusste, übten Familienfaktoren, wie z. B. die mütterliche Sensibilität, die Qualität des familialen Umfeldes und das Familieneinkommen, einen größeren Einfluss aus (NICHD 2001). Dasselbe galt für psychosoziale, sozioökonomische und soziokulturelle Risikofaktoren innerhalb der Familie; auch sie prägten die kindliche Entwicklung stärker als die Fremdbetreuung, und zwar weitgehend unabhängig von deren Qualität und Quantität. So konnte in diesen Fällen keine kompensatorische Wirkung der außerfamilialen Betreuung ermittelt werden (NICHD 2002b).

Die Familie hat den größten Einfluss

Bei all diesen Forschungsergebnissen ist zu beachten, dass die Korrelationen zwischen Kindertagesbetreuung und Aspekten der kindlichen Entwicklung relativ schwach (bis moderat) ausgeprägt waren. Beispielsweise erklärten Fremdbetreuungsvariablen in den ersten drei Lebensjahren nur zwischen 1,3 und 3,6 Prozent der Varianz bei der kognitiven und Sprachentwicklung (NICHD 2006a). So handelt es sich auch bei dem durchgängigen Resultat, dass früher bzw. länger fremdbetreute

Kinder häufiger verhaltensauffällig sind, um einen graduellen Unterschied, nicht aber um einen klinischen Befund.

Kommentierte Literaturempfehlung Kapitel 2

Ahnert, L. (2008). Frühe Bindung. Entstehung und Entwicklung (2. Aufl.). München: Ernst Reinhardt.

Dieses Buch bietet einen fundierten Einblick in das Thema Bindung und Bindungsforschung in den ersten Lebensjahren. Namhafte deutsche Wissenschaftler aus der Säuglings-, Bindungs- und Kleinkindforschung kommen zu Wort. Das Buch gibt einen guten Überblick über die aktuelle Kleinkind- und Bindungsforschung in Deutschland.

Sunderland, M. (2006). Die neue Elternschule. Kinder richtig verstehen – ein praktischer Erziehungsratgeber.

Margot Sunderland kann auf eine über 20-jährige Erfahrung in der praktischen Arbeit mit Familien zurückblicken und ist gleichzeitig Neurowissenschaftlerin. Ihrem Buch liegen 800 wissenschaftliche Studien zugrunde. Dennoch bietet es mit besonders anschaulichen und konkreten Alltagsbeispielen professionelle Hilfe für alle, die die soziale und emotionale Entwicklung ihres Kindes nachhaltig positiv beeinflussen möchten, und schafft Verständnis für alle Entwicklungsphasen des Kindes und die Hintergründe seines Verhaltens. Besonders anschaulich werden die Entwicklung des Gehirns und der Einfluss elterlichen Verhaltens erklärt.

3 Beziehungs- und Interaktionsqualität in Kinderkrippe und Tagespflege

In Kapitel 2 wurden die Grundlagen der Entwicklung von Kindern in den ersten drei Lebensjahren dargestellt. Dabei wurde deutlich, dass Kleinkinder nur mithilfe ihrer Bindungs- und Betreuungspersonen ihre körperlichen Grundbedürfnisse und ihre seelischen Grundbedürfnisse nach Bindung, Kompetenzerfahrung und Autonomie erfüllen können. Die Entwicklung von Bindungsbeziehungen dient nicht nur dem Überleben des Kindes, sondern ermöglicht ihm über das Bindungs- und Explorationsverhaltenssystem, seine Kompetenzen in der Auseinandersetzung mit der Umwelt nach und nach auszuweiten.

Im Folgenden werden die dargestellten entwicklungspsychologischen Grundlagen auf die Praxis der außerfamiliären Betreuung übertragen: Wie muss der Übergang in die außerfamiliäre Betreuung je nach Entwicklungsstand eines Kindes gestaltet werden? Welche Bedeutung kommt der Erzieherin-Kind-Beziehung zu? Gleichzeitig wird gezeigt, welche Eigenschaften diese Beziehung kennzeichnen und wie die Interaktion zwischen Erzieherin oder Tagesmutter und Kind aussehen muss, damit die körperlichen und seelischen Grundbedürfnisse des Kindes in der außerfamiliären Umgebung erfüllt werden und Stress reguliert werden kann. Schließlich wird in einem Abschnitt zur Selbstfürsorge dargestellt, dass diejenigen, die Kinder professionell betreuen, nur dann gute Arbeit leisten können, wenn sie auch auf die eigenen Bedürfnisse und auf die eigene Gesundheit achten.

3.1 Eingewöhnung: von der Eltern-Kind-Bindung zur Erzieherin-Kind-Beziehung

Entwicklungspsychologie und Bindungsforschung zeigen eindeutig: Damit Kinder sich wohlfühlen, brauchen sie emotionale Sicherheit und eine Vertrautheit mit ihren Bezugspersonen (vgl. Kap. 2.3). Mit dem Übergang von der Familie zur außerfamiliären Betreuung treten neue Menschen in das Alltagsleben eines Kindes, die nicht zur Familie gehören und zunächst fremd sind. Damit verbunden ist die zeitweise Trennung von den engsten Bezugspersonen, von Mutter, Vater und gegebenenfalls den Geschwistern. Zu den Entwicklungsaufgaben in der Familie kommen weitere in der Einrichtung hinzu (Niesel/Griebel 2015; Griebel/Niesel 2015).

Jedes Kind erlebt Trennungen anders

Jedes Kind erlebt diese Trennung anders, sein Verhalten ist von den bisherigen Beziehungs- und Trennungserfahrungen geprägt (vgl. Kap. 2.4 und Kap. 2.6.4) und kann sehr unterschiedlich ausfallen. In den ersten drei Lebensjahren (und oft auch noch darüber hinaus) können fremde Umgebungen und Personen sowie die Trennung von der primären Bindungsperson, also der Mutter oder dem Vater, beim Kleinkind Stress erzeugen. Es muss sich an die neue Umgebung der Kinderkrippe gewöhnen und Vertrauen zu den pädagogischen Bezugsperson aufbauen. Wie in Kapitel 2 dargestellt, ist das eine Grundvoraussetzung für Kinder, um überhaupt explorieren und sich stressfrei bewegen zu können. Dieser Prozess der Eingewöhnung erfordert Fachwissen, Zeit, Geduld und einen regelmäßigen Austausch zwischen Eltern und pädagogischer Bezugsperson, um den jeweiligen Bedürfnissen des Kindes möglichst gerecht werden zu können. Denn: Jedes Kind ist anders!

3.1.1 Der Übergang von der Familie in die Kita oder Tagespflege

Für alle Kinder ist der Übergang in die Kita oder Tagespflege mit der Aufgabe verbunden, die neuen Menschen – sowohl die Fachkräfte als auch die anderen Kinder – kennenzulernen und mit ihnen vertraut zu werden. Eine Schlüsselposition haben hierbei die Eltern, die als primäre Bindungspersonen ihrem Kind die Sicherheit und das Zutrauen vermitteln können, neue Beziehungen einzugehen. Die Betreuungsbedingungen in der Familie und der Kita sind sehr unterschiedlich. Zudem haben jüngere Kinder von sich aus nicht das Verlangen, sich von ihren Eltern zu trennen, um sich für eine längere Zeitspanne auf fremde Erwachsene in einer fremden Umgebung einzulassen. Schließlich brauchen sie die Eltern in ihrer Nähe, um ihr Wohlbefinden zu regulieren (Datler/Datler/Nover-Reisner 2010). Wenn sie jedoch vertrauensvolle Beziehungen zu den neuen Bezugspersonen aufbauen, können sie mit der Betreuungsvielfalt gut umgehen (Ahnert 2010).

Eine individuelle Eingewöhnung, in der die Eltern, das Kind und die Erzieherin den Übergang gemeinsam gestalten und bewältigen, ist die Voraussetzung für den Aufbau der Erzieherin-Kind-Beziehung. Darüber hinaus tragen auch die anderen Kinder in der Einrichtung zur Übergangsbewältigung bei. Wurden die Kinder früher am ersten Tag in der Einrichtung einfach abgegeben, so wird heute die Gestaltung der Eingewöhnung als entscheidend für die weitere »Karriere« des Kindes in der außerfamiliären Betreuung betrachtet.

Elternbegleitet, bezugspersonenorientiert, abschiedsbewusst

Die Eingewöhnung ist ein Qualitätsstandard und wird über einen Zeitraum von mindestens vier Wochen elternbegleitet, bezugspersonenorientiert und abschiedsbewusst durchgeführt (Haug-Schnabel/Bensel 2006). Elternbegleitet heißt, dass das Kind in Anwesenheit und Begleitung seiner Bezugsperson die fremde Umgebung der Kindertageseinrichtung und seine Bezugserzieherin kennenlernen kann. Mutter oder Vater dienen dem Kind als sichere emotionale Basis, von der aus es dieses neue Umfeld erkunden kann. Die Bezugserzieherin widmet sich in dieser Eingewöhnungsphase ganz dem neuen Kind und versucht, eine vertrauensvolle Beziehung zu ihm aufzubauen. So kann sie selbst zu einer sicheren Basis für das Kind werden. Es gibt einen klaren Abschied, zu dem bald das verinnerlichte Vertrauen auf die Rückkehr der Mutter oder des Vaters gehört.

Auch die Eltern sind herausgefordert, sich auf die Fachkräfte als Ansprechpartner und Vertrauenspersonen und die zusätzliche Betreuung ihres Kindes in der Kita einzulassen. Für die Fachkraft sind die Eltern wichtige Partner und Informanten, nicht nur in der Phase der Eingewöhnung. Ziel eines regelmäßigen Austauschs zwischen Fachkraft und Eltern ist es, das Kind beim Übergang in die Kita sowie bei seinen täglichen Herausforderungen gemeinsam und gemäß seiner aktuellen Entwicklungsphase zu unterstützen. Für die Eltern ist es wichtig zu erfahren, dass ihr Kind in der Kita gut aufgehoben ist. Der Einbezug der Eltern in die Eingewöhnung trägt, neben regelmäßigen Gesprächen mit den Fachkräften, maßgeblich dazu bei.

Auch Eltern brauchen »Eingewöhnung«

Nicht übersehen werden darf, dass die Eltern nicht nur Unterstützer ihres Kindes sind, sondern dass sie selbst auch einen Übergang bewältigen müssen. Sie werden in Zukunft nicht nur Eltern in ihrer Familie sein, sondern auch Eltern eines Krippen- oder Kita-Kindes, d. h., sie müssen »Familienelternschaft« und »Kita-Kind-Elternschaft« in ihr Selbstbild integrieren. Das ist mit intensiven, meist gemischten Gefühlen verbunden. Zur Freude über die Entwicklungsschritte ihres Kindes kommen eventuell Schuldgefühle oder Zweifel. Ähnlich wie ihr Kind müssen sie vertrauensvolle Beziehungen zu den Fachkräften aufbauen und Mitglied der Elterngruppe werden – auch sie müssen ein Gefühl der Zugehörigkeit entwickeln (Niesel/Griebel 2015; Griebel/Niesel 2015).

3.1.2 So gelingt die Eingewöhnung

Im Folgenden werden bewährte Modelle zur Eingewöhnung vorgestellt. Ihnen gemeinsam ist zum einen die individuelle Ausrichtung und zum anderen die bindungstheoretische Fundierung. Das bedeutet: Ziel einer behutsamen Eingewöhnung muss es sein, dass das Kind – ausgehend von der sicheren Basis seiner primären Bindungsperson – die zunächst fremde Umgebung der Kindertageseinrichtung kennenlernen und zu seiner Bezugserzieherin Vertrauen fassen kann. Denn: Aus den Darstellungen in Kapitel 2 sollte deutlich geworden sein: Nur mit beruhigtem Bindungssystem können Kinder in außerfamiliärer Umgebung frei explorieren und stressfrei Bildungsangebote nutzen.

Erprobte und bewährte Eingewöhnungsmodelle für die Kindertageseinrichtung und Tagespflege sind

- das »Berliner Eingewöhnungsmodell« (INFANS-Modell) von Laewen, Andres und Hédervári (2000) und
- das »Münchner Modell« von Beller (2002; vgl. auch Winner/Erndt-Doll 2009).

Jede Eingewöhnung ist elternbegleitet, bezugspersonenorientiert und abschiedsbewusst zu gestalten. Dies wird in den Phasen jeder Eingewöhnung deutlich.

Beide Modelle unterscheiden drei Phasen (Lorber/Hanf 2013, S. 115):

1. die »Kennenlernphase« (mit Kind und Elternteil, der bei Bedarf das Kind versorgt und tröstet)
2. die »Sicherheitsphase« (in der die Fachkraft zunehmend die kindliche Versorgung übernimmt, wenn das Kind dies zulässt; erste Trennung von Elternteil und Kind)
3. die »Vertrauensphase« (Kind lässt sich von der Fachkraft versorgen und trösten, es exploriert und nimmt Kontakt zu anderen Kindern auf).

Beziehung zur Fachkraft aufbauen

Die Anwesenheit der vertrauten Person aus der Familie in der Kennenlernphase ist wichtig, reicht aber später nicht aus, um den kindlichen Stress zu regulieren, der durch die Trennung von Elternteil und Kind entsteht. Vielmehr muss die Anwesenheit der vertrauten Person dazu genutzt werden, die Beziehung zur Fachkraft und zwischen Fachkraft und Kind aufzubauen und zu stärken (Ahnert 2010). Es ist wichtig, dass jedes Kind in jeder Phase der Eingewöhnung ausreichend Zeit und Unterstützung bekommt, um ein verlässliches emotionales Band zu »seiner« Fachkraft zu knüpfen. Vor allem bei Kindern, die noch wenig (positive) Trennungserfahrungen machen konnten oder die besonders schüchtern oder ängstlich sind, sollte eine längere Eingewöhnungszeit eingeplant werden. Damit sich die Fachkraft dem Kind mit ihrer vollen Aufmerksamkeit zuwenden kann, empfehlen sich eine zeitlich gestaffelte Aufnahme der Kinder und ein allmähliches Heranführen jedes neuen Kindes an die Kindergruppe (vgl. hierzu Kap. 4.1.1). Der Anpassungsprozess ist auch für das Kind leichter, wenn dieses zunächst mit seiner Bezugserzieherin vertraut werden kann, bevor es die anderen Fachkräfte kennenlernt (Hédervári-Heller 2010).

Ängste der Kinder und Eltern aufgreifen

Bei der Bewältigung von Veränderungen, die mit dem Eintritt in die Kita verbunden sind, kommt es darauf an, das Kind und seine Eltern nicht zu überfordern oder zu verunsichern und durch die allmähliche Eingewöhnung sensibel an die neue Situation heranzuführen (Niesel/Griebel 2015; Griebel/Niesel 2015). Hierzu gehört es auch, dass die Fachkraft die Ängste der Kinder (»Wo ist meine Mama?«) und die Ängste der Eltern (»Geht es meinem Kind gut, wenn ich nicht da bin?«) aufgreift und ihnen Sicherheit vermittelt. Unterstützend für das Kind kann auch ein Übergangsobjekt, z. B. ein Stofftier oder ein Gegenstand der Mutter, sein. Damit weiß das Kind: Meine Familie ist noch da, auch wenn ich in der Kita bin und sie nicht sehe (Gutknecht 2012).

Aufgaben der Fachkräfte

Entscheidende Gelingensbedingungen und damit Qualitätskriterien einer professionellen Eingewöhnung sind (Wertfein/Müller/Kofler 2012):

- rechtzeitige, fortlaufende Information der Eltern über die entwicklungspsychologische Bedeutung und den Ablauf der Eingewöhnung
- regelmäßiger, täglicher Austausch mit den Eltern
- keine Trennung von Elternteil und Kind vor dem vierten Tag (auch wenn Kinder Vermeidungsverhalten zeigen und keinen offensichtlichen Trennungsschmerz zum Ausdruck bringen)
- Durchführung der Eingewöhnung von einem Elternteil (oder einer anderen dem Kind sehr vertrauten Person; kein Wechsel dieser Person während der Eingewöhnungszeit)
- Begleitung der Eingewöhnung von einer Fachkraft (kein Wechsel der Fachkraft während der Eingewöhnungszeit)
- erste Kontaktaufnahmen, Steigerung der kindlichen Anwesenheitszeiten und Dauer der Eingewöhnung orientieren sich am Verhalten des Kindes
- Koppelung der stundenweisen Anwesenheitszeit der Kinder an bestimmte Routinen im Tagesablauf (Essen, Wickeln, Schlafen)
- auftretende Trennungsschwierigkeiten im (weiteren) Verlauf der Eingewöhnung und zeitweise »Rückfälle« (z. B. nach Krankheit oder familiären Ereignissen, etwa der Geburt eines Geschwisterkindes) werden ernst genommen und bei der weiteren Gestaltung berücksichtigt.

Ob eine Eingewöhnung erfolgreich war, kann man am Verhalten des Kindes erkennen. Wenn ein Kind zunehmend und sichtlich den Kita-Alltag genießen kann, wenn es sich für die Räume und Materialien in der Kita interessiert und sich aktiv in die Interaktionen mit anderen Kindern einbringt, dann ist es in der Einrichtung angekommen (Datler/Datler/Hover-Reisner 2010). Ein deutliches Anzeichen von gelungener Eingewöhnung ist, wenn das Kind bei seiner Erzieherin Trost sucht und findet (Ahnert 2006, 2007b): sich zum Beispiel in einer Überforderungssituation oder bei Müdigkeit an die Bezugserzieherin wendet, sich von ihr auf den Schoß oder Arm nehmen lässt, dort »Sicherheit tanken« kann und von da aus wieder explorieren möchte. Das bedeutet aber auch, dass die Bezugserzieherin für die ihr anvertrauten Kinder zumindest in der ersten Zeit immer in Sicht- oder Rufweite ist. Gegebenenfalls müssen anfänglich auch die Bring- und Abholzeiten an die Anwesenheitszeiten dieser Person angepasst werden.

3.2 Merkmale der Erzieherin-Kind-Beziehung

Eine häufige Frage für Eltern und Fachkräfte ist: Sind Erzieherin-Kind-Beziehungen auch Bindungsbeziehungen? Wenn man die bindungstheoretischen Annahmen zu Bindungs- und Explorationsverhalten bei Kleinkindern ernst nimmt, wird deutlich, dass das entscheidende Kriterium dabei ist, ob sich ein Kind in misslichen und belastenden Situationen seinen Betreuungspersonen zuwendet, um sich trösten zu lassen und dabei Sicherheit zu gewinnen.

Die Forschung der letzten Jahre zeigt, dass viele, aber nicht alle Erzieherin-Kind-Beziehungen dieses Kriterium erfüllen (Ahnert 2006, 2007a). Sie können als Erzieherin-Kind-Bindungen gelten, wenn sie den Kindern gegenüber eine sicherheitsgebende Funktion erfüllen (z. B. weinen die Kinder weniger in Anwesenheit dieser Fachkraft). Es sind aber immer nachgeordnete Bindungsbeziehungen, d. h., diejenigen Bindungsbeziehungen, die das Kind zu seiner Mutter und zu seinem Vater entwickelt hat, bleiben seine wichtigsten Bindungsbeziehungen, und nur in Abwesenheit von seinen Eltern zeigt es sogenanntes Bindungsverhalten gegenüber der Bezugserzieherin. Gleichzeitig lässt sich beobachten, dass Kinder in außerfamiliärer Tagesbetreuung gute Beziehungserfahrungen mit einer Fachkraft auf eine andere Fachkraft, die sie z. B. vertritt und den Kindern auch vertraut ist, übertragen können (Howes/Galinsky/Kontos 1998; vgl. auch Ahnert 2010).

Erzieherin-Kind-Beziehungen sind nicht durch die Qualität der Mutter-Kind-Bindung festgelegt, das bedeutet: Ein Kind, das zu Hause sichere Bindungen erfahren hat, ist nicht zwangsläufig sicher an eine Erzieherin gebunden, dies hängt vielmehr von der Feinfühligkeit dieser Erzieherin ab (s. u.) und umgekehrt. Zudem kann die Beziehung zur Erzieherin nicht die Beziehung zur Mutter ersetzen. Sie bleibt funktionell auf die Betreuungssituationen in der Krippe beschränkt. Das bedeutet, dass Kinder weiterhin eine klare Hierarchie ihrer Bindungspersonen aufrechterhalten und dass Eltern keine Sorge haben müssen, ihr Kind mit dem Eintritt in die Krippe an die Erzieherin zu »verlieren«.

In einer Metaanalyse von über 40 wissenschaftlichen Studien mit über 2800 Kindern konnten Ahnert, Pinquart und Lamb (2006) zeigen, dass Kinder auch zu Tagesmüttern oder Erzieherinnen sichere Bindungsbeziehungen entwickeln können und dass dies Mädchen häufiger als Jungen gelingt (vgl. Kap. 3.3). In größeren Gruppen ist hierfür jedoch eine andere, gruppenspezifische Aufmerksamkeit und Feinfühligkeit vonseiten der Erzieherinnen nötig. Fachkräfte schaffen die Voraussetzung für sichere, verlässliche Beziehungen, indem sie sich innerhalb des Gruppengeschehens dem Kind zuwenden, das sie gerade am dringendsten braucht. Ahnert bezeichnet dies als »empathisches, gruppenbezogen ausgerichtet[es] Erzieherverhalten« (Ahnert 2004, S. 268).

Sich dem einzelnen Kind zuwenden

Es scheint deshalb logisch, dass sich ein kindzentriertes Erzieherverhalten insbesondere in kleinen und stabilen Gruppen ausbilden kann, während es den Fachkräften mit steigender Gruppengröße, etwa in altersgemischten Einrichtungen, deutlich erschwert wird, auf die spezifischen Bedürfnisse der einzelnen Kinder einzugehen. Hier kommt es besonders auf eine gute personelle Ausstattung sowie eine enge und intensive Zusammenarbeit der Fachkräfte an, um die pädagogische Qualität für alle Altersgruppen täglich und über den gesamten Tagesverlauf im Team zu gewährleisten. Dass dies in altersgemischten Einrichtungen oft nicht geleistet werden kann, zeigt sich in der geringeren pädagogischen Qualität für die Altersgruppe bis drei Jahren (vgl. Kap. 8.2).

Fünf Merkmale einer guten Beziehung

Die Beziehung zwischen dem Kind und der Erzieherin werden durch fünf Eigenschaften beschrieben, die neben zuwendenden, sicherheitsgebenden und Stress reduzierenden Aspekten auch Unterstützung und Hilfe beim kindlichen Erkunden und Erwerb von Wissen einschließen (Ahnert 2006, 2007b):

- Zuwendung: Eine liebevolle und emotional warme Kommunikation ist die Grundlage einer Bindungsbeziehung, bei der das Kind und die Erzieherin Freude am Zusammensein und an gemeinsamer Interaktion haben.
- Sicherheit: Kinder spielen intensiver und erkunden ihre Umwelt aufgeschlossener, wenn die Erzieherinnen bei diesen eigenaktiven Tätigkeiten des Kindes verfügbar bleiben.
- Stressreduktion: Befindet sich das Kind in einer misslichen Lage, wird es Trost und Unterstützung suchen. Mit dem Ziel, den Stress zu mildern, helfen Erzieherinnen dem Kind, seine negativen Emotionen zu regulieren, Irritation und Ängste zu überwinden und zu einer positiven emotionalen Stimmungslage zurückzukehren.
- Explorationsunterstützung: Das eigenständige Erkunden entwickelt sich insbesondere dann, wenn das Kind bei Unsicherheit und Angst zu den Erzieherinnen zurückkehren oder sich rückversichern kann. Eine Erzieherin wird das Kind gleichzeitig zu neuem Erkunden ermutigen.
- Assistenz: Gelangt das Kind bei schwierigen Aufgaben an die Grenzen seiner Handlungsfähigkeit, braucht es zusätzliche Informationen und Unterstützung. Besteht eine sichere Erzieherin-Kind-Bindung, sucht das Kind diese Hilfen vorrangig bei dieser Bindungsperson.

Die genannten Aspekte haben – je nach Alter des Kindes – ein unterschiedliches Gewicht: Während für Kinder in den ersten drei Lebensjahren die ersten drei Eigenschaften (Zuwendung, Sicherheit und Stressreduktion) im Vordergrund stehen, gewinnen Explorationsunterstützung und Assistenz im Laufe der Entwicklung an Bedeutung.

Hat das Kind zu seiner Bezugserzieherin eine Beziehung aufgebaut, zieht es sie anderen Betreuungspersonen in der Kindertageseinrichtung

Übergänge einfühlsam vorbereiten

vor. Es sucht ihre Nähe und kann bei ihr Sicherheit finden. Damit hat das Kind ein emotionales Band aufgebaut und kann durch die plötzliche Trennung von dieser Bezugsperson sehr belastet werden (Grossmann/Grossmann 2012). Da sich im Rahmen von Kindertageseinrichtungen weder zeitweise Trennungen (z. B. wegen Krankheit oder Urlaub) noch endgültige Abschiede (z. B. aufgrund von Mutterschaft oder Arbeitsplatzwechsel der Fachkraft) vermeiden lassen, kommt es darauf an, diese Übergänge einfühlsam vorzubereiten und bewusst zu gestalten. Ein gelungener Abschied ermöglicht dem Kind die Aufnahme neuer Beziehungen und unterstützt sein Vertrauen in bestehende und künftige Bezugspersonen.

3.3 Kriterien guter Erzieherin-Kind-Interaktionen

Um das kindliche Gefühl von Sicherheit und Vertrauen weiter zu stärken, kommt es über die Eingewöhnungsphase hinaus auf gelingende Erzieherin-Kind-Interaktionen an. Entscheidend ist hierbei, dass die Fachkraft die Bedürfnisse des Kindes erkennt und angemessen darauf reagiert (vgl. Kap. 2). Im gemeinsamen Alltag und Gruppengeschehen kann man gute Interaktionen daran erkennen, dass die Fachkraft

- mit den Kindern liebevoll und emotional zugewandt kommuniziert
- die meiste Zeit körperlich und emotional verfügbar ist und den Kindern so Sicherheit vermittelt
- die Kinder in herausfordernden Situationen darin unterstützt, ihre Emotionen zu regulieren
- die Kinder darin unterstützt und ermutigt, Neues zu entdecken und Herausforderungen zu bewältigen
- »Hilfe zur Selbsthilfe« leistet und die Autonomie der Kinder unterstützt, wenn diese an ihre Grenzen stoßen, ohne ihnen die Lösung abzunehmen (Lorber/Hanf 2013).

Gelingende Interaktionen zwischen Fachkräften und Kindern sind von einem hohen Grad an Abgestimmtheit geprägt. Für die Abstimmung im Sinne einer »professionellen Responsivität« ist es entscheidend, die aktuelle Gefühlslage des Kindes, seinen Entwicklungsstand, eine eventuell vorliegende Behinderung, sein Geschlecht und seine Kultur zu berücksichtigen (Gutknecht 2012). Um das eigene Verhalten auf die emotionalen Äußerungen des Kindes anzupassen, ist eine genaue Beobachtung der kindlichen Reaktionen erforderlich. Bei Säuglingen und Kindern, die (noch) keine Worte benutzen, erfährt die Fachkraft aus der Mimik, Gestik und Körperhaltung, wie sie sich fühlen. Entscheidend sind die aufmerksame Zugewandtheit und eine »zuhörende« Haltung.

Gute Interaktionen berücksichtigen den aktuellen Entwicklungsstand und die Fähigkeiten des Kindes. Entwicklungsangemessen sind sie dann, wenn sie die *Zone nächster Entwicklung* anregen. Das Kind wird durch die Unterstützung des Erwachsenen dazu befähigt, etwas zu tun, das es zuvor noch nicht getan hat. So kann z. B. die kindliche Feinmotorik unterstützt werden, indem der Erwachsene vormacht, wie eine Jacke zugeknöpft wird und das Kind dies nachahmen lässt. Der Wortschatz des Kindes kann verfeinert werden, indem der Erwachsene Alltagserfahrungen sprachlich begleitet oder Aussagen des Kindes aufgreift und erweitert (z. B.: Das Kind sagt: »Saft«, und die Fachkraft erwidert: »Möchtest du den Apfelsaft probieren?«).

Jüngere Kinder lernen und kommunizieren mit allen Sinnen und sind darauf angewiesen, dass auch ihre Bezugspersonen auf verschiedene Weise mit ihnen interagieren. Bei Kindern mit Sinnesbeeinträchtigungen wird dies besonders deutlich. Denn eine Entwicklungsauffälligkeit oder Behinderung kann die gegenseitigen Abstimmungsprozesse deutlich erschweren. Daher benötigen Fachkräfte spezifisches Wissen darüber, wie ausgereift die kindlichen Sinne im jeweiligen Alter in etwa sind und inwiefern die Interaktionen bei Entwicklungsauffälligkeiten oder einer Behinderung beeinträchtigt werden. In solchen Fällen ist die Fachkraft aufgefordert, die Interaktionen mit dem Kind und seinen Fähigkeiten abzustimmen, ihr Kommunikationsverhalten weiterzuentwickeln und dies auch für die Kindergruppe erfahrbar zu machen (ausführlich dazu Gutknecht 2012).

Interaktionen auf die Fähigkeiten des Kindes abstimmen

Interaktionen von Fachkräften mit Jungen und Mädchen sind bereits in der frühen Kindheit unterschiedlich, da Verhalten und Erwartungen der meist weiblichen Fachkräfte an die Kinder häufig geschlechtsspezifisch sind (Ahnert 2004). So sind Mädchen bei Fachkräften in Kitas durchschnittlich beliebter, weil sie in der Gruppe oft als ausgeglichener, ruhiger und prosozialer erlebt werden, Jungen hingegen als aggressiver und unkooperativer (ebd.). Mädchen erhalten daher im Schnitt in Konfliktsituationen mehr emotionale Zuwendung, während Jungen häufiger reglementiert werden (Ahnert 2007b). Ahnert (2004) weist darauf hin, dass gerade die gruppenbezogene Ausrichtung der Fachkraft einen Ausgleich geschlechtsstereotyper Tendenzen im Umgang mit einzelnen Mädchen und Jungen erschwert und einen Rückzug der Jungen in ihre Gleichaltrigengruppe begünstigt.

Individuelle Unterschiede bewusst wahrnehmen

Für eine geschlechtsbewusste Abstimmung der Interaktionen auf die kindlichen Bedürfnisse ist es notwendig, einerseits die individuellen Unterschiede zwischen den Kindern wahrzunehmen. Andererseits kommt es für die Fachkraft darauf an, geschlechtstypische Verhaltensweisen und Interessen in den Blick zu nehmen und immer wieder das eigene pädagogische Handeln – auch im Hinblick auf die Gruppenatmosphäre und den Umgang mit Untergruppen – zu hinterfragen (Rohrmann 2013). Schließlich trägt eine geschlechtersensible Pädagogik dazu bei, dass Jungen und Mädchen miteinander und untereinander erfahren, wie sich Jungen und Mädchen verhalten und was sie mögen – wichtige Voraussetzungen für eine gesunde Identitätsentwicklung (Niesel/Griebel 2015; Griebel/Niesel 2015).

Zur Zusammenarbeit mit Eltern

Familiäre Verhaltensstile und Erwartungen erkennen

Unterschiedliche Kinder haben auch unterschiedliche Eltern bzw. Familien, mit denen die Fachkraft mehr oder weniger Gemeinsamkeiten und Ähnlichkeiten teilen wird. Kultursensitive Interaktionen berücksichtigen die in der Familie des Kindes gelebten Beziehungen und Verhaltensstile. Die interkulturell kompetente Fachkraft geht offen, wertschätzend und interessiert auf Menschen mit anderer kultureller Identität zu (Kieferle 2011). Erst im Austausch mit der Familie kann die Fachkraft in Erfahrung bringen, welchen Einfluss die jeweilige Kultur, ihre Traditionen, Wertvorstellungen und die Familiensprache auf die Bildung und Entwicklung des jeweiligen Kindes hat (Keller 2013). Je nachdem, welcher sozialen Gruppe die Kinder angehören und wie wertschätzend mit Unterschieden umgegangen wird, kann dies förderlich für die Entwicklung eines positiven Selbstbildes und der Empathiefähigkeit des Kindes sein (Wagner 2013). Vor allem wenn ein Kind in der Familie und in der Kita sehr unterschiedliche (kulturell bedingte) Verhaltensstile erlebt und unterschiedlichen Erwartungen ausgesetzt ist, ist es wichtig, dass die Fachkraft dies erkennt und beim Übergang von der Familie in die Kindertageseinrichtung bzw. in der täglichen Zusammenarbeit mit den Eltern berücksichtigt (Gutknecht 2012). Dabei kommt es auf drei Dimensionen interkultureller Kompetenz an:

- Wissen über die jeweilige Familie und die von ihr gelebte Kultur
- Verständnis gegenüber Unterschieden zur eigenen Kultur und Interesse für die Vielfalt der Kinder und ihren Familien und
- soziale Kompetenz, um auch mit sprachlichen Barrieren oder Missverständnissen umzugehen (Keller 2013).

Die Gruppe als Lernraum im Blick haben

Ein Wechsel der Beobachtungsperspektive vom Kind auf die Gruppe kann für die Fachkraft in einer Kindertageseinrichtung zum einen Entlastung sein vom Anspruch, »in der pädagogischen Aktivität immer die Individualität aller einzelnen Kinder im Blick haben zu müssen« (Brandes 2008, S. 169). Zum anderen besteht die Herausforderung für sie darin, »der Kindergruppe zu ermöglichen, zu einem Lernraum zu werden, der sich nicht durch Anpassungszwänge auszeichnet, sondern durch hohe Toleranz gegenüber individuellen Unterschieden und Bedürfnissen« (ebd.).

3.4 Kriterien für die gelingende Erzieherin-Kind-Beziehung

Wer mit Kindern in den ersten Lebensjahren arbeitet, muss ein hohes Maß an Zugewandtheit und Einfühlungsvermögen mitbringen, denn diese äußern unmittelbar, was sie bewegt. Jede Fachkraft ist direkt mit den Gefühlen des Kindes konfrontiert und erlebt immer wieder eine hohe emotionale Betroffenheit. Kinder und Fachkräfte kommen sich im Laufe der Zeit und im Alltag körperlich und emotional sehr nah. Dennoch handelt es sich um eine Beziehung auf Zeit. Das richtige Maß an Nähe und Distanz ist eine wesentliche Voraussetzung für ein gutes Miteinander von Fachkraft und Kind (Lorber/Hanf 2013).

3.4.1 In Zweiersituationen das Miteinander stärken

Aufgrund der Betreuungssituation in der Gruppe ist es den Fachkräften im Kita-Alltag nicht durchgehend möglich, sich feinfühlig zu verhalten und für jedes Kind jederzeit verfügbar zu sein (König 2009; Remsperger

2011). Im Krippenalltag interagieren die Fachkräfte insgesamt nur selten (10 bis 30 Prozent der Zeit) mit einzelnen Kindern, direkte Handlungsanweisungen an die gesamte Gruppe überwiegen (Kontos/Wilcox-Herzog 1997; König 2009). Ein Kind in der Kinderkrippe, aber auch in der Tagespflege muss erfahren, dass die Fachkraft auch für andere Kinder da ist und dass es manchmal in seinen Bedürfnissen enttäuscht werden muss, bis es an der Reihe bzw. bis das Kind versorgt ist, das die Fachkraft noch dringender gebraucht hat. Umso bedeutsamer sind die Situationen, die ein Kind und seine Bezugserzieherin zusammenbringen, z. B. das Wickeln. In diesen im Kita-Alltag regelmäßig wiederkehrenden Zweier-Situationen können Fachkraft und Kind ihre Beziehung stärken und Momente des intensiven Austauschs erfahren. Nach Emmi Pikler werden verlässliche Beziehungen über Pflegesituationen aufgebaut, die von achtsamen, behutsamen Berührungen und handlungsbegleitendem Sprechen geprägt sind (Ostermayer 2013).

Beziehungsvolle Pflege und Interaktion

Durch diese »beziehungsvolle Pflege« (nach Emmi Pikler) wird deutlich, wie bedeutsam der körperliche Kontakt und die Interaktion mit dem Kind für das Entstehen sozialer Nähe und die kindliche, insbesondere emotionale und sprachliche Entwicklung sind (Wertfein/Müller/Kofler 2012). Entscheidende Prinzipien des beziehungsvollen Pflegehandelns sind (Lorber/Hanf 2013, Ostermayer 2013):

- die Orientierung der Fachkraft an den individuellen Bedürfnissen des Kindes
- ungeteilte Aufmerksamkeit und liebevoller Respekt der Fachkraft
- behutsame Berührung des Kindes
- langsame und ruhige, an den Rhythmus des Kindes angepasste Bewegungen
- achtsame sprachliche Ankündigung und Begleitung der »Handgriffe« (»Jetzt drehe ich dich zur Seite ...«)
- Einbezug des Kindes in die Pflegehandlung (»Magst du mithelfen?«).

In der Pikler-Pädagogik kommt den Händen als Kommunikationsmittel eine zentrale Bedeutung zu. Denn »insbesondere anhand der Bewegung der Hände und ihren Begegnungen mit dem Kind wird für das Kind spürbar, wie der Erwachsene zu ihm in Beziehung steht, wie er mit den Händen mit ihm kommuniziert und Botschaften übermittelt« (Ostermayer 2013, S. 42).

Eine tragfähige Erziehungspartnerschaft entwickelt sich durch die behutsame Planung und Durchführung der Eingewöhnungszeit und die tägliche Kommunikation mit den Eltern. Diese möchten jeden Tag erfahren, wie es ihrem Kind ergangen ist. Die Jüngsten können sich noch nicht ausreichend äußern und auch ältere Kinder berichten selten ausführlich darüber, wie ihr Tag war. D. h., die Eltern sind auf die tagtäglichen Informationen durch die sozialpädagogischen Fachkräfte angewiesen.

3.4.2 Interaktionen und Beziehungen in Kindertageseinrichtungen organisieren

Gelingende Interaktionen und Beziehungen in Kindertageseinrichtungen sind stark von strukturellen und organisatorischen Gegebenheiten abhängig und werden auch durch Veränderungen oder Ressourcenknappheit beeinflusst. Je größer die Kindergruppe ist, desto wichtiger ist die Lernumgebung, d. h. die Anordnung und Größe der Räume, die Verfügbarkeit von Rückzugsbereichen, der jeweilige Geräuschpegel und die zeitliche Strukturierung des Tagesablaufs mit Abwechslung zwischen turbulenteren und ruhigeren Aktivitäten. Nur wenn die Lernumgebung ausreichend Raum und Zeit für ruhige Gespräche schafft, werden die Kinder miteinander und mit der Fachkraft ins Gespräch kommen und eigene Themen einbringen.

Je größer die Gruppe, desto wichtiger die Strukturierung

Zudem kommt es auf eine entspannte, positive und wertschätzende Lernatmosphäre an: Häufiger Blickkontakt, körperliche Zuwendung, eine ruhige Stimme, gemeinsame Aktivitäten, gegenseitige Unterstützung und gemeinsames Lachen unterstützen positive Interaktionen zwischen den Kindern und mit der Fachkraft. Gelungene und gut abgestimmte Interaktionen und Beziehungen zwischen den Kindern und mit der Fachkraft tragen direkt zur sprachlichen Bildung im Alltag bei. Wenn sich die Kinder wohlfühlen, interagieren sie lieber und häufiger miteinander. Gespräche unter Kindern und der offene Austausch in Gesprächsrunden werden angeregt (z. B. im Morgenkreis).

Verhaltensprobleme und Konflikte zwischen den Kindern lassen sich nicht immer vermeiden. Wenn die Fachkräfte in gutem Kontakt zueinander stehen und einen Teil des Gruppengeschehens aufmerksam beobachten können, kann es gelingen, Konflikte vorauszusehen und durch proaktives Eingreifen zu verhindern. Hilfreich sind hier klar vereinbarte Regeln und Grenzen, nach denen sich alle Kinder und die Fachkräfte selbst richten. Ein gutes Miteinander zeigt sich darin, dass die Fachkraft Fehlverhalten mit positiven Hinweisen auf das erwünschte Verhalten und mit Erlaubnissen (statt Verboten) beantwortet. Fühlen sich die Kinder in das Miteinander einbezogen, zeigen sie ein hohes Maß an »Compliance«, d. h., sie gehen auf Verhaltenshinweise bereitwillig ein und bemühen sich um das erwartete, gruppenverträgliche Verhalten (z. B. prosoziales Verhalten wie Helfen und Teilen) (Pianta/Hamre 2009; von Suchodoletz 2013).

3.4.3 Erstes Lebensjahr: Beziehungsaufbau durch liebevolle Pflege

Säuglinge brauchen eine intensive, kontinuierliche Zuwendung und Betreuung durch eine ihnen vertraute Person. Da Babys in den ersten Monaten noch kurze Schlaf- und Wachphasen haben und häufig Durst oder Hunger bekommen, wird ihr Bindungsverhaltenssystem in schnellen Abständen durch Müdigkeit, Aufwachen, Hunger, Durst oder Verdauungsbeschwerden aktiviert (Grossmann/Grossmann 1991). Ein Baby benötigt im Verlauf eines Tages – häufig und in kurzen Abständen – individuelle fürsorgliche Zuwendung durch seine ihm vertraute Bezugsperson. Es ist auf die unmittelbare und prompte Beantwortung seiner Signale angewiesen. Säuglinge erfahren Trost und Beruhigung ihres Bindungsverhaltenssystems am besten durch die körperliche Nähe zu ihrer Bezugsperson. Die liebevolle Pflege ist in einer Kindertageseinrichtung nicht leicht zu realisieren, da die Erzieherin immer nur ein Baby in den Arm nehmen, wickeln, füttern oder trösten kann. Eine kontinuierliche, feinfühlige Pflege im ersten Lebensjahr kann in der Tagespflege möglicherweise besser umgesetzt werden.

Tagespflege als Alternative im ersten Lebensjahr

Da das Kind im ersten Lebensjahr Bindungsbeziehungen aufbaut, sollte die außerfamiliäre Betreuung pro Tag nicht mehr als vier bis fünf Stunden betragen. So bleibt für die intensive Zuwendung durch die Eltern während der Wachzeit genügend Raum.

3.4.4 Zweites Lebensjahr: Umgang mit Fremdeln, aggressivem Verhalten und negativen Gefühlen

Die Nachfrage nach Krippenplätzen hat sich auch aufgrund der Elternzeit ins zweite Lebensjahr der Kinder verschoben. Die meisten Eltern suchen einen Betreuungsplatz für ihr zwölf oder 14 Monate altes Kind. Entwicklungspsychologisch ist das ein sensibler Zeitpunkt: Einerseits hat sich die Bindung zu den Eltern gefestigt, andererseits befinden sich viele Kinder in der sogenannten Fremdelphase. In dieser Phase wird das Bindungsverhaltenssystem durch fremde Personen oder auch durch fremde Umgebungen sehr schnell aktiviert. Das Kind braucht den Körperkontakt zur Mutter, um sich wieder beruhigen zu können, und die Gewissheit, dass sie verlässlich verfügbar ist. Eine sanfte Eingewöhnung, die durchaus länger als bei einem Säugling dauern kann, ist hier besonders wichtig. Gerade zu Beginn des zweiten Lebensjahres ist die Balance zwischen Bindung und Exploration noch sehr labil: Kinder in diesem Alter brauchen eine zuverlässige sichere Basis, von der aus sie ihre Umwelt erkunden können. Wenn das Kleinkind seine Bezugserzieherin als sichere Basis angenommen hat, zeigt es eine ausgeprägte Explorationsfreude, bei der es jedoch auch schnell wieder an seine Grenzen kommt und Sicherheit im Körperkontakt sucht.

Labile Balance zwischen Bindung und Exploration

Nicht nur die Ambivalenz zwischen Bindungs- und Explorationsverhalten wird von der Erzieherin aufgefangen. Zweijährige brauchen auch Hilfe, um mit ihren negativen Gefühlen – mit Wut, Ärger, Eifersucht – umzugehen. Vor allem im Alter von zwei Jahren zeigen Kinder aggressives Verhalten gegenüber anderen, um eigene Ziele durchzusetzen. Genauso wie die Bindungspersonen muss die Bezugserzieherin dem Kind helfen, mit seinen heftigen negativen Gefühlen zurechtzukommen. Kinder, die durch ihre Bezugspersonen eine kontinuierliche, feinfühlige Hilfe beim Umgang mit ihren starken negativen Emotionen bekommen, lernen schneller und besser, sich selbst zu beruhigen und mit ihren Gefühlen allmählich selber klarzukommen. Das feinfühlige Eingehen auf die Gemütslage des Kindes beinhaltet auch, dessen Gefühle zu benennen und gemeinsam mit ihm herauszufinden, was der Grund dafür ist. Möglich ist das nur in einer vertrauensvollen Beziehung, bei der die Erzieherin auch die Zeit und die Möglichkeit hat, sich dem Kind intensiv zuzuwenden.

Kinder im zweiten Lebensjahr kämpfen mit starken Gefühlen

3.4.5 Drittes Lebensjahr: zielkorrigierte Partnerschaft, Explorationsunterstützung und Abschied

Mit zunehmendem Alter entwickeln sich die sozialen und kommunikativen Kompetenzen. Im dritten Lebensjahr zeigen Kleinkinder die Fähigkeit, Ziele und Pläne einer anderen Person zu verstehen und von den eigenen zu unterscheiden. Das Kind versucht, Pläne und Absichten der Partner durch »zielkorrigiertes« Verhalten mit den eigenen in Einklang zu bringen. Zunehmend entwickelt sich die sogenannte »zielkorrigierte Partnerschaft«, die das Aushandeln und Verhandeln von gemeinsamen Zielen möglich macht. Besteht bereits eine vertrauensvolle Beziehung zwischen dem Kind und seiner Bezugserzieherin, werden im dritten Lebensjahr Bildungsbegleitung und Explorationsunterstützung im Vordergrund stehen. Kinder, die im ersten und zweiten Lebensjahr in ihren Bindungsbeziehungen viel Empathie, Vertrauen und gemeinsames Engagement erfahren haben, zeigen eine große Bereitschaft, auf Angebote und Aufforderungen, z. B. zum Zweck einer gemeinsamen Spielaktivität, engagiert einzugehen (Rauh 2008). Gleichzeitig geraten Kleinkinder im dritten Lebensjahr noch oft in Überforderungssituationen, weil das »Wollen« und das »Können« nicht zusammenpassen – ebenso wie das Denken und Fühlen. In diesem Alter brauchen sie immer noch die verlässliche emotionale Unterstützung durch ihre Bezugspersonen. Zu heftigen Gefühlsausbrüchen kommt es, wenn das Kind in der Durchführung seiner Handlung gestoppt oder behindert wird. Davor hat es sich ein Ziel vorgestellt, ist emotional und motivational stark engagiert, verfügt aber noch nicht über die Möglichkeit, sich Alternativen zu überlegen. Wird die Handlung dann gestoppt, bricht für das Kind »die Welt zusammen«. In dieser Situation braucht es zunächst Hilfe, um mit seinen Emotionen zurechtzukommen, und Unterstützung bei der Entwicklung von Handlungsalternativen (Heckhausen 1987, zit. n. Rauh 2008, S. 219).

Wollen und Können passen noch nicht zusammen

Der Abschied von der Bezugserzieherin und von der Krippengruppe wird gemeinsam mit den Eltern geplant und vorbereitet – genauso wie die Eingewöhnung in die Krippe. Für das Kind und die Bezugserzieherin ist ein guter Abschied notwendig, um sich auf neue Beziehungen einlassen zu können.

3.5 Keine Fürsorge ohne Selbstfürsorge

Der Aufbau einer guten, stabilen Beziehungsqualität verlangt von den pädagogischen Fachkräften ein hohes Maß an persönlichem Engagement bei gleichzeitiger professioneller Distanz und Reflexion ihrer Rolle im Beziehungsnetz des Kindes. Die Beziehungsqualität stimmt, wenn jedes Kind die Angebote und Chancen der Tageseinrichtung für sich und seine weitere Entwicklung optimal nutzen kann.

Der Alltag in Kindertageseinrichtungen ist davon geprägt, dass sich die Fachkräfte grundsätzlich nicht voll und ganz auf ihre pädagogische Arbeit konzentrieren können, sondern fortlaufend dabei unterbrochen werden. Ein typischer Kita-Morgen ist genau genommen eine Ansammlung von ungeplanten Störungen, die es kaum möglich machen, eine Tätigkeit zu Ende zu bringen: Die Erzieherin begrüßt die ankommenden Kinder, wechselt einige Worte mit den Eltern, bespricht mit der Köchin die Einkaufsliste, bereitet den Frühstückstisch vor und nimmt ein Einschreiben vom Postboten entgegen. Kaum setzt sie sich mit den Kindern an den Frühstückstisch, muss sie schon wieder aufstehen und ans Telefon gehen, um eine Krankmeldung eines Kindes aufzunehmen. Eine Rückkehr an den Tisch wird jäh unterbrochen, denn nun steht eine Kollegin in der Tür, um die Betreuung während der Freispielzeit im Garten abzusprechen … (Broda-Kaschube/Wertfein 2012).

Eigene Bedürfnisse kommen schnell zu kurz

Pädagogische Fachkräfte schlichten Konflikte, trösten, erklären und helfen dort, wo es am nötigsten ist. Schnell kommen da die eigenen Bedürfnisse nach einer Verschnaufpause, einem Schluck Wasser, ja sogar dem Toilettengang zu kurz. Ist die Balance zwischen Anforderungen und Ressourcen gestört, entstehen Gefühle der Überforderung und Stress. Fachkräfte, die nicht darauf achten, ihre Energiereserven aufzutanken, laufen auf lange Sicht Gefahr, ihre Belastungsgrenze zu überschreiten und können dann auch nicht für die Kinder im erforderlichen Ausmaß da sein. Die erforschten Ursachen für Stress treffen alle in vollem Umfang und oft über einen langen Zeitraum auf die Tätigkeit in Kindertageseinrichtungen zu (Rothe 2005). Demnach entsteht Stress durch:

- äußere Anforderungen, z. B. emotional belastende Aufgaben wie ein schwieriges Elterngespräch
- innere Anforderungen und Maßstäbe, z. B. persönliche Erwartungen an die eigene Leistung

- Anhäufung, hohe Intensität oder lange Dauer von Stressoren, z. B. Zeitdruck, häufiger Personalwechsel, wenig Zeit für Absprachen im Team
- geringer Entscheidungsspielraum, z. B. über personelle und zeitliche Ressourcen
- geringe Anerkennung, z. B. durch niedrige Entlohnung.

Stresssituationen gehören dazu

Stresssituationen gehören damit zur pädagogischen Tätigkeit in jeder Kindertageseinrichtung dazu. Umso mehr kommt es für die einzelne Fachkraft darauf an, sich immer wieder Strategien zurechtzulegen, die einer besseren Bewältigung dieser Situationen zuträglich sind. Neben den körperlichen Grundbedürfnissen (Hunger, Durst, Müdigkeit) kommen auch bei Fachkräften die psychischen Grundbedürfnisse zum Tragen, und zwar

- nach sozialer Zugehörigkeit und verlässlichen Beziehungen – Gelingen durch ein gutes Miteinander im Team, das auch die Ressourcen jedes Teammitglieds im Blick hat, sowie durch ein stabiles soziales Netzwerk in der Familie und mit Freunden
- nach Kompetenz und selbstwirksamen Erfahrungen – Gelingen durch aktive Freizeitgestaltung und eine Arbeitsteilung im Team, die sich an den Stärken jedes Teammitgliedes orientiert
- nach Autonomie – Gelingen durch Möglichkeiten für eigene Entscheidungen und die Umsetzung eigener Ideen (hierzu gehört auch die Fähigkeit, die vorhandenen Spielräume zu erkennen und zu nutzen).

Die Erfüllung der Grundbedürfnisse ist entscheidend für das Wohlbefinden und die Belastbarkeit der Fachkräfte. Widerstandsfähige Menschen haben die Fähigkeit, positiv zu denken, die Dinge mit Humor zu betrachten, dem Leben einen Sinn zu geben, aktiv zu handeln, zu hoffen, um Hilfe zu bitten und ermutigende Beziehungen zu anderen Menschen zu suchen. Zu den personalen Ressourcen, die auch in Stresssituationen stark machen, gehören ein hohes Selbstwertgefühl, ein kompetenter Umgang mit den eigenen Gefühlen, die Fähigkeit und Bereitschaft, aus den eigenen Erfahrungen zu lernen, sowie ein Repertoire an Bewältigungs- und Problemlösefähigkeiten. Hierbei kommt es auch immer wieder darauf an, sich als Fachkraft im Hinblick auf die bestehenden Beziehungen und Ressourcen zu fragen: Wo stehe ich in der Beziehung zu diesem Kind? Welche Rolle habe ich im Team? Wo kann und möchte ich mich einbringen? Wo komme ich an meine Grenzen? Wo kann ich mir Unterstützung holen?

Wie eng die Fürsorge für die Kinder und die Selbstfürsorge der Fachkräfte in Kinderkrippen(gruppen) zusammenhängen, wird aus den Ergebnissen der Münchner Krippenstudie »Kleine Kinder – großer Anspruch« (vgl. Kap. 8.1) deutlich: Die Unterstützung durch ein verlässliches Team ist für die Fachkräfte, neben angemessenen Rahmenbedingungen, die wichtigste Ressource für ihre pädagogische Arbeit. Eine gute Zusammenarbeit im Team erhöht die emotionale Belastbarkeit und ermöglicht eine bessere Unterstützung der Kinder in emotional herausfordernden Situationen, z. B. während der Eingewöhnung (Wertfein/Spies-Kofler/Becker-Stoll 2009). Zudem wirkt sich eine gute Teamqualität positiv auf die Interaktionen mit den Kindern aus (Wertfein/Müller/Danay 2013). Das zeigt, wie sehr die besonders anspruchsvolle Fürsorge für Kinder in den ersten drei Lebensjahren auf der emotionalen Stabilität der Fachkräfte aufbaut. Diese brauchen – neben angemessener Bezahlung und hinreichender personeller Ausstattung sowie fachlicher Unterstützung – ausreichend Ressourcen zur Selbstfürsorge, um sich davor zu schützen, innerlich auszubrennen, zu erkranken oder frühzeitig aus dem Beruf auszusteigen.

Kommentierte Literaturempfehlung zu Kapitel 3

Ahnert, L. (2010). Wie viel Mutter braucht ein Kind? Bindung – Bildung – Betreuung: öffentlich und privat: Heidelberg: Spektrum Akademischer Verlag.

Dieses Buch wendet sich an Fachleute und Eltern gleichermaßen und erläutert, wie sich Kinder entwickeln und worauf es bei Bindung, Bildung und Betreuung ankommt. Obwohl das Buch voller aktueller Forschungserkenntnisse steckt und eine sehr gute Wissensbasis bietet, lässt es sich gut lesen und ist interessant geschrieben. Bei der Lektüre dieses Buches wird auch deutlich, woher die emotional geführten Debatten in Deutschland rund um das Thema Krippe und Mütter kommen.

Becker-Stoll, F. / Textor, M. R. (Hrsg.) (2007). Die Erzieherin-Kind-Beziehung. Zentrum von Bildung und Erziehung. Mannheim: Cornelsen Verlag Scriptor.

Verschiedene Autoren aus Wissenschaft und praxisnaher Forschung beleuchten die vielfältigen Aspekte der Erzieherin-Kind-Beziehung. Das Buch wendet sich an pädagogische Fachkräfte, ist leicht verständlich geschrieben und geht auch auf Probleme in diesem sensiblen Kontext ein.

4 Miteinander spielen, streiten, Freundschaft schließen: Peerinteraktionen der ersten Lebensjahre

4.1 Erweiterung des Beziehungsnetzes

Mit dem Übergang von der Familie in eine Kindertageseinrichtung erweitert ein Kind sein Beziehungsnetz. Neben den Beziehungen innerhalb seiner Familie baut es nun neue Beziehungen auf, die es braucht, um sich in der neuen Umgebung sicher zu fühlen und die Angebote der Kindertageseinrichtung für seine weitere geistige, seelische und körperliche Entwicklung nutzen zu können (Niesel/Griebel 2015; Griebel/Niesel 2015).

4.1.1 Die sichere Basis: Ausgangspunkt für neue Beziehungen

Die Eingewöhnungsverfahren »Berliner Modell« und »Münchner Modell« (vgl. Kap. 3.1) haben zum Ziel, den Trennungsstress für Kinder im Übergang von der Familie in eine Kinderkrippe oder in eine Kindertageseinrichtung, die mit einer erweiterten Altersmischung arbeitet, möglichst gering zu halten. Beiden Modellen ist gemeinsam, dass sie die »sichere Basis«, welche die Kinder in Gestalt von Mutter, Vater, Großmutter oder Tageseltern mit in die Tageseinrichtung bringen, als Ausgangspunkt für den Aufbau einer Sicherheit vermittelnden Beziehung zu zunächst einer Bezugserzieherin in der Kita nutzen. Während das Berliner Modell zunächst fast ausschließlich auf die Beziehung zwischen der Bezugserzieherin und dem Kind, die es neu aufzubauen gilt, fokussiert, setzt das Münchner Modell stärker auf die Einbeziehung aller Beteiligten, insbesondere auch der Kindergruppe. Die Eingewöhnung findet am Rande bzw. während relativ ruhiger Zeiten im Gruppenalltag statt. Die »alten« Kinder werden aktiv in die Eingewöhnung einbezogen, denn auch für sie verändert sich einiges mit dem Eintritt der neuen Kinder in ihr soziales Umfeld.

Kontakt zu anderen Kindern entlastet

Das Münchner Modell berücksichtigt die Neugier von Kindern auf andere Kinder, schafft Begegnungen auf Augenhöhe im echten Sinne des Wortes und sieht in der Anwesenheit bereits erfahrener Kinder, die sich ganz selbstverständlich bewegen und angstfrei verhalten, Vorbilder, die unterstützend und Stress reduzierend wirken für das Kind, das sich in diese neue Umgebung einleben soll. So lernen auch die »alten« Kinder das neue Kind von Anfang an kennen, und ebenso werden seine Eltern als neue Mitglieder der Gemeinschaft Kindertageseinrichtung von Beginn an wahrgenommen (Winner 2010). Während fremde Erwachsene für Babys und Kleinkinder häufig Angst auslösend sind und sie die Nähe der Bindungsperson suchen lassen, geschieht das im Kontakt mit anderen Kindern kaum. Diese Erkenntnis hat Beller (2002) berücksichtigt, der während der Eingewöhnung die Stressreduzierung für das Kind durch andere Kinder betont.

Neben den Bindungspersonen in Familie und Kindertageseinrichtung gibt es in beiden Entwicklungsumgebungen auch Personen, zu denen das Kind positive Beziehungen aufbaut, die aber einen anderen Charakter als Bindungsbeziehungen oder bindungsähnliche Beziehungen haben. Dieser Beziehungstyp kann als »Spielpartner-Beziehung« bezeichnet werden (Howes 2000a). Insbesondere die anderen Kinder in der Krippe oder Kita sollen Spielpartner und Spielpartnerinnen werden, vielleicht sogar Freunde und Freundinnen. Anders als Beziehungen zwischen Erwachsenen und Kindern, die vorgegeben und durch Pflege, Erziehung und Unterstützung gekennzeichnet sind, sind die Beziehungen zwischen Kindern freiwillig und auf gegenseitigen Interessen gegründet.

4.1.2 Einen Platz unter Gleichaltrigen finden

Erwachsene Bezugspersonen sind die wichtigsten Entwicklungsbegleiter der ersten Lebensjahre, aber andere Kinder sind schon sehr früh von besonderem Interesse. Sobald sie ihren Kopf bewegen können, wenden sich Säuglinge anderen Kindern zu und fangen an, auf ihre Art zu kommunizieren (z. B. Gopnik/Kuhl/Meltzoff 2003; Haug-Schnabel/Bensel 2006). Die ersten spielerischen Interaktionen haben Kinder in der Regel mit Erwachsenen, mit ihren Bindungspersonen. In diesen Spielsituationen beginnen sie mit der Einübung der sozialen Fähigkeiten, die für gelingende, koordinierte soziale Interaktionen nötig sind. Ebenso wie Bindungsbeziehungen entwickeln sich auch Spielbeziehungen durch vielfache und sich wiederholende interaktive Erfahrungen.

Sozial eingebundene Kinder fühlen sich wohl

In Kindertageseinrichtungen verringern sich nach der Eingewöhnung die Eins-zu-eins-Interaktionen zwischen Kind und erwachsener Person und das Gruppengeschehen tritt in den Vordergrund. Für jedes Kind bekommt damit die Interaktion mit anderen Kindern einen neuen Stellenwert. Auch die Jüngsten, die in ihrer Familie vielleicht das einzige Kind und – von der Zwillingssituation einmal abgesehen – das einzige Kind in ihrem Alter sind, befinden sich dann inmitten einer Schar gleich oder ähnlich alter Jungen und Mädchen. Forschungsbefunde, wonach zwischen sicherer Bindungserfahrung und positiven Peerbeziehungen ein Zusammenhang besteht (Siegler / DeLoache / Eisenberg 2005, S. 744f.), verweisen auf die große Bedeutung des Beziehungsaufbaus während der Eingewöhnung. Ein weiterer Befund bezieht sich direkt auf das Umfeld Kindertagesbetreuung: Watamura et al. (2003) konnten für Zweijährige zeigen, dass neben einer individuellen Betreuung die gelungene Integration in die Gruppenaktivitäten wichtig für ihr Wohlergehen war. Für die gut integrierten Kinder war der Cortisolanstieg (ein Indikator für Stresserleben) dann nicht auffallend, wenn sie gut in die Peergruppe integriert waren und gut mit den anderen Kindern spielen konnten.

Im sozialen Umfeld mit ungefähr Gleichaltrigen (Peers) und unterschiedlich alten Kindern seinen Platz zu finden, gehört zu den Entwicklungsaufgaben der Kindheit und die Kinderkrippe oder Kita sind ein Übungsfeld dafür. Es spricht einiges dafür, dass in Kindertageseinrichtungen, in denen Kinder und Erwachsene sich wohlfühlen, ein gut ausbalanciertes Verhältnis herrscht zwischen der Zuwendung für jedes einzelne Kind und der Aufmerksamkeit, die auf das Geschehen insgesamt bzw. in verschiedenen Subgruppen gerichtet ist. So ergab die Analyse der Daten aus vierzig Studien (Ahnert/Pinquart/Lamb 2006 nach Ahnert 2010, S. 132): Die Sicherheit vermittelnde Beziehung von Kindern zu mindestens einer Erzieherin war am ehesten in den Gruppen zu finden, in denen die Gruppenatmosphäre durch ein einfühlsames, auf die Gruppe ausgerichtetes Verhalten der Erzieherinnen bestimmt war (vgl. Kap. 3.4). »Die wichtigsten sozialen Bedürfnisse eines jeden einzelnen Kindes müssen dabei unter Einbeziehung der Anforderungen der Gruppe zum richtigen Zeitpunkt bedient werden. Diese Balance muss in der täglichen Arbeit immer wieder neu bestimmt werden« (ebd., S. 132). Für gute pädagogische Arbeit in Kindertageseinrichtungen ist es demnach nicht ausreichend, die Bedürfnisse des einzelnen Kindes zu sehen, sondern die Befriedigung dieser Bedürfnisse geschieht immer im Gruppenkontext (vgl. auch Becker-Stoll/Textor 2007). Die Aufgabe der pädagogischen Fachkräfte besteht demnach darin, eine gute Atmosphäre zu schaffen und auf die Integration jedes Kindes zu achten.

Eine gute Atmosphäre für alle Kinder schaffen

Die Gewichtung der Aufmerksamkeit der Fachkraft zwischen Gruppe und individuellem Kind hängt vom Alter des Kindes ab. Je jünger die Kinder, desto wichtiger ist das individuelle Eingehen auf jedes Kind. Mit zunehmendem Alter und wachsender Sicherheit der Kinder nimmt die Gruppenorientierung zu. Hinzu kommen individuelle Unterschiede zwischen den Kindern. Schüchterne oder eher ängstliche Kinder brauchen mehr Zuwendung als andere Kinder. Für das Wohlergehen der Jüngsten in einer Kinderkrippe oder einer anderen Form der Kindertagesbetreuung ist mit entscheidend, dass die Fachpersonen Kinder mit ihren sich entwickelnden sozialen Kompetenzen nicht überfordern. Ihre Bereitschaft zu Kontakten mit anderen Kindern und ihre Freude daran darf aber auch nicht unterschätzt werden. Auch das gehört zur professionellen Ausbalancierung.

4.2 Die Welt der Peers in den ersten Lebensjahren

Schon in der frühesten Lebensphase reagieren Säuglinge auf das Weinen anderer Kinder, sie nehmen also von Geburt an sensibel die Signale von Kindern in ihrem Alter wahr. Am Ende des ersten oder mit Beginn des zweiten Lebensjahres reagieren Kinder nicht nur auf Spielangebote Erwachsener oder deutlich älterer Kinder. Ihre Eigeninitiative in Bezug auf Interaktionen z. B. mit ähnlich alten Kindern, in denen das eigene Verhalten je nach Kontext modifiziert wird, zeigt, dass Prozesse der Ko-Konstruktion bereits früh beginnen. Damit ist das Bemühen gemeint, dem Miteinander einen Sinn, ein gemeinsames Ziel zu geben und das Verhalten in der Interaktion dem anzupassen (Brandes 2010).

Während der ersten beiden Lebensjahre entwickeln sich demzufolge wichtige Grundbausteine für das Verstehen von Handlungsverläufen. Das Prinzip der Wechselseitigkeit – die Reziprozität – wird immer wichtiger.

4.2.1 Krippenkinder bringen bereits soziale Kompetenzen mit

Babys imitieren von Anfang an

Säuglinge kommunizieren auf ihre Art (z. B. Gopnik/Kuhl/Meltzoff 2003), nehmen schon im ersten Lebenshalbjahr gezielt Kontakt zu anderen Babys auf und warten deren Reaktionen ab. Sie berühren sich häufig zärtlich, scheinen Dialoge in einer nur für sie verständlichen Sprache zu führen oder wenden sich ab, wenn sie keinen Kontakt mehr wünschen (Niesel 2008; Wüstenberg 2006). In der zweiten Hälfte des ersten Lebensjahres setzen Babys untereinander bereits deutlichere Kommunikationsstrategien ein wie Blickkontakt, gegenseitige Imitation oder abwechselnd etwas tun. Miteinander zu kommunizieren, ohne sprechen zu können, dafür bringen Kleinkinder eine wichtige Kompetenz mit – ihre Imitationsfähigkeit. »Sie dient im Alter von ein bis zwei Jahren als Mehrzweckstrategie, da sie nicht nur die entscheidende Methode zur Initiierung und Aufrechterhaltung von Interaktionen ist, sondern auch weil aufgrund der Nachahmung von Sprache/Lauten, Gestik, Mimik und Körperbewegungen durch ein anderes Kind auch das eigene Selbstbild emotional bestätigt wird« (Haug-Schnabel/Bensel 2006, S. 24, vgl. auch Wüstenberg 2006). Auf diese Weise beginnen das gegenseitige Verstehen und die ersten Ansätze zur Einübung der sich später entwickelnden Fähigkeit zur Perspektivenübernahme und der Möglichkeit, soziale Regeln unter Gleichaltrigen zu verstehen und zu praktizieren. Soweit ist es aber noch nicht, denn häufig stoßen noch unterschiedliche, für die Kinder noch nicht sofort entschlüsselbare Absichten aufeinander – die Differenziertheit der Interaktionen und der Anteil der aufeinander bezogenen Handlungen nehmen zu, jedoch wird es bis ins vierte Lebensjahr hinein dauern, bis Kinder vollständig in der Lage sind, mitmenschliche Verhaltensweisen in der direkten Kommunikation zu entschlüsseln.

4.2.2 Entwicklungsschritte auf dem Weg zur Feinabstimmung im Miteinander

In experimentellen Settings zur Säuglings- und Kleinkindforschung (Sodian/Thoermer 2009) konnte gezeigt werden, dass Kinder im ersten Lebensjahr über ein differenziertes Verständnis sozialen Handelns verfügen. Sie besitzen die Fähigkeit, Handlungen als zielgerichtet zu verstehen, und sie unterscheiden klar zwischen absichtlichen und nicht absichtlichen Handlungsausgängen. Für erfolgreiche Interaktionen ist es jedoch nicht ausreichend, Handlungen im Nachhinein zu verstehen, sondern man muss sie auch aufgrund vorausgehender Ereignisse vorhersehen können. Da Menschen nicht beobachten können, was im Kopf anderer Menschen vor sich geht, nutzen sie eine Vielzahl von beobachtbaren Hinweisen oder Informationen und schließen daraus auf Handlungen, die das Gegenüber ausführen wird. Die Fähigkeit, eine Annahme über Bewusstseinsvorgänge in anderen Personen vorzunehmen und Bedürfnisse, Ideen, Absichten, Erwartungen und Meinungen zu vermuten, wird als »Theorie des Denkens« oder als »Theory of Mind« bezeichnet. So geht einer zielgerichteten Handlung z. B. meistens eine Ausrichtung der Aufmerksamkeit voraus und die Wahrnehmung, wie ein Interaktionspartner seine Aufmerksamkeit fokussiert, bietet uns einen wichtigen Hinweis auf mögliche Ziele seines nachfolgenden Verhaltens. Für ein effektives und aufeinander abgestimmtes Miteinanderumgehen sind das wichtige kognitive Voraussetzungen. Kinder im Krippenalter sind noch nicht in der Lage, die Handlungen ihres Gegenübers vorausschauend zu begreifen, aber auch sie nutzen Hinweise, damit es mit der Abstimmung klappt.

»Theory of Mind« und gegenseitige Abstimmung

Gegen Ende des ersten Lebensjahres lässt sich die Aufmerksamkeit von Kleinkindern lenken, indem sie z. B. einer Zeigegeste der Erzieherin oder ihrer Blickrichtung auf ein gemeinsames Ziel folgen. Um den ersten Geburtstag herum entwickeln Kinder die Fähigkeit, selber die Aufmerksamkeit ihres Gegenübers gezielt zu lenken (Tomasello 2009, vgl. Kap. 5.4). Die geteilte, d. h. die auf ein gemeinsames Ziel gerichtete Aufmerksamkeit erleichtert wechselseitige Aktivitäten. Die Fähigkeiten zur Verarbeitung und Nutzung sozialer Informationen und damit das Verständnis für die Absichten anderer Personen nehmen beständig zu.

Erste Ansätze zur Perspektivenübernahme

Gemeinsames Interesse führt nun dazu, dass Kinder versuchen, ihr Verhalten aufeinander abzustimmen und mit ihren Interessenskonflikten umzugehen. So machen sie erste Erfahrung mit ihren eigenen angenehmen oder unangenehmen Empfindungen im Zusammenhang mit den Reaktionen ihres Gegenübers. Sie lernen ganz allmählich, dass andere Menschen manchmal auch anders als sie selbst denken und fühlen (Singer/de Haan 2007).

Jedoch sind Kinder erst nach dem vierten Geburtstag in der Lage, zuverlässig die Perspektive anderer einzunehmen und auch in komplexeren Situationen richtige Schlüsse bezüglich ihrer Handlungsabsichten zu ziehen. Dann können sie z. B. auch Verhaltensweisen richtig vorhersagen, indem sie berücksichtigen, dass die andere Person Dinge nicht weiß, die sie selber wissen, und die andere Person sich daher anders verhalten wird, als sie es selber tun würden (Sodian/Thoermer 2009).

4.2.3 Kleinkinder in Dyaden und Gruppen

Die ersten spielerischen Interaktionen hat das Kind in der Regel mit Erwachsenen. Die Arbeiten von Howes (z. B. 2000a, b) zeigen, dass eine sichere Beziehung nicht nur das Explorationsverhalten im allgemeinen Sinne fördert, sondern dass sicher gebundene Kinder auch mit größerer Wahrscheinlichkeit erfolgreiche Interaktionen mit anderen Kindern erleben. Die sichere Basis ist auch für die entspannte Neugier und das Interesse, womit sich die Jüngsten anderen Kindern zuwenden, eine wichtige Voraussetzung. Je nachdem, ob die Spielpartner und -partnerinnen gleich alt, jünger oder älter sind, ergeben sich unterschiedliche Orientierungen und Positionen im Miteinander des Spielens, Lernens, Ausprobierens, Aushandelns oder Streitens.

Das Zusammensein mit Gleichaltrigen, mit jüngeren oder älteren Spielpartnern und -partnerinnen (vgl. Kap. 7.3) bietet eine Vielzahl von Situationen, in denen Kinder miteinander und voneinander lernen. Das gilt nicht nur für die Entwicklung sozialer Kompetenzen, da durch diese Interaktionen alle Bereiche der frühkindlichen Entwicklung berührt werden. Jedes Wissen über die Welt, über Dinge, Lebewesen, andere Menschen und die eigene Person wird sozial vermittelt – auch durch Gleichaltrige in den frühen Lebensjahren (Viernickel 2004).

Was ist das Besondere an Peerbeziehungen?

Peers sind Individuen ungefähr gleichen Alters bzw. ähnlichen Entwicklungsstandes. Im Gegensatz zu vielen anderen Beziehungen, insbesondere zu denen mit Erwachsenen, sind Kinder im Umgang mit Peers relativ gleichberechtigt. Es gibt kaum Unterschiede in Macht und Status. Peers haben – anders als Erwachsene – keine Wissens- oder Könnensvorsprünge, und ihr großer Vorteil ist, dass ihr Interesse am Inhalt des Spiels gleich groß ist. Hinzu kommt, dass Kleinkinder ihre ganz eigenen Themen haben (Wüstenberg 2006), an denen Erwachsene sich kaum beteiligen und die Kindern in der Regel mehr Spaß mit Gleichaltrigen machen, wie z. B. Bewegungsspiele mit vielfachen Wiederholungen und Variationen, Quatschmachen und sich köstlich über Dinge amüsieren, die Erwachsene vielleicht albern finden. Auch die Erkundungsthemen der Jüngsten, vom toten Regenwurm bis zu den eigenen Ausscheidungen, sind in der Regel keine spannenden Themen für Ältere. In diesem Miteinander erkennen Kleinkinder Ähnlichkeit, sie erfahren: Jemand ist wie ich (Kobelt-Neuhaus 2010).

Peers haben gleiche Interessen

Spielen zu zweit

Bei Kindern in den ersten beiden Lebensjahren sind die Beziehungen noch deutlich dyadisch orientiert. Es zeigen sich jedoch Vorformen bzw. Formen von Gruppenbezügen, die entwicklungsspezifisch sind.

Parallelspiel und Beobachtung

Das sogenannte Parallelspiel, das früher häufig als eine Vorform des gemeinsamen Spiels beschrieben wurde, zu dem Kinder noch nicht in der Lage seien, wird heute anders gesehen: nämlich als eine »einzigartige hoch entwickelte Strategie« (Kobelt-Neuhaus 2010, S. 50), um Situationen zu beobachten, Neues kennenzulernen, um sich dann einzuschalten, wenn sich die Möglichkeit bietet – weil sich zum Beispiel ein anderes Kind zurückzieht oder das parallel spielende Kind verstanden hat, worum es geht.

Mit anderen Worten: Schon Kleinkinder zeigen erstaunliche Kompetenzen zur sozialen Interaktion mit Gleichaltrigen und hierin liegt ein wichtiges Entwicklungspotenzial. Kinder, die regelmäßig in eine Kindertagesstätte gehen, können lernen, ein aktives Mitglied einer sozialen Gemeinschaft zu werden und so die (Kinder-)Kultur dieser Gemeinschaft Kindertageseinrichtung mitzugestalten. Das geschieht sowohl in selbst initiierten und angeleiteten Spielhandlungen, in Alltagssituationen (z. B. bei den Mahlzeiten) oder als Mitglieder einer lernenden Gemeinschaft bei Bildungsaktivitäten im Rahmen von Projekten (Reichert-Garschhammer et al. 2013).

Ko-Konstruktion im Spiel

Dem gemeinsamen Tun eine Bedeutung geben

Das zentrale Element von Ko-Konstruktion ist der Diskurs, in dem die Beteiligten als Gleichberechtigte ihrem gemeinsamen Tun einen Sinn oder eine Bedeutung geben. Youniss (1994), einer der Wegbereiter der Erforschung von Kinderkulturen, hat beschrieben, dass sich Kinder bei Problemen und Aufgaben gegenseitig begleiten und helfen und dass bereits in der Interaktion sehr kleiner Kinder mit Gleichaltrigen elementare Formen der Reziprozität erkennbar sind. Auch der sehr einfach erscheinenden Austausch ähnlicher Handlungen (z. B. Geben und Nehmen) kann für junge Kinder die tiefere Bedeutung von gemeinsamer Konstruktion (= Ko-Konstruktion) sozialer Wirklichkeit haben. Das Motiv für reziproke Interaktionen liegt demzufolge im Wunsch zusammenzuarbeiten, beide Beteiligte steuern ihren Anteil zu einem Dritten, dem Produkt ihrer sozialen Interaktion bei.

Viernickel (2004) beobachtete in ihrer Studie mit Kindern im Alter von 17 bis 24 Monaten im ko-konstruktiven Charakter ihrer Interaktionen »eine erstaunliche Vielfalt und Differenziertheit« (S. 51). »Wenn Kleinkinder über gemeinsame Erfahrungen in bestimmten sozialen Kontexten verfügen, können sie aufgrund ihrer ähnlichen Erfahrungen spezifischen Situationen gleiche Bedeutung verleihen und so zu aufeinander abgestimmtem Handeln gelangen, erkennbar an unterschiedlichen Verhaltensweisen, zu denen auch Mimik, Gestik und Laute gehören. Es wird ein Spielthema verfolgt und die Handlungsbeiträge des Partners tragen zur erfolgreichen Umsetzung der Spielhandlung bei und die Partner drücken gegenseitige Anerkennung und Wertschätzung aus« (ebd. S. 46). Diese abgestimmten Handlungen gelingen, ohne dass die kognitive Fähigkeit zur Perspektivenübernahme bereits vollständig entwickelt ist (vgl. Kap. 4.2.1). Themen und Bedeutungen werden durch eine »Perspektivenübernahme im Handeln« (Viernickel

2004) geteilt. Dass diese frühen Interaktionen nicht immer reibungslos verlaufen, liegt auf der Hand. Tatsächlich konnten in dieser Untersuchung jedoch auch beziehungsregulierende Prozesse beobachtet werden, in denen Kinder versuchten, das Gleichgewicht ihrer Beziehung zu wahren bzw. die Übereinkunft wiederherzustellen. Als ein wichtiger Faktor für das Nicht-Gelingen von Interaktionen und prosozialem Verhalten wurden bei diesen Kindern situative Faktoren identifiziert, wie familiäre Belastungen, Müdigkeit oder eine schlechte Tagesform. Von den Fachkräften erforderten solche Einflussfaktoren besondere Aufmerksamkeit, wenn die beeinträchtigten Kinder Interesse an Peerkontakten signalisierten (Wertfein/Byliza 2012).

Inzwischen liegt eine Vielzahl von Untersuchungen zu ko-konstruktiven Lernprozessen in Gleichaltrigenbeziehungen vor, insbesondere aus den USA (Ahnert 2010, S. 204ff.). Bei frühkindlichen Interaktionen werden vor allem dyadische beobachtet. Es gibt aber deutliche Hinweise darauf, dass selbst ganz junge Kinder nicht ausschließlich in Dyaden orientiert sind (Brandes 2010).

Die italienischen Forscherinnen Monaco und Pontecorvo (2010) beschreiben Beobachtungen sozialer Interaktionen von Kindern im Alter von 20 bis 40 Monaten, also einer Altersmischung, in der auch mindestens ein Kind älter als drei Jahre ist. In ihren Videoanalysen werteten sie nicht nur Gesten, Körperhaltungen, Lautäußerungen und verbale Äußerungen aus, sondern schlossen auch beobachtend teilnehmende Kinder mit ein. Diese Gruppengeschehen mit vier bis sechs Kindern sind zwar relativ kurz (unter zwei Minuten), die Interaktionen können aber dennoch als ko-konstruktiv beschrieben werden, da es in diesen Begegnungen offensichtlich um die Schaffung gemeinsamer Bedeutungen ging und die Teilnehmenden sich als Mitglieder einer spontan entstandenen Gemeinschaft wahrnahmen. Die Mädchen und Jungen orientierten sich fortlaufend neu, indem sie die Positionen ihrer Körper zueinander anpassten und sich auf unterschiedlichen Ebenen der Teilnahme bewegten, z. B. von einer eher aktiven und zentralen Form der Partizipation hin zu einer beobachtenden Teilnahme eher am Rand. Und es waren nicht unbedingt die Kinder, die verbal am kompetentesten waren, die sich am besten an die Basisregeln gelingender Konversation hielten. Interessanterweise bildeten sich diese spontanen Gruppen häufig in Situationen, in denen Kinder auf etwas warten mussten, z. B. auf

Aktiv partizipieren oder beobachtend teilnehmen

das Händewachen vor dem Essen. Das Fazit der Autorinnen: Am Ende des zweiten Lebensjahres sind Kinder bereits fähig, sich abzustimmen und die erfolgreiche Partizipation mehrerer Teilnehmenden so zu organisieren, dass für die Kinder etwas Sinnvolles entsteht.

Erwachsene erfahren dies, wenn sie nicht nur beobachtende, sondern direkt beteiligte Teilnehmer sind. So kann sich eine Erzieherin, die die Bedeutung einer spezifischen Interaktion erkennt, die gerade stattfindet, entscheiden, diese zu unterstützen, indem sie Orientierung und Unterstützung anbietet oder versucht, die Interaktion durch ein neues Element zu bereichern (vgl. Kap 5.4). Dabei orientiert sich auch die Fachkraft an den Blicken und Körperhaltungen der Kinder, um die Interaktion im Fluss zu halten. Ausgeschlossen ist aber nicht, dass die erwachsene Person trotz der guten Absicht gar nicht erkennt, worum es den Kindern eigentlich geht (Monaco/Pontecorvo 2010), dafür entsteht aber vielleicht etwas ganz Neues, für die Kinder Bedeutungsvolles, das möglicherweise außerhalb der Erfahrungswelt Erwachsener liegt (Rutanen 2007).

Kurze Interaktionsmuster

Frühe Peerkontakte sind kurz

Ein Grund, warum die frühen und sehr frühen Peerinteraktionen häufig nur wenig Beachtung und nur selten Wertschätzung durch Eltern und Fachkräfte erfahren, mag darin liegen, dass sie in der Regel kurz, d. h. schnell beendet sind. Für die in der Untersuchung von Viernickel (2004b) als »längere Interaktionsmuster« bezeichneten Spielhandlungen, in denen geteilte Bedeutungen erkennbar waren, wurde im Durchschnitt eine Dauer von ca. 20 Sekunden bei Kindern im Alter von 17 bis 24 Monaten gemessen.

Riemann und Wüstenberg (2004) weisen in ihrer Untersuchung darauf hin, dass bei der Gegenüberstellung von Dyaden und Gruppen unberücksichtigt bleibt, dass (auch ältere) Kinder oft in größeren Gruppen spielen, aber innerhalb der Gruppen trotzdem als Dyaden oder Freundespaar auftreten. Übersehen werden darf auch nicht, dass gerade bei den Ein- und Zweijährigen das Einzelspiel eine große Bedeutung hat. Riemann und Wüstenberg (2004) haben die Aktivitäten von 30 Ein- und Zweijährigen untersucht, wenn sie selbstbestimmten Tätigkeiten nachgingen, und fanden folgende Kategorien: konzentriertes Einzelspiel, aufmerksames Beobachten, paralleles Spiel mit Blickkontakt, zielgerichtetes Herumlaufen, ungerichtetes Herumlaufen, verträumt/müde sein, Interagieren mit anderen Kindern (S. 93ff). Die Interaktion mit anderen Kindern war bei den Ein- und Zweijährigen am häufigsten bei selbstbestimmten Tätigkeiten zu beobachten. In der Regel wechselten sie relativ schnell zwischen gemeinsamen Spielen und anderen Tätigkeiten. Dennoch waren die meisten auch in der Lage, Interaktionen mit anderen Kindern ca. sechs Minuten lang aufrechtzuerhalten.

Die Beispiele machen deutlich, dass die Resultate zur Erfassung der Dauer von Interaktionen bei den Jüngsten auch von den jeweiligen Kriterien der Forscherinnen abhängen und sicherlich auch von den äußeren Bedingungen, unter denen die Kinder sich organisieren können. Übersehen werden darf auch nicht, dass Spielpartnerschaften unter ein- bis zweijährigen Kindern vielleicht nur in kurzen Sequenzen stattfinden, aber immer wieder aufgenommen werden und sich über Wochen fortsetzen können (Wüstenberg 2006).

Im Vordergrund steht der Spaß

Auch wenn die Interaktionen häufig nach kurzer Zeit, vielleicht im Konflikt und gar mit Tränen enden, den Kindern geht es, wenn sie sich Gleichaltrigen zuwenden, um ihren Spaß und die freudige Erregung, die aus dem Gelingen entsteht. Dies gerät aber vielleicht weniger häufig in die Aufmerksamkeit Erwachsener als die Äußerungen von Unzufriedenheit und Frustration, wenn das Miteinander (noch) nicht funktioniert.

4.3 Spielbeziehungen und Freundschaften

Mit Freundschaft ist eine enge, auf Gegenseitigkeit, Gleichberechtigung und Vertrauen angelegte positive Beziehung zwischen zwei Menschen gemeint. Können Beziehungen zwischen sehr jungen Kindern bereits als Freundschaften bezeichnet werden? Die Untersuchungen von Howes et al. (vgl. dazu Siegler/Deloache/Eisenberg 2005, S. 707) haben gezeigt: Schon zwölf bis 18 Monate alte Kinder wählen unter mehreren Mädchen und Jungen die Kinder aus, die sie als Spielpartner oder Spielpartnerinnen anderen gegenüber bevorzugen.

4.3.1 Freundschaften anbahnen und vertiefen

Einjährige beobachten einzelne Altersgenossen und schenken ihnen Aufmerksamkeit, sie zeigen bewusstes Handeln und Geschäftigkeit, indem sie ihre Altersgenossen spontan grüßen und sie zum Spielen einladen. Gegenseitiges bewusstes Wahrnehmen, geteilte Aufmerksamkeit, einander Anlächeln, koordinierte Bewegungen und andere synchronisierte Handlungen sind nonverbale Momente entstehender Freundschaften (Engdahl 2012).

Fühlt sich der Freund oder die Freundin unwohl, reagiert das andere Kind darauf mit Trostversuchen oder macht einen Erwachsenen aufmerksam, um für ihn oder sie Hilfe zu erlangen. Die Wahrscheinlichkeit für diese Zugewandtheit ist zwischen den bevorzugten Peers dreimal höher als bei anderen Kindern in der Gruppe.

Kinder im zweiten Lebensjahr trösten, helfen und teilen

In diesem altruistischen Verhalten zeigt sich ein weiterer Aspekt der frühen sozialen Kompetenzen. Bereits im zweiten Lebensjahr sind Kinder in der Lage, andere zu trösten, anderen zu helfen und zu teilen (Warneken 2010). Trösten z. B. ist ein sehr komplexer Vorgang. Ein Gefühl muss mitempfunden werden, negative Gefühle müssen ausgehalten und reguliert werden, das tröstende Kind muss sich Gedanken darüber machen, wie und ob es trösten kann oder ob ein Erwachsener geholt werden muss. Gerade für die Entwicklung solcher Fürsorglichkeit scheint das Umgehen mit Gleichaltrigen besonders förderlich (Kärtner 2012). Auch in der Bereitschaft zu prosozialem Verhalten zeigt sich die Bedeutung der Bindungsqualität der Kinder zu ihren primären Bezugspersonen. Sicher gebundene Kinder handeln eher mitfühlend-prosozial als unsicher gebundene Kinder (Warneken 2010, S. 86). Es liegt also nahe anzunehmen, dass auch die Erfahrung einer Sicherheit gebenden Beziehung zu einer Erzieherin prosoziales Verhalten unterstützt und darin ein wichtiges Element für eine angenehme Atmosphäre in der Einrichtung zu finden ist.

Nach dem zweiten Geburtstag wird das Miteinander komplexer: Im Spiel kann die Nachahmung des Sozialverhaltens anderer Menschen beobachtet werden, ebenso wie kooperative Problemlösungen und Rollentausch. Diese größere Komplexität ist im Spiel mit Freunden eher und deutlicher zu beobachten als im Spiel mit anderen Kindern. Besonders Als-ob-Spiele werden zwischen Freunden häufiger gespielt, denn diese Spielart setzt das Vertrauen voraus, dass der oder die andere darauf eingehen wird. Außerdem muss die Sicherheit gegeben sein, dass die symbolischen Handlungen verstanden werden. D. h., beide Kinder müssen über ein gemeinsames »Skript« verfügen, das auf einem gemeinsamen Erfahrungshintergrund beruht. Damit ist eine Art Drehbuch für die gemeinsame Spielhandlung gemeint, wenn z. B. der Besuch beim Kinderarzt mit dem Teddy und anderen Materialien nachgespielt wird. Die besondere Leistung der Kinder liegt in häufig gleichrangigen Interaktionen: Die Reaktionen der Kinder beziehen sich wechselseitig auf die Handlungen des anderen Kindes (Reziprozität). Dadurch entsteht Neues, Bedeutungen werden ausgehandelt und geteilt, Fortschritte werden erzielt, im Spiel findet Ko-Konstruktion statt. Bereits im zweiten Lebensjahr können Kinder ihr eigenes Verhalten auf das eines anderen Kindes einstellen bzw. Kinder können sich sensibel aufeinander einstellen. Das gleiche Geschlecht, ein ähnliches Temperament oder gleiche Spielvorlieben fördern die Intensität der sozialen Interaktionen (Viernickel 2000, S. 241).

4.3.2 Du und Ich: Entwicklung des Selbstbildes

Das Fazit der Untersuchungen lautet: Kinder können bereits im zweiten Lebensjahr Freundschaften entwickeln, wenn sie regelmäßig Gelegenheit zum Spiel mit einem bestimmten Partner oder einer Partnerin haben. In ihren Interaktionen sind Partnerschaft, Vertrautheit und positive Gefühle erkennbar, und die Vertrautheit zwischen beiden führt zu sozialen Interaktionen, die ein Script erkennen lassen. Bleiben die Bedingungen stabil, wie z. B. das Gruppengefüge, in dem die Freundschaft entstanden ist, können die frühen Freundschaften über viele Jahre Bestand haben (Howes 2000b).

Im Spiel mit anderen sich selbst entdecken

Die Entwicklung der sozialen Kompetenz ist untrennbar mit der Identitätsentwicklung verbunden. Mit »Identität«, »Selbstbild« oder »Selbstkonzept« ist das Wissen, Denken und Fühlen über die eigene Person gemeint. Zu dieser Beurteilung gehört die Abgrenzung gegenüber anderen Menschen, das Wissen, was die eigene Person von anderen unterscheidet, aber auch, welche Gemeinsamkeiten bestehen. Da die Entwicklung der Identität ein lebenslanger Prozess ist, gehört auch die Vorstellung dazu, wie eine Person sein will, wie sie werden möchte. Die Reaktionen der anderen Mädchen und Jungen auf sein Verhalten geben dem Kind Rückmeldung darüber, wie es gesehen und erlebt wird. Auf diese Weise erfährt ein Kind in jedem Spiel mit Peers etwas über sich selbst. Es bekommt Zustimmung oder Ablehnung zu spüren, erprobt fremdes Verhalten durch Nachahmung, erlebt Gemeinsamkeiten und Unterschiede und integriert diese Erfahrungen in sein Selbstbild.

4.3.3 Kriterien für Freundschaftsbeziehungen

In einer niederländischen Studie (van Hoogdalem/Singer/Wijngaards/Heesbeen 2012) mit fast 700 Kindern wurde detailliert untersucht, welche Präferenzen speziell zwei- und dreijährige Kinder bei der Bildung von Freundschaften in Kindertagesstätten haben. Mit Freundschaft ist hier gemeint: Interesse an der Aufrechterhaltung der gegenseitigen Nähe, Präferenz für das gemeinsame Spiel, häufiges pro-soziales Verhalten, gegenseitige Imitation und ein komplexeres Spiel als mit Nichtfreunden. Freundschaft wird gesehen als eine reziproke, überwiegend positive Beziehung zwischen zwei jüngeren Kindern. Folgende Kriterien für die Bildung von Freundschaften wurden ermittelt: Vertrautheit, Ähnlichkeit, Geschlecht, Alter, kultureller Hintergrund, Spielinteressen.

Vertrautheit

Sich wiederholende Interaktionen sind besonders wichtig für jüngere Kinder. Einjährige und Kinder am Beginn des zweiten Lebensjahres brauchen Erfahrungen im Gelingen ihrer noch weitgehend nonverbalen Kommunikation. Sie sind noch nicht sehr geschickt in der Koordination ihrer Interaktionen, es sei denn, sie können ausreichend Zeit miteinander verbringen und haben dadurch die Gelegenheit, so etwas wie eine gemeinsame Geschichte zu entwickeln. Sie verstehen dann die Verhaltensweisen des anderen besser. Die beobachteten Kinder, die miteinander vertraut waren, zeigten mehr positives Verhalten, engagierten sich in sozialen Spielen und spielten auf höherem kognitiven Niveau, verglichen mit Spielhandlungen zwischen Gleichaltrigen, die nicht miteinander vertraut waren.

Mehr Engagement im sozialen Spiel

Ähnlichkeit

Meltzoff (2007) konnte in neuropsychologischen Studien zeigen, dass Imitation jüngeren Kindern hilft, besser zu verstehen, wie der Verstand des anderen Kindes arbeitet oder umgangssprachlich ausgedrückt: »wie das andere Kind tickt«. Kinder erkennen so: »Mein Gegenüber ist wie ich«. Die Chancen für erfolgreiche Interaktionen steigen aber auch, wenn Kinder sich über das Gefühl »Ich werde gemocht« freuen können.

Geschlecht

Bevorzugung gleichgeschlechtlicher Peers

Zur Präferenz gleichgeschlechtlicher Spielpartner und Spielpartnerinnen liegen umfangreiche Forschungen vor (Maccoby 2000). Schon Zweijährige beginnen demnach, Präferenzen für Interaktionen mit gleichgeschlechtlichen Peers zu entwickeln. Es gibt aber auch Autoren und Autorinnen, die davon ausgehen, dass diese Präferenz nicht vor dem Ende des dritten oder gar vierten Lebensjahres beginnt. Dies hängt höchstwahrscheinlich damit zusammen, wie Erwachsene Interaktionen zwischen Jungen und Mädchen moderieren (Niesel 2008b) und wie geschlechtstypisch die jeweiligen Bereiche (Bauecke/Puppenecke) einer Kita gestaltet sind – oder eben nicht. Dass die gleichgeschlechtliche Präferenz für Spielgefährten oder Spielgefährtinnen mit dem Alter zunimmt, ist allerdings gut belegt (Rohrmann 2008; Rohrmann/Wanzeck-Sielert 2014) (vgl. Kap. 5.4.5).

Alter

Anthropologische Studien in ländlichen und nicht industrialisierten Kulturen zeigen, dass jüngere Kinder häufig in kleinen informellen Dyaden oder Gruppen von Geschwistern, Cousins und Cousinen oder in Nachbarschaftsgruppen unterschiedlichen Geschlechts und unterschiedlichen Alters spielen. Im Gegensatz dazu spielen Kinder in Gruppen in Kindertageseinrichtungen häufiger in altersbegrenzten Settings.

Ähnlichkeit im Alter war der stärkste Prädiktor für Freundschaft in den Dyaden der Zwei- und Dreijährigen. Die Frage nach bevorzugten Spielpartnerinnen und Spielpartnern schließt natürlich nicht aus, dass Kinder auch gerne mit anderen Kindern spielen und Spielkonstellationen stark von den jeweiligen Gruppenstrukturen und deren Möglichkeiten abhängen. So berichten z. B. Riemann und Wüstenberg (2004) in ihrer Untersuchung zur Öffnung traditioneller Kindergärten für Ein- und Zweijährige, dass altersgemischte Spielpartnerschaften in Freispielsituationen häufiger vorkamen als altershomogene, obwohl bei allen Kindern ein großes Bedürfnis nach ähnlichen Spielpartnern bzw. -partnerinnen festzustellen war (S. 78ff.) (vgl. Kap. 7.3).

Kultureller Hintergrund

So wie Kinder im Laufe des zweiten und dritten Lebensjahres beginnen, die Geschlechterkategorien Junge/Mädchen nach äußeren Merkmalen wie der Kleidung zu bilden (vgl. Kap. 5.4.5), entwickeln sie im dritten Lebensjahr allmählich ein Bewusstsein für die Unterschiede in den Haut- und Haarfarben von Menschen. Die Kategorisierung von Menschen stellt ein soziales Konstrukt dar, um zwischen der eigenen Bezugsgruppe und der Fremdgruppe zu unterscheiden bzw. sich seiner eigenen Gruppenzugehörigkeit zu vergewissern. Durch ihre Erfahrung mit der Umwelt entwickeln Kinder erste Annahmen über ihre Zugehörigkeit zu einer Menschengruppe (Boldaz-Hahn 2013). Die Zunahme der Vorlieben für Kinder desselben kulturellen Hintergrundes scheint mit zunehmendem Alter zu wachsen, wobei sich Kinder der jeweiligen Majoritätsgruppe ihrer Zugehörigkeit weniger bewusst sind als Kinder gesellschaftlicher Minoritäten (van Hoogdalem et al. 2012; Boldaz-Hahn 2013). Bereits mit drei Jahren können Kinder Unbehagen zeigen, wenn sie erfahren, dass sie aufgrund ihrer äußeren Merkmale oder aufgrund einer körperlichen Beeinträchtigung nicht den gesellschaftlichen Normvorstellungen entsprechen. Wenn Kinder bei ihrer Identitätsbildung die Botschaften verarbeiten müssen, »anders« zu sein, liegt hierin eine große Verantwortung bei den Kindertageseinrichtungen, die bereits im Krippenalter beginnt, mit dem Kindergartenalter jedoch an Bedeutung gewinnt.

Gemeinsame Spielinteressen

Die Bevorzugung von Aktivitäten mit Kindern desselben Geschlechts, desselben Alters oder später der gleichen ethnischen Gruppe hängt wahrscheinlich mit ähnlichen Verhaltensmustern der Kinder und ihrem Gefühl der Zugehörigkeit zusammen. Auf der einen Seite freunden Kinder sich an, weil sie dieselben Spielaktivitäten bevorzugen, also von ähnlichen Interessen geleitet werden. Die Bevorzugung von gleichaltrigen Spielkameraden hängt aber wahrscheinlich auch mit der Ähnlichkeit des Entwicklungsstandes und der Kompetenzen zusammenhängen.

Aufgaben der Fachkräfte

Erwachsene schaffen die Möglichkeiten für die Interaktionen der Kinder. Sie stellen Raum, Zeit und Materialien zur Verfügung, schaffen eine stabile und anregungsreiche Umgebung und bieten die nötige Beziehungssicherheit, damit Kleinkinder sich entspannt einander zuwenden können. Um eine Sensibilität für frühkindliche Interaktionen zu entwickeln, sind eine hohe Aufmerksamkeit und ein geschultes Auge nötig. Beim flüchtigen Hinschauen ist vielleicht nur ein sinnfrei erscheinendes Miteinander der Kinder zu erkennen. Doch auch wenn die gelingenden Interaktionen, die still und entspannt verlaufen, oft nur von kurzer Dauer sind, dürfen sie nicht übersehen und damit gering geschätzt werden. Richtet sich die Aufmerksamkeit überwiegend auf die Äußerungen von Unbehagen und noch nicht reibungslos verlaufenden Begegnungen, besteht die Gefahr, dass die Interaktionsmöglichkeiten beschnitten werden. Wüstenberg und Schneider (2010) haben Beispiele für das genauere Hinschauen gesammelt und geben detaillierte Anregungen. So kann es zu einem Perspektivenwechsel kommen, von einer defizitorientierten Sichtweise, was die Kinder alles noch nicht können, hin zu einer kompetenzorientierten Sichtweise, die auch dazu führt, frühkindliche Interaktionen wertzuschätzen und nicht unreflektiert zu unterbrechen und damit abzubrechen.

Die Kompetenzen der Kinder (an-)erkennen

Ahnert (2007a) macht darauf aufmerksam, dass es ein Ergebnis beständiger Interaktionen zwischen bevorzugten Peers ist, dass sich innerhalb der Gesamtgruppe Binnenstrukturen, also Untergruppierungen entwickeln. Dabei scheint das Geschlecht eines der wichtigsten Kriterien zu sein. Eine Folge davon kann sein, dass aufgrund der Präferenzen von Jungen und Mädchen bereits früh eine Segregation nach Geschlechtern erfolgt. Natürlich soll es nicht darum gehen, freundschaftliche Beziehungen, die sich aufgrund einer empfundenen Ähnlichkeit oder aufgrund gemeinsamer Interessen bilden, zu beschränken. Zwei Aspekte sind jedoch zu beachten: Wenn Kinder im Lauf ihres zweiten Lebensjahres beginnen, ihre Geschlechtsidentität zu entwickeln, bilden sie sich auch dahin gehend, was es heißt, ein »richtiger Junge« oder ein »richtiges Mädchen« zu sein. Die starke Bevorzugung bestimmter Spielinhalte innerhalb einer relativ festen Gruppierung kann zu einer Beschränkung von Aktivitäten und Erfahrungen führen, wenn diese kategorisierend als »nur für Mädchen« oder »nur für Jungen« vom jeweils anderen Geschlecht abgelehnt werden. Dann besteht die Gefahr, dass sich geschlechtsstereotype Verhaltensweisen und Kommunikationsstrukturen entwickeln, die Bildungsprozesse negativ beeinflussen.

Auch die Studie von van Hoogdaalem et al. berührt Fragen nach unbeabsichtigten Effekten einer frühen Tagesbetreuung, indem diese die Segregation von Kindern verstärkt, nicht nur nach Geschlechtern, sondern später auch nach kulturellem Hintergrund.

Gemeinsamkeiten und Freundschaften stärken

Pädagogische Fachkräfte müssen sich darüber im Klaren sein, dass die Segregation nach Ähnlichkeit negative Effekte auf Kinder haben kann, die »anders« sind, wie z. B. auf Jungen, die sich scheinbar mädchenhaft verhalten und darum von der Jungengruppe nicht als Spielpartner anerkannt werden. Verschiedene Studien zeigen, dass Kinder, die in einigen Aspekten »anders« sind, häufig die weniger beliebten Kinder innerhalb von Kindergruppen sind und die Gefahr besteht, dass sie zu Außenseitern werden und die positiven Erfahrungen freundschaftlicher Beziehungen nicht machen können.

Die Art der Interaktion mit anderen Kindern hat starke Einflüsse auf das Selbstbild eines Kindes. Studien mit älteren Kindern haben gezeigt, dass ein Freund oder mehrere Freunde signifikante positive Auswirkungen sowohl kurzfristig als auch langfristig haben. Dazu gehören eine erhöhte soziale Kompetenz und eine reduzierte Ängstlichkeit. In der Resilienzforschung (Wustmann 2004) wird »Freunde haben« zu den schützenden Faktoren gezählt, die Kinder darin stärken, mit belastenden Lebensumständen umzugehen. Wegen dieser positiven Effekte ist es wichtig, darauf zu achten, dass alle Kinder im sozialen Gefüge einer Kindertageseinrichtung – auch die Jüngsten – die Chance für freundschaftliche Beziehungen bekommen, sodass sie ein Gefühl der Zugehörigkeit entwickeln können.

4.4 Konflikte und Konfliktmanagement

Kleinkinder haben viel Freude und Vergnügen an der Interaktion mit Peers. Streit zwischen Kindern gehört jedoch zum Kita-Alltag. Konflikte in der Kindergruppe verlangen von Fachkräften ein hohes Maß an professioneller Responsivität (Gutknecht 2012). Die Tragfähigkeit der Beziehung zwischen einem Kleinkind zu seiner Bezugserzieherin zeigt sich auch darin, dass es mit ihrer Unterstützung gelingt, die Stabilität in der Gruppe und die psychische Stabilität der Kinder wieder herzustellen. Für pädagogische Fachkräfte ist es anstrengend und wegen der starken Emotionen der beteiligten Kinder oft schwierig, beruhigend zu wirken. Gerade weil Konflikte auch wichtige Lernsituationen sind, liegt es in der Verantwortung der pädagogischen Fachkräfte, dafür zu sorgen, dass sich Konflikte und ungünstige Konfliktlösungen in den frühen Peerkontakten einer Kita nicht verfestigen und die Erfahrung konstruktiver Lösungen verdrängen.

Tragfähige Beziehungen helfen bei Konflikten

Durch positive Konfliktbewältigung lernen Kinder:

- Auseinandersetzungen bringen starke Spannungen mit sich, die wieder abgebaut werden können.
- Konflikte sind nichts Bedrohliches. Sie gehören zum Alltag und lassen sich lösen.
- Die positive Lösung von Konflikten kann dazu beitragen, Beziehungen zu vertiefen.
- Ich kann negative Gefühle zeigen, ohne dass mir die Zuneigung entzogen wird.
- Kritisiert wird mein Verhalten, aber nicht ich als die Person, die ich bin.
- Erwachsene, die für mich sorgen, helfen mir, meine negativen Gefühle auszudrücken und in Worte zu fassen.
- Etwas Neues zu wagen, kann mit Enttäuschungen verbunden sein, aber auch das hilft mir weiter.
- Manchmal lohnt es sich, auch gegen Widerstände eigene Ideen und Vorhaben durchzusetzen (Kasten 2008, S. 97f.).

4.4.1 Konflikte zwischen Kleinkindern besser verstehen

Zu Beginn von Kapitel 4 wurde beschrieben, dass die Interaktionen zwischen Peers in den ersten Lebensjahren eine eigenständige Ressource für die Entwicklung von Sozialkompetenz darstellen. Fertigkeiten des sozialen Austauschs, Dialogstrukturen des gegenseitigen Handelns werden jedoch erst allmählich aufgebaut. Da es aber für Kleinstkinder noch nicht möglich ist, die Absichten ihres Gegenübers vorausschauend zu entschlüsseln (vgl. Kap. 4.2.2), ist es für das zweite und dritte Lebensjahr charakteristisch, dass das Vorgehen und die Inhalte des Spiels meistens erst im Prozess des Spielens entwickelt werden. Dies ist ein wichtiger Unterschied im Vergleich zu den zielorientierten und mit Absprachen verbundenen Vorgehensweisen von Erwachsenen und älteren Kindern. Das bringt es mit sich, dass Unterschiede zwischen den Spielenden immer wieder angeglichen werden müssen. Dazu sind Verständigungsbereitschaft, Einfühlungsvermögen, Kommunikations- und Kooperationsfähigkeit nötig – und Missverständnisse sind unvermeidlich.

Missverständnisse ausgleichen

Im Laufe des zweiten Lebensjahres bildet sich allmählich die Fähigkeit heraus, zwischen eigenen und fremden Vorstellungen und Wünschen unterscheiden zu können (Haug-Schnabel 2009, 2012). Die Wahrscheinlichkeit, dass Kleinkinder gute Lösungen finden, steigt, wenn sie sich kontinuierlich begegnen und einander gut kennenlernen. Dann können sie Missverständnisse oder kleine Konflikte ausgleichen und einvernehmlich weiterspielen. Die Häufigkeit von Konflikten zwischen freundschaftlich verbundenen Kindern kann sogar höher sein als zwischen Kindern, die sich nicht besonders mögen und darum eher meiden. Das liegt zum einen daran, dass befreundete Kinder mehr Zeit miteinander verbringen und dass sie sich, da ihre Spielhandlungen komplexer sind, immer wieder neu aufeinander einstellen und sich abstimmen müssen. Ihre Lösungen, ohne dass Erwachsene sich einmischen, sind in der Regel so, dass für beide Kinder Positives dabei herauskommt, keiner ist Gewinner oder Verlierer. Freunde halten die Zuneigung füreinander aufrecht und setzen nach dem Konflikt ihr Spiel fort (Singer/de Haan 2007; Siegler/Deloache/Eisenberg 2005, S. 708). Mit anderen Worten: Konflikte und Freundschaften sind nicht zu trennen und ein gutes Übungsfeld für soziales Verhalten (Niesel 2008, S. 32 f.).

Bedacht werden muss aber auch, dass neben den Lernprozessen, die sich aus interaktionalen Erfahrungen entwickeln, auch innerpsychische

Entwicklungsprozesse eine Rolle spielen. Besonders schwierig kann es dann werden, wenn Kinder einen Entwicklungsschritt in ihrer Autonomieerprobung machen. Umgangssprachlich, und die eigentliche Bedeutung verkennend, wird dieser wichtige Entwicklungsschritt häufig »Trotzphase« genannt (Kasten 2005). Das Kind kann jetzt erkennen, dass es eigene Vorstellungen und Absichten tatsächlich selbst verwirklichen kann und dieses Autonomieempfinden begeistert das Kind. Wenn es aber mit seinen Autonomiebestrebungen an Grenzen stößt, weil sich genau diese Absicht nicht sofort verwirklichen lässt, kann das Kind völlig außer sich geraten, weil rationale Überlegungen, dass etwas aufgeschoben oder leicht geändert werden kann, die Vorstellungskraft noch übersteigen. Die eigene, sich noch in der Entwicklung befindende Emotionskontrolle funktioniert dann nicht mehr bzw. reicht nicht aus.

Nicht Trotz, sondern Autonomieerprobung

Beobachtungen sprechen dafür, dass Streit um ein Spielzeug die häufigste Ursache für Auseinandersetzungen ist. Jedoch ist auch häufig zu beobachten, dass das Interesse eines Kindes an dem Spielzeug sofort erlischt, wenn es das begehrte Objekt erobert hat. Was also ist die eigentliche Ursache des Streits? Ahnert (2010, S. 212) berichtet von einer Untersuchung aus England über die Verteilung von Spielzeugen in Dreiergruppen von zwei- und dreijährigen Kindern. Die übliche Anzahl der zur Verfügung stehenden Spielzeuge wurde verknappt bzw. verdreifacht. Die Auszählung von Konflikten ergab jedoch, dass die Reichhaltigkeit des Angebotes kaum einen Einfluss auf die Konflikthäufigkeit hatte. Es schien sogar so, als ob die Kinder bei einem reduzierten Spielzeugangebot eher geneigt waren, auf die Verteilung zu achten und gegenseitig Rücksicht zu nehmen. Eine Folgerung aus dieser Untersuchung ist, dass nicht Besitzansprüche der Zwei- und Dreijährigen im Vordergrund stehen, sondern Selbstbehauptungsstrategien zu erkennen sind. Ahnert stellt den Zusammenhang zur Identitätsforschung her, wonach »das Kind zwischen dem ersten und dem zweiten Lebensjahr eine starke Abgrenzung im sozialen Austausch vornimmt und auch sprachlich mit ›mein‹ und ›ich‹ deutlich macht, dass es etwas um seiner Selbst willen einfordert« (Ahnert 2010, S. 212 ff.).

Besitzkonflikte und die Bereitschaft zum Teilen

Der Gedanke, dass das sich entwickelnde Besitzdenken des Kleinkindes bei den Konfliktanlässen eine Rolle spielt, ist naheliegend. Wahrscheinlich ist aber gerade die Erkenntnis von »mein« und »dein« ein wichtiger Schritt zur Konfliktverminderung. Brownell und Kolleginnen

(2013) fanden heraus, dass die Bereitschaft zum Teilen wächst, wenn Zweijährige die Idee von »Besitz« und damit von »mein« und »dein« verstanden haben. Eine Erklärungsmöglichkeit ist, dass Kinder gleichzeitig zu erkennen beginnen, dass Besitz ein soziales, mit Normen verknüpftes Konstrukt ist. Teilen wird dann allmählich als soziale Geste verstanden, die Zuneigung ausdrückt und den anderen erfreut, und die Kinder lernen, dass das Hergeben von Besitz vorübergehend ist und das Zurückgeben dazu gehört.

4.4.2 Konfliktursachen erkennen und vorausschauend handeln

Gelassen und vorausschauend handeln

Im Interesse des eigenen Wohlbefindens und des Gruppenklimas sollten sich Fachkräfte vorausschauend und reflektierend mit den Konflikten zwischen den Jüngsten beschäftigen. Einige Anregungen zu den entwicklungsabhängigen Ursachen wurden bereits im vorangegangenen Abschnitt gegeben, die es leichter machen sollten, das Verhalten der Kleinkinder nicht als »unartig« zu erleben, um gelassener damit umgehen zu können. Aber auch organisatorische Maßnahmen können helfen.

Platz schaffen

Für Kinder in den ersten drei Lebensjahren (und darüber hinaus) gehören Bewegungsspiele zu den zentralen Aktivitäten. Dafür werden großzügige Räumlichkeiten gebraucht. Der Platz, den Kinder zur Verfügung haben, ist mit dafür verantwortlich, ob Kinderpaare und Gruppen ungestört nebeneinander agieren und Spiele sich entfalten können. Wenig Platz dagegen beeinträchtigt die Dauer der Spiele, die Zufriedenheit der Kinder und die Atmosphäre der Gruppe. Für die pädagogische Fachkraft gilt es daher, folgende Fragen zu klären:

- Entspricht die Raumgestaltung (Innenräume und Außenbereich) den Bedürfnissen aller Kinder? Gibt es genügend Platz für Bewegung und ausreichend ruhige Ecken für ungestörtes Spiel? Gibt es Unnötiges, das beseitigt werden kann?
- Trägt das Materialangebot dazu bei, Konflikte entstehen zu lassen? Ist es altersangemessen, hat es anregenden Charakter, steht es in der richtigen Anzahl/Menge zur Verfügung?
- Erlaubt die Aufbewahrung und Darbietung des Materials den Kindern, selbst auszuwählen?

- Sind Raumgestaltung und Materialangebote klar, übersichtlich und herrscht hinreichende Ordnung?

Aktivitäten strukturieren

Die Auswertungen von Riemann und Wüstenberg (2004) machen deutlich, dass die meisten ein- und zweijährigen Kinder einen sehr hohen Aktivitätslevel hatten. In diesem fühlen sie sich sehr wohl. Den Jüngsten macht es jedoch manchmal Schwierigkeiten, die große Erregung selber so zu regulieren, dass Entspannung eintreten kann. Fachkräfte müssen daher aufmerksam beobachten, welche Zeitspannen ein- und zweijährige Kinder im freien Spiel selbstständig gut ausfüllen können. Damit die Jüngsten die Orientierung und quasi sich selbst in der intensiven Aktivität nicht verlieren, brauchen sie als Ausgleich immer wieder andere Aktivitäten, um zur Ruhe zu kommen und sich zu entspannen. Die Erwachsenen müssen hierfür entsprechende Möglichkeiten schaffen und in die Tagesgestaltung einplanen.

Bei den Kindern sein

Stimmt die Beziehungsqualität zu mindestens einer erwachsenen Bezugsperson für jedes Kind? Bekommt jeder Junge/jedes Mädchen genügend Aufmerksamkeit? Erwachsene, die sich auf einen Diskurs einlassen über Gefühle und Absichten und wie diese das Verhalten von anderen Kindern beeinflussen, helfen den Kindern, ihre eigenen Gefühle auszudrücken und das Verhalten anderer zu verstehen. Ganz besonders das Ansprechen von positiven Verhaltensweisen trägt zum guten sozialen Verhalten und zur emotionalen Kompetenz bei. Konflikte lassen sich nicht vermeiden, sie stellen sogar wichtige Lernsituationen dar. Aber Lernen heißt eben auch, dass Kinder hierbei Unterstützung von Erwachsenen und diese vor allen Dingen auch als Vorbild brauchen. Sie benötigen die Unterstützung für den konstruktiven Umgang mit Konflikten.

Positives Verhalten benennen

Es stellt sich die Frage, ob und wie Erwachsene rechtzeitig Einfluss nehmen können. Darauf gibt es eine klare Antwort: »Kontrollierende und aufdringlich dirigierende Erwachsene verstärken eher die Konflikte und aggressive Auseinandersetzung unter den Kindern – und dies schon im Alter von zwei Jahren« (Ahnert 2010, S. 223). Direkte Disziplinierungen und negative Sanktionen haben sich nicht nur als unwirksam, sondern als kontraproduktiv erwiesen. Sie lenken die Aufmerksamkeit des Kindes weg von der Notsituation und provozieren negative Gefühle und Reaktionen (Kasten 2008, S. 87). Besonders wirkungsvoll für Zweijährige kann das Verhalten von älteren Kindern sein, die als Vorbild dienen. Sie sind »näher« an den jüngeren Kindern als Erwachsene und werden häufig bewundert und nachgeahmt.

Ältere Kinder können Vorbilder sein

Konflikte und emotional herausfordernde Situationen entstehen häufig dadurch, dass Kinder in den ersten drei Lebensjahren an die Grenzen ihrer Fähigkeiten stoßen. In solchen Situationen äußern sie ihre Gefühle impulsiv und ungebremst, sodass jede Erzieherin unmittelbar herausgefordert ist, möglichst rasch und angemessen zu reagieren. Beeinflusst wird ihre Reaktion von eigenen Erfahrungen und davon, welche Haltung sie bestimmten Gefühlen (z. B. Ärger, Trauer) gegenüber hat und wie sie selbst mit ihren eigenen Gefühlen umgeht.

Förderlich für die emotionalen Erfahrungen der Kinder ist die Haltung: Alle Gefühle sind in Ordnung. Auf diese Weise kann die Erzieherin das Kind darin unterstützen, seine Gefühle zu akzeptieren und auszudrücken, und vermittelt gleichzeitig Regeln und Grenzen für das Verhalten oder gibt Hilfestellung beim Problemlösen in emotional herausfordernden Situationen (Wertfein 2006).

Rosenthal und Gatt (2010) haben ein Trainingsprogramm für Fachkräfte zum Verhalten bei Peerkonflikten evaluiert. In diesem Programm sollten Fachkräfte lernen, jüngeren Kindern dabei zu helfen, bessere Fähigkeiten zur Selbstregulation sowie prosoziale Fertigkeiten zu entwickeln, um Konflikte zu regeln. Folgende Grundsätze haben sich als effektiv erweisen:

Kompetenter Umgang mit Peerkonflikten

- Es gibt klare Regeln, die nicht überschritten werden dürfen.
- Allen Betroffenen wird in gleichem Maße Schutz geboten.
- Alle Beteiligten werden beruhigt und getröstet.
- Fachkräfte nehmen nicht die Haltung eines Richters ein, um herauszufinden, wer recht hat und wer falsch liegt, wer angefangen hat oder wer das Opfer einer Auseinandersetzung ist.
- Fachkräfte orientieren sich an der Tatsache, dass jüngere Kinder einfach zusammen spielen wollen.
- Die Gefühle und Bedürfnisse, die beim Konflikt eine Rolle spielten, werden mit Worten verdeutlicht. Die Herausforderung dabei ist, die

jeweiligen unterschiedlichen Sichtweisen der an einem Konflikt beteiligten Kinder einzunehmen und diese wechselseitig darzustellen.
- Die Fachkraft nimmt so die Rolle eines Mediators ein, der Kindern Vorschläge macht, die Wahl der Lösungsmöglichkeit aber diesen überlässt.
- Es gibt nicht nur direkt Beteiligte, sondern auch Zuschauer.

4.4.3 Zum Umgang mit Beißen

Gebissenwerden bedeutet für das betroffene Kind einen großen körperlichen Schmerz, eine verunsichernde und Angst auslösende Attacke. Für die Erzieherinnen entsteht eine Situation, die mit hohem Druck verbunden ist, für die Eltern beider Kinder eine Situation, auf die sie mit Angst und Stress reagieren. Sollte sich das Beißen wiederholen, kommen die Empörung und die Forderung nach Maßnahmen auch aus der Gruppe der nicht direkt betroffenen Eltern hinzu. Der Druck für die pädagogischen Fachkräfte wächst. Für das beißende Kind besteht die Gefahr, massive negative Reaktionen auf sich zu ziehen und in seiner Gruppe isoliert zu werden.

Alle sind betroffen

Die Emotionalität ist verständlicherweise hoch. Pädagogische Fachkräfte sollten sich auf eine solche Situation vorbereiten und Richtlinien für konkretes Vorgehen im Team abklären, sodass in dem Fall, in dem ein Kind ein anderes beißt, trotz der hohen Betroffenheit auf allen Seiten, ein planvolles Vorgehen möglich ist. Die folgenden Anregungen stellen eine Möglichkeit dar:

Fachlich vorbereitet sein

Beißen kommt im zweiten Lebensjahr bis in die erste Hälfte des dritten Lebensjahres in Kindergruppen gar nicht so selten vor und kann verschiedene Ursachen haben (Gutknecht 2015):
- Bedürfnis nach sensorischer Stimulation während der Entwicklung der Mundmotorik oder des Zahnens
- Bedürfnis nach Aufmerksamkeit
- Abwehrreaktion bei Besitzkonflikten oder der Schaffung von Distanz bei zu großer Nähe/Enge und fehlenden Rückzugsmöglichkeiten (Wunsch nach Ruhe)
- Spannungsabfuhr bei Überstimulation, Stressabfuhr bei Übermü-

dung, aber auch Langeweile, Überforderung durch zu lange Wartezeiten, Hunger
- Abreaktion bei Frustration, Ärger, negativen Emotionen
- Bedürfnis nach Selbstwirksamkeit (»Ich möchte etwas bewirken«).

Angemessene Reaktionen zeigen.
Wichtig ist die unmittelbare, zeitnahe Reaktion. Das gebissene Kind braucht die ganze Aufmerksamkeit. Eventuell muss die Wunde versorgt werden. Das Kind muss erleben, dass sein Schmerz verstanden wird, dass Mitgefühl geäußert und das Beißen verurteilt wird. Die Beruhigung des Kindes, am besten durch die Bezugserzieherin, verlangt die ungeteilte Aufmerksamkeit in einer möglichst ruhigen Atmosphäre.

Zeitnah reagieren und die Situation beschreiben

Auch das Kind, das gebissen hat, braucht jetzt die zeitnahe Reaktion einer erwachsenen Person, um den Zusammenhang zwischen seinem Tun und der Reaktion zu verstehen. Wichtig ist eine Situationsbeschreibung in klaren Worten, d. h. seinem Sprachverständnis angemessen: »Du hast Anna mit deinen Zähnen wehgetan … Sie wollte deinen Laster haben.« Alternatives Verhalten wird benannt: »Du kannst sagen: ›Nein, Anna!‹« (Gutknecht 2012, S. 103).

In der nachfolgenden Zeit wird positives Verhalten des Kindes in Konfliktsituationen nachdrücklich unterstützt. Pädagogisch sinnlos sind alle Maßnahmen, die aufgrund des kognitiven und emotionalen Entwicklungsstandes noch nicht verstanden werden können, wie Warum-Fragen, Tiraden von Ermahnungen oder gar eine Verstärkung des Verhaltens, indem das gebissene Kind aufgefordert wird, zurückzubeißen und so möglicherweise ein Imitationsverhalten in Gang zu setzen.

Ursachenforschung: Warum hat dieses Kind gebissen?
Ist die aktuelle Erregung abgeklungen, kann sachlich nach den möglichen Ursachen im konkreten Fall gesucht werden. Eine möglichst genaue Situationsanalyse kann für Klarheit sorgen. Detaillierte Hinweise dazu finden sich bei Gutknecht (2015; 2012, S. 100 ff., Kollmann 2013). In der nachfolgenden Zeit kann die Beobachtung und Dokumentation des Verhaltens beider Kinder zusätzliche Informationen liefern. Die Eltern des Kindes, das gebissen hat, werden eingebunden (»Beißt das Kind auch zu Hause?«) und beraten, wie sie auf das Beißen ihres Kindes reagieren sollten.

Die Suche nach Lösungsmöglichkeiten und vorbeugenden Maßnahmen

Wichtig sind die Zusammenarbeit mit Eltern und eine große Offenheit, die die Sorgen der Eltern ernst nimmt, aber gleichzeitig auch definitiv ausschließt, dass ein Kind aus der Einrichtung ausgeschlossen wird. Eltern müssen wissen, welche Haltung das Team einnimmt und wie es mit dem Problem umgehen wird. Informationsmaterial, das für Eltern vorbereitet wurde, signalisiert professionelles Vorgehen und schafft Vertrauen.

Aufgabe der pädagogischen Fachkräfte: das eigene Verhalten, Einstellungen und Überzeugungen reflektieren

In Konflikten offenbart sich die Haltung der Fachkraft gegenüber Kleinkindern. Die pädagogische Praxis wird in hohem Maße durch kulturelle Werte und Überzeugungen sowie biografische Erfahrungen mitbestimmt. Das persönliche Empfinden, z. B. von Gerechtigkeit, spielt eine wichtige Rolle. Welches Verhalten sollten Kinder zeigen, um mit ihrem Umfeld gut zurechtzukommen? In Zeiten großer gesellschaftlicher Diversität sind pädagogisch tätige Erwachsene verpflichtet, für sich und in ihrem Team Haltungen zu reflektieren und ihre Umsetzung in pädagogische Grundsätze zu klären (Wagner 2013), wobei Kinder, je älter sie werden, auch mit einer gewissen Diversität im Team umgehen können. Außerdem sollten Fachkräfte klären, in welchem Rahmen sie für die Erlangung sozialer Kompetenzen verantwortlich sind und welche Verantwortung im Elternhaus liegt. Klare Botschaften helfen den Kindern, mit Unterschieden in beiden Entwicklungsumgebungen umzugehen.

Klare Erwartungen und Botschaften

Während der Stunden, die Kinder in der Gruppe verbringen, sind sie nicht nur Teilnehmer, sondern sehr häufig auch Beobachter von sozialen und emotionalen Geschehnissen. Kinder beobachten den ganzen Tag über ihre Peers in unterschiedlichen emotionalen Situationen und sie beobachten aufmerksam, wie Erwachsene darauf reagieren. Was immer Erzieherinnen in Eins-zu-eins-Situationen tun, hat einen Effekt – nicht nur auf das betreffende Kind, sondern auch auf alle anderen Kinder, die dabei sind. Mit anderen Worten:

Tägliche Ereignisse geben den Fachpersonen vielfältige Möglichkeiten, um vor einem lernenden Publikum die sozialen und emotionalen Kompetenzen von Kindern zu unterstützen. Was immer in Momenten mit hoher emotionaler Anteilnahme gelernt wird, bleibt besonders gut im Gedächtnis (Rosentahl/Gatt 2010).

Beruhigen und Trösten haben generell einen Einfluss auf das emotionale Klima in der Gruppe und somit Auswirkungen auf die soziale Interaktion von Kindern. Wirksam ist hierbei wahrscheinlich das direkte Vorbild des Verhaltens der Erwachsenen. Ein gutes emotionales Klima an sich stärkt das Vermögen der Kinder, ihre Gefühle zu regulieren.

4.5 Die Bedeutung des Wirgefühls

Das Gefühl der Zugehörigkeit lässt sich umschreiben als das angenehme Empfinden, das entsteht, wenn man zu einer Gruppe von Menschen gehört, die durch positive soziale Beziehungen verbunden sind. Es bedeutet Nähe und gemeinsam empfundene Identität, ein Wirgefühl, das eingebettet ist in sozio-kulturelle Aktivitäten und ein Empfinden der Zugehörigkeit entstehen lässt und aufrechterhält (Hännikäinnen 2007). Das Gefühl der Zugehörigkeit in einer Kindertageseinrichtung hängt wesentlich von der pädagogischen Kompetenz der Fachkräfte ab. Sie richten ihr empathisches erzieherisches Verhalten auf die Gesamtatmosphäre der Gruppe aus und berücksichtigen dabei gleichzeitig die Bedürfnisse jedes einzelnen Kindes. Die so entstehende positive Gesamtatmosphäre scheint am ehesten zu garantieren, dass stabile, den Kindern Sicherheit gebende Beziehungen zu ihren Erzieherinnen entstehen (vgl. Kap. 3.1), und ist ein entscheidender Faktor für die Qualität der Entwicklungs- und Bildungsumgebung in der Kindertageseinrichtung.

Rituale geben Orientierung

Rituale tragen zur Integration jedes Kindes bei und geben ihm das Gefühl der Gruppenzugehörigkeit. Auch für die Gesamtatmosphäre haben Rituale eine wichtige Funktion. Sie unterstützen Kinder bei der Orientierung im Alltag und helfen ihnen, die Übersicht über das Geschehen zu behalten. Die Tatsache, dass sich bestimmte Abläufe in gleicher Art und Weise wiederholen, unterstützt die Erwartungshaltung und Vorfreude auf das Kommende. Wüstenberg (2006) nennt sie »sicheres Geländer« (S. 8). Aber auch in ritualisierten Abläufen bleibt die individuell gerichtete Aufmerksamkeit unverzichtbar. Dazu gehören:

- eine individuelle Art der Begrüßung am Morgen
- humorvolles Verständnis, wenn das Kind keinen so guten Tag zu haben scheint
- eine aufmerksame, aber unaufdringliche Präsenz, wenn Kinder gemeinsam aktiv sind
- die Beantwortung des fragenden Blickes (soziale Bezugnahme), wenn sich ein Kleinkind der Verbindung zu seiner Erzieherin vergewissern möchte und in ihrem Gesicht lesen will, ob sein Verhalten Zustimmung findet oder auf Ablehnung stößt
- die Anleitung und Unterstützung von hilfsbereitem Verhalten der Kinder untereinander
- die altersangemessene Übertragung von Verantwortung
- die Unterstützung bei der Einübung von konstruktiven Konfliktlösungen
- Rituale im Alltag und regelmäßige Aktivitäten, in die alle Kinder eingebunden sind und die doch genügend Freiraum für individuelle Bedürfnisse lassen (nach Singer/de Haan 2007, S. 43 f.).

Wirgefühl schafft Wohlbefinden

Der pädagogische Auftrag ist zunächst auf das Wohlbefinden und das Wirgefühl von Kindern und auch ihren Eltern im Zusammenhang mit dem Kita-Alltag ausgerichtet. Gelingt die Schaffung einer entspannten Gesamtatmosphäre, ist dies auch ein großer Gewinn für die Fachkräfte an ihrem Arbeitsplatz. Es ist ruhiger und heiterer, es gibt weniger Konflikte und das Hauptmotiv für die Berufswahl bleibt erhalten: die Freude an der Interaktion mit den Kindern und an der guten pädagogischen Arbeit, die sich im Verhalten der Kinder und in der Begegnung mit den Eltern widerspiegelt.

Kommentierte Literaturempfehlung für Kapitel 4

Hammes-Di Bernado, E. / Speck-Hamdan, A. (Hrsg.) (2010). Kinder brauchen Kinder. Berlin: verlag das netz.

Ein Reader mit zahlreichen Beiträgen von namhaften Autoren und Autorinnen. Im Mittelpunkt steht das Entwicklungspotenzial von Kindergruppen: Gemeinsamkeiten und Unterschiede, Freundschaften und Ausgrenzungen. Die Beiträge beziehen sich auf unterschiedliche Altersgruppen, vom Krippenalter bis zum Grundschulalter.

Schneider, K. / Wüstenberg, W. (2014). Was wir gemeinsam alles können: Beziehungen unter Kindern in den ersten Lebensjahren. Berlin: Cornelsen Scriptor.

Das Buch bietet neben wichtigen Forschungserkenntnissen eine Vielzahl von Praxisbeispielen aus dem Kita-Alltag, die verdeutlichen, wie Kinder in den ersten drei Lebensjahren Beziehungen gestalten und wie pädagogische Fachkräfte dies begleiten können.

Singer, E. / de Haan, D. (2007). Social life of young children. Amsterdam: B. V. Uitgeverij SWP.

Beziehungen zwischen Kindern in Kinderkrippen werden detailliert beschrieben: Freundschaften, Konflikte, Diversität und soziales Lernen. Der Bedeutung der Fachkräfte als responsive Vorbilder, Vermittler und Beschützer wird viel Aufmerksamkeit gewidmet.

Haug-Schnabel, G. (2009). Aggression bei Kindern. Praxiskompetenz für Erzieherinnen. Freiburg im Breisgau: Herder.

Das Buch beschäftigt sich mit häufig gestellten Fragen aus der Praxis von Kindertageseinrichtungen: Wann sind kindliche Aggressionen natürlicher Ausdruck von Gefühlen? Wann ist das Eingreifen von Erwachsenen erforderlich? Das Buch hilft bei der differenzierten Betrachtung von aggressiven Verhaltensweisen vom Krippenalter an und formuliert als ein pädagogisches Ziel: Gewaltdistanzierung.

5 Bildung: Recht jeden Kindes von Geburt an

Im Jahr 2004 wurde ein Beschluss der Jugend- und Kultusministerkonferenzen unter dem Titel »Gemeinsamer Rahmen der Länder für die frühe Bildung in Kindertageseinrichtungen« verabschiedet (www.bildungsserver.de). Eine Vorgabe lautet: »Der Schwerpunkt des Bildungsauftrages liegt in der frühzeitigen Stärkung individueller Kompetenzen und Lerndispositionen, in der Erweiterung und Unterstützung sowie Herausforderung des kindlichen Forschungsdrangs, in der Werterziehung, in der Förderung, das Lernen zu lernen und in der Weltaneignung in sozialen Kontexten.« (S. 2). Konkretisiert wurde dieser Beschluss durch die Bildungspläne (Bildungsempfehlungen, Bildungsprogramme u. Ä.) der einzelnen Bundesländer. Vor zehn Jahren lag der Schwerpunkt zunächst noch auf dem traditionellen Kindergartenalter. Nicht zuletzt durch den Ausbau der Plätze für Kinder in den ersten drei Lebensjahren und einem Rechtsanspruch ab dem zweiten Lebensjahr gewann neben der Betreuung und Erziehung auch die Bildung der Kinder in den ersten drei Lebensjahren mehr und mehr Aufmerksamkeit. Bildungspläne wurden überarbeitet bzw. durch neue Veröffentlichungen ergänzt, wie z. B. in Bayern durch eine den Bildungsplan ergänzende Handreichung (Bayerisches Staatsministerium für Arbeit und Sozialordnung, Familie und Frauen / Staatsinstitut für Frühpädagogik 2010).

Das Kind ist Akteur seiner Entwicklung

Mit der Geburt – und in ersten Ansätzen bereits vor der Geburt – beginnen Säuglinge, ihre Umwelt zu erkunden und mit ihr in Austausch zu treten. Die kognitive Entwicklung des Kindes basiert auf einem Wechselspiel von angeborenen Lernmechanismen und Umwelteinflüssen und hängt davon ab, ob und wieweit die Umwelt ihm gestattet, seinem Drang nach stets neuen Lernreizen und Erfahrungen nachzugehen. Das Gehirn sucht Anregungen, sucht nach Abwechslung und es versucht, Denk- und Erklärungskonzepte zu erstellen (Becker 2010; Sodian/Kristen/Koerber 2010). Von den ersten Lebensmonaten an entwickeln Kinder die Fähigkeit, die Welt geordnet wahrzunehmen und zu konzeptualisieren. Sie fertigen nicht einfach eine Kopie der Wirklichkeit an, sondern erzeugen durch eigene Konstruktionen Realität, erschaffen sich ihre Welt. Das gelingt durch Kognition, durch Denk- und Erkenntnisleistungen. Durch die immer differenzierter werdende Auseinandersetzung mit der Umwelt verfeinern sich die kognitiven Strukturen (Gopnik/Kuhl/Meltzoff 2003). Das Kind ist so Akteur seiner eigenen Entwicklung.

Die emotionale Sicherheit ist umso bedeutsamer, je jünger ein Kind ist. Sie ist Voraussetzung dafür, dass es sich in seiner Umwelt aktiv auseinandersetzen kann, und sie ist Grundlage jedes Lernens. Kinder lernen in und durch die Beziehung zu ihren Bindungs- und Bezugspersonen in ihrer Familie und Kindertageseinrichtungen und sie lernen in Spielbeziehungen mit ähnlich und unterschiedlich alten Mädchen und Jungen (vgl. Kap. 4 und 7.3).

5.1 Bildung, Erziehung und Betreuung in den ersten Lebensjahren

Der Begriff *Bildung* verweist auf die im Menschen angelegte Fähigkeit, ein Bild von der Welt aufzubauen (zu konstruieren), sich die physische und geistige Welt anzueignen, den Dingen Sinn und Bedeutung zu verleihen. Es ist ein lebenslanger Prozess, der spätestens mit der Geburt im Wechselspiel mit Betreuung und Erziehung beginnt. Bildungsprozesse sind eingebettet in soziale Bezüge. So ist z. B. das Erlernen der Muttersprache ohne lebendige Beziehungen zwischen Älteren und Jüngeren nicht möglich. Die Erfahrung einer sicheren Bindung gilt als optimale

Voraussetzung für die Bereitschaft und Aufrechterhaltung der Motivation von Kindern, Neuem und Unbekanntem mit Neugier, Interesse und Wissensdurst zu begegnen (vgl. Kap. 2.3.2).

Bildung

- ist die im Menschen angelegte Fähigkeit, ein »Bild« von der Welt aufzubauen
- bedeutet eine aktive Konstruktionsleistung, sich die physische und geistige Welt anzueignen, den Dingen Sinn und Bedeutung zu verleihen
- setzt Lernfähigkeit voraus
- meint das Verfügenkönnen über das, was zu eigen geworden ist (Wissen, Können)
- setzt interpersonelle Beziehungen voraus (sozialer Charakter)
- beruht auf Motivation (Liegle 2008, S. 95 ff.).

Der Begriff *Erziehung* tritt in der aktuellen Diskussion hinter den Begriff der Bildung zurück. Wenn Erwachsene und Kind interagieren, findet jedoch immer auch Erziehung statt. Formulierungen wie »Erziehung durch Vorbild« oder »Kulturtransfer von einer Generationen auf die nächste durch Erziehung« spiegeln dies wider.

Erziehung

- beschreibt interpersonelles/soziales Geschehen
- beruht in der Grundform auf dem Generationenverhältnis
- ist bezogen auf Themen/Inhalte des Alltagslebens/der Kultur, auf Verhaltensweisen/Fähigkeiten und Regeln
- kann nur gelingen, wenn sie auf die Bereitschaft und Fähigkeit zur Aneignung, d. h. auf Lernbereitschaft trifft (Liegle 2008, S. 93 f.).

Der Erziehungsbegriff drückt ein deutliches Machtgefälle zwischen Erwachsenen und Kindern aus. Traditionell erziehen Erwachsene (aktiv), Kinder werden erzogen (passiv). Jedoch wandelt sich auch der Erziehungsbegriff. Der Kulturtransfer zwischen den Generationen funktioniert auch umgekehrt, von der jüngeren Generation zur älteren, wenn es z. B. um die Nutzung moderner Medien geht. Auch Neugeborene »erziehen« ihre Eltern, nämlich zu einem völlig neuen Lebensstil. Erziehung

Auch Macht spielt eine Rolle

findet auch zwischen Kindern statt, z. B. wenn sich jüngere Kinder an ihren älteren Vorbildern orientieren (vgl. Kap. 7.3).

Der Begriff *Betreuung* ist in der aktuellen Diskussion in den Hintergrund gerückt und die »Betreuungspädagogik« zu Recht in Misskredit geraten, wenn darunter verstanden wird, dass Babys und Kleinkinder zwar beaufsichtigt und versorgt, ansonsten aber »klein gehalten« werden, sodass sie nach heutigem Verständnis unterfordert sind. Im eigentlichen Sinne ist Betreuung in der Frühpädagogik jedoch unverzichtbar.

Betreuung

- meint die umfassende Sorge für das leibliche und seelische Wohl und das Wohlbefinden der Kinder, Zeit für Kinder, Aufmerksamkeit für ihre Signale und Bedürfnisse, Zuwendung und Anerkennung
- ist die Antwort auf die anthropologische Tatsache, dass Kinder, um überleben und im Lebenslauf ihre Anlagen entwickeln zu können, auf den Schutz, die Pflege, Zuwendung und Sorge erwachsener Bezugspersonen angewiesen sind
- ist integraler Bestandteil von Erziehung (Liegle 2008, S. 100 f.).

Betreuung ist mehr als Versorgung

Betreuung ist mehr als Versorgung. Betreuung verweist auf die Beziehungsqualität, die empfundene Sicherheit und den davon abhängigen Zustand des Wohlbefindens, der es Kindern ermöglicht, Bildungsbestrebungen in Form von »Exploration« zu entwickeln, sei es eigenständig oder mit Assistenz durch vertraute Erwachsene. Die Zurückdrängung des Begriffs »Betreuung« ist aus fachlicher Sicht gerade auch als Grundlage von Erziehungs- und Bildungsprozessen nicht gerechtfertigt – ganz besonders nicht, wenn es um die jüngsten Kinder geht.

Aufgaben der Fachkräfte: Nachdenken über Bildung in den frühen Jahren

Bildung, Erziehung und Betreuung sind miteinander verwoben. Die Kompetenz der Fachkräfte hängt davon ab, wie sie ihre Rolle gegenüber den ihnen anvertrauten Kindern verstehen und welches Bild vom jungen Kind (z. B. aktiver Lerner/abhängiger Noch-nicht-Könner) ihr pädagogisches Handeln leitet. Im Zusammenspiel von kritischer Reflexion – für sich und im Team – von Fachwissen und Erfahrung sollte der Dreiklang Bildung, Erziehung und Betreuung von Zeit zu Zeit im Zusammenhang mit der eigenen Arbeit überprüft werden, z. B. mit Fragen wie:

Fachwissen und Erfahrung reflektieren

- Was bedeutet »Bildung« für mich / für uns?
- Welche Gefühle löst der Gedanke an »Bildung« in mir aus?«
- Wie stehe(n) ich (wir) zum Bildungsplan (bzw. Bildungsprogramm, Bildungsempfehlung o. Ä.) unseres Bundeslandes und was sagt diese Schrift zu Bildungsprozessen in den ersten drei Lebensjahren?
- Welche Erziehungsziele sind mir/uns wichtig? Was brauchen Kinder, um sich betreut und wohlzufühlen?

Zusammenarbeit mit den Eltern

Die Eltern müssen über das Bildungsverständnis »ihrer« Krippe oder Kita informiert sein, da sich ihr eher alltagssprachlicher Bildungsbegriff wahrscheinlich vom pädagogischen und entwicklungspsychologischen Bildungsbegriff unterscheidet. Auch hierfür ist es sinnvoll, das professionelle Bildungsverständnis für die frühen Jahre in der Konzeption zu verschriftlichen und zu veröffentlichen. Regelmäßige Gespräche, z. B. über das Bildungspotenzial in Alltagssituationen, können Eltern dazu anregen, diese Potenziale auch zu Hause zu entdecken.

5.2 Aspekte der Entwicklungspsychologie: Entwicklung und Lernen sind eins

Lernen mit allen Sinnen

Lernen mit allen Sinnen von Anfang an – so lässt sich der Beginn kindlicher Entwicklung und Bildung in den ersten Lebensjahren umschreiben. Als Grundlage für jegliche Bildung schafft sich der Säugling in den ersten Wochen und Monaten Sicherheit und Urvertrauen, indem er sich an die Personen bindet, die die meiste Zeit mit ihm verbringen (vgl. Kap. 2.3). Hierbei spielen die Versorgung und die Befriedigung der grundlegenden physiologischen Bedürfnisse (Schlafen – Wachen, Hunger – Durst, Erregung – Beruhigung, Lust – Unlust) eine zentrale Rolle. Der Säugling lernt in der Interaktion mit seinen Bezugspersonen und entwickelt gleichzeitig eigene Strategien der Mitgestaltung. Durch Lächeln, Glucksen oder freudige Erregung ausdrückende Bewegungen versucht er, angenehme Situationen zu verlängern oder unangenehme Situationen zu vermeiden, indem er beispielsweise den Kopf zur Seite wendet, wenn er eine Spielpause möchte.

Nachfolgend werden einige ausgewählte grundlegende entwicklungspsychologische Aspekte von Bildungsprozessen beschrieben, die für die Interaktion von jungen Kindern und Betreuungspersonen relevant sind.

5.2.1 Aufmerksamkeit, Nachahmung, Eigeninitiative und wachsende Selbstständigkeit

In den ersten Lebensjahren lernen Kinder vor allem durch unmittelbares Erleben, d. h. durch ihre eigenen Erfahrungen und die Reaktionen der Menschen um sie herum. Sie lernen von Geburt an durch Zuschauen, Zuhören, Explorieren und Nachahmen. Ihre Lernerfahrungen sind davon abhängig, ob ihre Bedürfnisse erkannt und befriedigt werden und welche Anregungen ihnen ihre Umwelt – insbesondere die primären Bezugspersonen – anbieten.

Bereits ausgestattet mit der Fähigkeit, sich mit ihren Sinnen zu orientieren, differenzieren Säuglinge im ersten Lebensjahr die Nahsinne (Geruch, Geschmack, Tasten) und Fernsinne (Hören, Sehen) durch vielfältige Erfahrungen aus und erweitern sie. Säuglinge sind vermutlich bereits von Geburt an in der Lage, intermodal wahrzunehmen – d. h. verschiedene Sinneswahrnehmungen zu kombinieren. So konnte in

Experimenten beobachtet werden, dass schon Neugeborene ihre visuelle Aufmerksamkeit in die Richtung lenken, aus der sie ein Geräusch wahrgenommen haben (Pauen/Rauh 2008). Ab dem vierten Lebensmonat entwickelt sich die Fähigkeit, bewegte Objekte mit dem Blick zu begleiten. Auch die Tiefenwahrnehmung entwickelt sich im ersten Lebenshalbjahr parallel zur Lokomotion, d. h. der selbst gesteuerten Bewegung im Raum. Mit einem halben Jahr entspricht die Sehschärfe des Säuglings in etwa derjenigen von Erwachsenen (Bertin/Caccione/Wilkening 2006). Im Bereich der visuellen Wahrnehmung wird von Geburt an die Entwicklung verschiedener Kompetenzen – z. B. Farbwahrnehmung oder Sehschärfe – angebahnt. Angeborene Wahrnehmungsschemata ermöglichen es Säuglingen, Gesichter zu erkennen und darauf mit gesteigerter Aufmerksamkeit zu reagieren. Säuglinge haben eine angeborene Sensibilität für bindungsstiftende Sinneswahrnehmungen (Ahnert/Gappa 2008). Von Geburt an nehmen sie menschliche Gesichter mit zunehmender Differenzierungsfähigkeit und großem Interesse wahr und bevorzugen dabei in der Regel das Gesicht ihrer Mutter. Die soziale Bezogenheit und Präferenz des Säuglings zeigt sich auch in Bezug auf Geräusche und Gerüche: Babys reagieren besonders sensibel auf die Stimme ihrer Mutter und nutzen ihren Geruchssinn, um die Brust der Mutter zielsicher aufzuspüren.

Kinder lernen von Geburt an

Obwohl die visuelle Wahrnehmung nach der Geburt am wenigsten entwickelt ist, machen Babys in den ersten Lebensmonaten große Entwicklungsschritte. Spätestens ab dem neunten Monat verfügen sie über eine hohe Sehschärfe und Kontrastsensitivität, sodass sie Farben, Objekte und Bewegungen ähnlich wahrnehmen können wie ältere Kinder und Erwachsene.

Im ersten Lebensjahr setzt sich die vor der Geburt begonnene neurologische Entwicklung rasant fort. Dies zeigt sich an der stetigen Zunahme des Gehirnvolumens und damit einer »Explosion« der Neuronenverbindungen, die für die rasche Informationsverarbeitung und -weiterleitung entscheidend sind. Da diese Verbindungen im weiteren Entwicklungsverlauf wieder abnehmen, wird angenommen, dass die Reifungs- und Lernprozesse in den ersten Lebensjahren den Auf- und Abbau der neuronalen Strukturen wesentlich beeinflussen. Jedoch ist zu bedenken, dass die »Eliminierung von (nicht-funktionellen) synaptischen Verbindungen [ein] adaptiver und biologisch notweniger Prozess

[ist], der nicht mit einem qualitativen Verlust geistiger Fähigkeiten einhergeht. [...] Als allgemeine Regel gilt, dass sich basale Funktionen, insbesondere solche der sensorischen Verarbeitung (z. B. Sehen und Hören) und der motorischen Steuerung, relativ früh in der kindlichem Hirnentwicklung herausbilden, während komplexe kognitive Leistungen einen größeren Zeitraum beanspruchen« (Becker 2010, S. 29). Die fortschreitende Entwicklung des Gehirns und die Verschaltung verschiedener Hirnregionen tragen zur Koordinierung und Verinnerlichung unterschiedlicher Körper- und Sinneserfahrungen bei. Zunehmende motorische Selbstkontrolle macht zielgerichtete Bewegungen möglich. »Hirnentwicklung beruht auf der Plastizität: In Wechselwirkung mit der Umwelt bildet sich im Gehirn die neuronale Architektur« (ebd. S. 35).

Die Bezugsperson als emotionaler »Kompass«

Durch frühe Imitation und wechselseitige Nachahmungsdialoge stehen Säuglinge von Anfang an im sozialen Austausch mit ihrer Umwelt und lernen, die Signale ihrer Bezugspersonen zu deuten. Bereits Neugeborene verfügen über die Fähigkeit, Lautäußerungen und Gesten wie das Herausstrecken der Zunge oder das Spitzen der Lippen (unwillkürlich) zu imitieren (Hauf 2008). Zur Regulation ihres Verhaltens nutzen Kinder zwischen dem vierten und siebten Lebensmonat emotionale Hinweisreize, indem sie in unbekannten oder uneindeutigen Situationen den Kontakt zu ihren Bezugspersonen suchen. Je nach Reaktion (Gesichtsausdruck, Stimmlage) der Bezugsperson bekommen sie die Mitteilung, ob ein Gegenstand oder eine Handlung Lächeln hervorruft, d. h. wünschenswert ist, oder ob Erschrecken ausgelöst wird, was Gefahr bedeutet und das Kind innehalten lässt. Dadurch lernen Kinder, ihr Verhalten auf die Reaktion ihrer Umwelt abzustimmen. Man spricht in diesem Zusammenhang von »sozialer Rückversicherung«. Im ersten Lebensjahr verbessert sich schrittweise die Fähigkeit, den Emotionsausdruck der Bezugspersonen zu deuten und daraus handlungsrelevante Informationen zu gewinnen (Petermann/Wiedebusch 2003).

Am Ende des ersten Lebensjahres besteht die Welt des Kindes vor allem aus wahrnehmbaren und realen Gegenständen, anderen Kindern und Erwachsenen, ihnen selbst und ihrem unmittelbaren Erleben und Fühlen. Im zweiten Lebensjahr nimmt die Aufmerksamkeitsspanne deutlich zu und ermöglicht den Kindern, die zeitliche Abfolge auch komplexer Handlungen zu beobachten und im Gedächtnis zu behalten (Hauf 2008; Spangler/Schwarzer 2008). Die Beobachtung von Handlungen im gemeinsamen Spiel fördert nicht nur die Handlungskompetenz der Kinder, sondern vermittelt ihnen bedeutsame Informationen über unbekannte Gegenstände.

Die Welt in der Vorstellung »als ob«

Mit dem Übergang zum zweiten Lebensjahr erweitert sich diese Welt um die Welt der Vorstellung mit ihren »Als-ob-Repräsentationen« in Bildern, Gesten, Zeichnungen, Liedern oder Spielen (Pauen/Rauh 2008). Die auditive Wahrnehmung ist ab dem Alter von zwei Jahren voll ausgebildet, sodass verschiedene Töne, Klänge sowie Lieder differenziert wahrgenommen werden können. In den ersten drei Lebensjahren verfügen Kinder noch über keine kulturell geprägten Präferenzen hinsichtlich Musik und Sprache. Die taktile Wahrnehmungsfähigkeit ist mit zwei Jahren so weit ausgebildet, dass Kinder mit ihren Händen, Fingern und insbesondere Fingerkuppen verschiedene Objekteigenschaften wie Wärme, Größe und Form auf differenzierte Weise erfassen können.

Ab etwa 18 Monaten fangen Kinder an, sich in die Gefühle und Interessen anderer hineinversetzen und beginnen mit Versuchen, andere zu trösten oder ihnen zu helfen. Dadurch zeigen sie nicht nur ihre Hilfsbereitschaft, sondern auch ihr Verständnis davon, welches Ziel – unabhängig von ihren eigenen Zielvorstellungen – die andere Person gerade anstrebt (Hauf 2008; Warneken 2010). Nach und nach entwickelt sich so auch das Ich-Bewusstsein mit der Erkenntnis, dass sich eigene Bedürfnisse und Empfindungen von denen anderer unterscheiden können. Die ersten Schritte im Prozess der Identitätsentwicklung sind deutlich erkennbar, wenn Kleinkinder für ihre individuellen Anliegen und Vorstellungen z. B. mit einem deutlichen »Nein!« eintreten können. Auch durch die zunehmend autonome Mobilität erweitern Kinder ihren Aktionsspielraum und machen sich als wissbegierige Forscher und Entdecker auf den Weg zu neuen Erfahrungsräumen. Sie entwickeln den unbedingten Willen, die Welt mit so wenig Hilfe von außen wie möglich zu entdecken und sich so als kompetente Akteure zu erfahren. Dementsprechend kreisen die zentralen Entwicklungsthemen im zweiten und dritten Lebensjahr zunehmend um Autonomie und Selbstwirksamkeit (vgl. Kap. 2.2 und 5.5).

Mehr Autonomie durch zunehmende Mobilität

In ihrem Bedürfnis, selbstständig zu handeln und sich aus der Abhängigkeit der elterlichen Rundumversorgung zu lösen, stoßen die Kinder jedoch immer wieder an die Grenzen ihrer eigenen Fähigkeiten, ihrer Umwelt und auch an die Grenzen der Erwachsenen (Kasten 2005).

Darüber hinaus tun sie sich in den ersten drei Lebensjahren noch schwer, ihre Bedürfnisse aufzuschieben. Wutanfälle sind deshalb oftmals die einzige Möglichkeit, ihren heftigen Gefühlen Ausdruck zu verleihen. Kinder brauchen während der Autonomiephase vermehrt Spielräume für selbstständiges Handeln, aber auch klare Spielregeln und Grenzen. Entscheidend ist, dass sie sich auch in dieser schwierigen Zeit als Person wertgeschätzt und angenommen fühlen. Gelingt dies, können Kinder lernen, dass Konflikte und Auseinandersetzungen alltäglich und lösbar sind, dass auch negative Gefühle ausgedrückt werden dürfen und sie auch nach einer Auseinandersetzung noch gemocht werden.

Auch negative Gefühle sind wichtig

Insbesondere während des Eingewöhnungsprozesses (vgl. Kap. 3.1) ist darauf zu achten, dass keine Überforderung des Kindes eintritt. Seine Gefühlslage kann sehr schwankend sein, denn Trennung und Selbstständigwerden sind gerade die großen innerpsychischen Entwicklungsschritte, die noch nicht abgeschlossen sind, und nun soll die räumliche Trennung von Mutter oder Vater hinzukommen. Die Responsivität und auch die Geduld der begleitenden Erwachsenen sind daher besonders gefordert.

5.2.2 Sprache – zentrales Werkzeug für Kommunikation und Bildung

Für die Sprachentwicklung gibt es zwei wesentliche Voraussetzungen bzw. Einflussfaktoren: Zum einen wird davon ausgegangen, dass das Kind nach regelhaften Strukturen im sprachlichen Input sucht und sich dann Schritt für Schritt über eigene Vorannahmen und durch Ausprobieren der Erwachsenensprache annähert. Von Geburt an verfügen Kinder über die Fähigkeit, ihre Bedürfnisse und ihre Befindlichkeit zum Ausdruck zu bringen und auf die Sprache ihres Gegenübers zu reagieren. Die im ersten und zweiten Lebensjahr erworbenen Kompetenzen in nonverbaler Kommunikation und Sprachwahrnehmung werden im weiteren Verlauf des zweiten Lebensjahres zum Sprechen erster Wörter und einfacher Sätze ausgebaut. Die Kinder lernen nun, sich sprachlich mitzuteilen und sprachliche Mitteilungen von anderen wörtlich zu verstehen. Die lexikalische Sprachentwicklung beginnt etwa am Ende des ersten Lebensjahres und »explodiert« geradezu mit etwa 18 Monaten, wenn die Kinder täglich viele neue Wörter lernen und anwenden. Der jeweilige Zeitpunkt hierfür ist individuell unterschiedlich und kann in einer Zeitspanne von sechs bzw. zwölf Monaten variieren. In der Regel umfasst der aktive Wortschatz von Zweijährigen bereits mindestens 50 Wörter. Das Verstehen und Sprechen der ersten Worte ist eine wesentliche Grundlage für die Bildung syntaktischer Wortkombinationen: Erst durch die sprachliche Benennung werden individuelle Erfahrungen zu Themen, über die man auch sprechen kann (ausführlich dazu Winner 2007). Zwischen dem zweiten und vierten Lebensjahr machen Kinder entscheidende Fortschritte im Aufbau ihres Wortschatzes und der Bildung zunehmend komplexer werdender Satzkonstruktionen (Spangler/Schwarzer 2008). Sind die kindlichen Sprachäußerungen in der Phase der Einwortsätze noch stark kontextabhängig, zeigen Kinder mehr und mehr einen Sinn für die Bedeutungen ihrer Worte, auch unabhängig von der konkreten Situation, und sie wenden erste grammatikalische Regeln an, die sie in den ersten Lebensjahren ganz nebenbei ohne gezielten Unterricht erwerben (Winner 2007, S. 65 f.). Einfache kurze Sätze können Kinder meist ab dem dritten Lebensjahr (nach dem zweiten Geburtstag) bilden. Zweijährige sind dann bereits in der Lage, sich an die Sprechweise ihres Gesprächspartners anzupassen, und versuchen Missverständnisse in der Kommunikation aufzuklären (Spangler/Schwarzer 2008). Im Laufe des dritten Lebensjahres kommt der lehrende Sprechstil hinzu, gekennzeichnet durch direkte Sprachanregung wie das Fragenstellen (vgl. Kap. 5.4.4). Durch das Sprechen über Objekte und Ereignisse wird dem Kind auch deren emotionale Bedeutung und damit die enge Beziehung zwischen Gefühlen, Gedanken und Sprache vermittelt.

Durch Benennung werden Erfahrungen zu Themen

In den ersten drei Lebensjahren lernen Kinder Worte kennen, die ihnen im Rahmen ihrer unmittelbaren Erfahrungen begegnen, und sie entwickeln subjektive Begriffe für das, was sie erleben. Im Laufe der weiteren Entwicklung erweitern und differenzieren sich die Wortbedeutungen der Alltagssprache bis hin zu abstrakten oder wissenschaftlichen Begriffen, die Kinder jedoch »vorerst mit ihren sinnlichen Erfahrungen, mit ihren geistigen Schlussfolgerungen und emotionalen Bewertungen füllen« (Winner 2007, S. 55). Im Spiel können ein Pferd und ein Schaf z. B. gemeinsam Geburtstag feiern und deshalb Freunde sein.

Kinder im Alter bis zu drei Jahren verstehen noch keinen Oder-Satz, obwohl sie durchaus Entscheidungen treffen können. Auf die Frage

»Möchtest du Tee oder Saft?« antworten sie meist mit »Ja«, wenn sie eines davon haben wollen. Auch bei Wiederholung der Frage bleiben die Kinder beim Ja oder Nein. Erst wenn der Satz getrennt wird und die Alternativen nacheinander angeboten werden, kann sich das Kind wirklich entscheiden. Oder-Sätze verlangen von Kindern zu viel auf einmal. Das Kind muss erst die Bedeutung der Wörter analysieren und sich ein Bild von den Alternativen machen. Dann muss es abwägen und sich entscheiden. Kognitionen und Emotionen bilden die entscheidenden Grundlagen von Sprache. Und Sprache ist mit dem (Er-)Leben jedes Kindes untrennbar verbunden.

Sprache ist mit dem Erleben verbunden

Diese Phase des schnellen Lernens neuer Begriffe umfasst schließlich das gesamte Vorschulalter, wobei der passive Wortschatz etwas schneller wächst als der aktive. Das Temperament, das Verhalten und die jeweiligen Erfahrungen des einzelnen Kindes können seine Sprachentwicklung beeinflussen. So lernen aktive Kinder, die häufig Gespräche initiieren, rasch ihre Gefühle und Bedürfnisse sprachlich auszudrücken und schaffen sich dadurch vielfältige weitere Möglichkeiten, sprachliche Erfahrungen zu sammeln (Spangler/Schwarzer 2008). Kinder, die stimmliche bzw. sprachliche Interaktionen als angenehm und effektiv erlebt haben und viele Gelegenheiten zur Kommunikation mit ihren Bezugspersonen hatten, sprechen mehr (Winner 2007). Dabei ist vor allem die Qualität der Gespräche entscheidend: Kinder lernen am effektivsten im Miteinander, im Dialog mit ihren Gesprächspartnern, die sich und ihre Sprache intuitiv an die des Kindes anpassen (Papousek 2008).

Zukünftig wird sich auch in Kinderkrippen der Anteil von Kindern aus Familien mit einer nichtdeutschen Familiensprache erhöhen. Damit stellt sich für Fachkräfte die Frage nach der Förderung der Mehrsprachigkeit im Alltag der Krippengruppe. Die Muttersprache ist der wichtigste Sprachschatz eines Kindes und seiner Familie. Nur in ihr ist es möglich, die Nuancen von Zärtlichkeit, Trost, Zuwendung und Fröhlichkeit zum Ausdruck zu bringen, die die Mutter-Kind-Bindung und die Vater-Kind-Bindung brauchen, um für Kind und Eltern ein sicheres Gefühl des Aufeinanderabgestimmtseins zu entwickeln. Spracherwerb in mehreren Sprachen gleichzeitig ist für die meisten Kinder kein Problem, wobei es nur wenige Menschen gibt, die mehrere Sprachen gleich perfekt sprechen. Für die Sprachentwicklung ist die Familie der zen-

Die Muttersprache ist der wichtigste Sprachschatz

trale Bildungsort. Die Sprachkompetenz zu stärken, ist eine Aufgabe der Kindertageseinrichtung (Reichert-Garschhammer/Kieferle 2011; Winner 2007, S. 129 ff.).

Sprache schafft Identität

Der Entwicklungsabschnitt, indem sich Sprache bzw. Sprachen (bei Mehrsprachigkeit) ausbilden, ist auch für die Identitätsbildung sehr bedeutsam. Mit der Sprache fangen Kinder an, von sich selbst zu erzählen, Sie konstruieren ihre eigene Lebensgeschichte und entwickeln ein Bild von sich selbst. Eltern und Erzieherinnen arbeiten an der Konstruktion des autobiografischen Gedächtnisses mit.

5.2.3 Kernwissen als Basis für ein großes Lernpotenzial

Zahlreiche Befunde der Säuglingsforschung zeigen, dass Babys schon in den ersten Lebensmonaten grundlegende Erwartungen über die belebte und die unbelebte Welt haben, die im Wesentlichen Erwartungen Erwachsener entsprechen. So scheinen Kinder Informationen über Tiere und Menschen von Geburt an anders zu verarbeiten als über unbelebte Objekte (Pauen/Rauh 2008). Die Säuglingsforschung spricht von Kernwissenssystemen, die von Geburt an angelegt sind und sich in der normalen sozialen Umwelt des Säuglings rasch entwickeln. Dieses Kernwissen vermuten Forscher auch deshalb, weil Ereignisse, die eigentlich unmöglich sind, schon von drei bis vier Monate alten Säuglingen deutlich länger betrachtet werden als Ereignisse, die sie erwarten. So z. B., wenn vor ihren Augen ein Stoffhase hinter einer Sichtblende verschwindet, dann aber anstelle des Hasen ein Auto am anderen Ende auftaucht. Babys haben nicht nur Erwartungen darüber, wie sich unbelebte im Unterschied zu lebendigen Objekten verhalten, mit fünf Monaten haben sie erste Vorstellung von Zahlen und Mengen (bei Additionen oder Subtraktionen im Zahlenraum bis 2) und sogar zur physikalischen Welt, wenn z. B. ein Ball in der Luft schweben bleibt, statt erwartungsgemäß herunterzufallen (Sodian/Kristen/Körner 2010).

Schon frühzeitig bilden sich Denkstrukturen aus, um die Erfahrungen und Kenntnisse zu organisieren. Wenige Monate alte Säuglinge sind in der Lage, Sprachlaute, Gesichter sowie mimischen Ausdruck von Emotionen zu unterscheiden (Sodian 2008). Sie können sowohl grundlegende Kategorien (z. B. Katzen, Giraffen) als auch übergeordnete Begriffe (z. B. Fische, Katzen, Möbel) bilden. Werden den Babys nacheinander Objekte (z. B. Katzen) der gleichen Kategorie präsentiert, lässt ihr Interesse nach, und sie betrachten die Objekte zunehmend kürzer (= Habituation). Wird ihnen daraufhin eine Abbildung eines Objekts einer anderen Kategorie (z. B. Giraffe) gezeigt, erhöht sich das Interesse wieder (= Dishabituation). Dieser Effekt ist auch im Hinblick auf übergeordnete Kategorien zu beobachten (Sodian 2008) und spricht für ein grundlegendes Begriffswissen der Kinder. Die Fähigkeit, Objekte nach ihrer Art zu unterscheiden, ist eine wesentliche Voraussetzung für die Zuordnung noch unbekannter Gegenstände und das Übertragen vorhandenen Wissens auf neue Situationen (Pauen/Rauh 2008).

Sprache regt das kindliche Denken an

Mit dem Spracherwerb schreitet die Entwicklung begrifflichen Wissens ab dem Alter von 18 Monaten stetig voran. Das Kind erkennt, dass alles eine Bezeichnung hat, und lernt auf diese Weise immer wieder neue und differenziertere Begriffe für Objekte und ihre Eigenschaften kennen. Dadurch werden allgemeines Wissen über die Umwelt und spezifische Kenntnisse über bestimmte Objekte aufgebaut (Spangler/Schwarzer 2008). Die Fortschritte im sprachlichen Ausdruck und Verstehen stellen wichtige Weichen für die kognitive Entwicklung, da der fortschreitende Spracherwerb die Denkfähigkeit des Kindes anregt und differenziert. Das sprachliche Erfassen hilft, Erfahrenes zu ordnen sowie zu klassifizieren. Mithilfe der Sprache entwickeln Kinder im zweiten Lebensjahr zunehmend differenziertere innere Vorstellungen (Repräsentationen) von Objekten und Handlungen: »Die Sprache befreit das Kind sozusagen von seiner unmittelbar anschaulich gegebenen Umwelt. Es kann sich damit aus seiner Gegenwart lösen und sich vorstellen, was es z. B. mit einem nicht vorhandenen Ball tun könnte« (Kasten 2005, S. 137).

Die normalen, alltäglichen Interaktionen mit Säuglingen und Kleinkindern bieten reichhaltige Erfahrungen, die für die raschen Lernprozesse in den ersten beiden Lebensjahren notwendig sind. So sammelt ein Kind in den ersten Lebensjahren vielfältiges Wissen über die unmittelbare physikalische Welt, sein soziales Umfeld und die Beziehungen zwischen beiden Welten.

Aufgaben der Fachkräfte

Fachkräfte in Krippen und Kitas brauchen ein solides Fachwissen über die Entwicklung in den ersten drei Lebensjahren in Bezug auf die kognitive, sprachliche, motorische und sozial-emotionale Entwicklung (z. B. bei Siegler/Deloache/Eisenberg [2005]; Haug-Schnabel/Bensel [2005]). Aus den Inhalten der Abschnitte 5.2.1 bis 5.2.3 wird deutlich, dass Kinder – je jünger sie sind – auf die dyadische Interaktion mit einer erwachsenen Person für eine gute Entwicklung angewiesen sind. Für Kinder im ersten Lebensjahr gilt das in besonderer Weise (Beispiel: Nachahmungsdialoge). Dieses Eins-zu-eins-Miteinander ist im Krippen- und Kita-Alltag, der meistens gruppenorientiert verläuft, sehr bewusst einzuplanen. Das Wickeln ist z. B. eine der Alltagssituationen, die für kleine Gespräche, Reime, Berührungen und Bewegungen zu zweit genutzt werden sollte.

Orientierungshilfen im Alltag sind für junge Kinder sehr bedeutsam. Vertraute Handlungsmuster und Rituale werden von ihnen erinnert und erwartet.

Erzieherinnen müssen mit einem breiten Spektrum normaler Entwicklung in den frühen Lebensjahren umgehen (Largo 2011), d. h. mit deutlichen Entwicklungsunterschieden bei gleich alten Kindern. Zur effektiven Unterstützung von individuellen Bildungsprozessen dient das Konzept der »Zone der nächsten Entwicklung« (ZNE), das von dem Psychologen Lew Wygotski (1896–1934) entwickelt wurde. Mit ZNE ist die Differenz zwischen dem aktuellen Entwicklungsstand (was ein Kind selbstständig kann) und dem potenziellen Entwicklungsstand, dem pädagogischen Ziel, gemeint. Ein solches Denken hilft der Fachkraft, vom individuellen Kind auszugehen und Überforderungen und Unterforderungen zu vermeiden.

Zone der nächsten Entwicklung

Das Streben der Zweijährigen nach mehr Autonomie verlangt von den Erzieherinnen, einen Ausgleich zu finden, zwischen den Bedürfnissen des Kindes, seiner Verzweiflung, wenn sich seine Entscheidung nicht umsetzen lässt und den Erfordernissen des Gruppenalltags. Wie so häufig kann das Zusammenspiel von Fachwissen und Haltung einen Unterschied im pädagogischen Handeln bewirken. So macht es einen Unterschied, ob das Verhalten eines Kindes seinem Trotz oder seinem Autonomiestreben zugeschrieben wird.

Klare Spielregeln und Wertschätzung

Kinder brauchen während der Autonomiephase vermehrt Spielräume für selbstständiges Handeln, aber auch klare Spielregeln und Grenzen. Entscheidend ist, dass sie sich auch in dieser schwierigen Zeit als Person wertgeschätzt und angenommen fühlen. Gelingt dies, können Kinder lernen, dass Konflikte und Auseinandersetzungen alltäglich und lösbar sind, auch negative Gefühle ausgedrückt werden dürfen und sie nach einer Auseinandersetzung immer noch gemocht werden.

Fachkräfte ermöglichen eine umfassende und differenzierte Sprachentwicklung (Winner 2007) in wechselseitigem Austausch, im Dialog. Ein stützender Sprechstil – *scaffolding* – setzt einen gemeinsamen Aufmerksamkeitsfokus von Erzieherin und Kind voraus und unterstützt durch regelmäßige, sprachlich begleitete Tätigkeiten (z. B. beim Wickeln und Füttern) das Erlernen von Wörtern. Scaffolding (vom Englischen »scaffold« = Gerüst) bezeichnet die Unterstützung des Lernprozesses durch Hilfestellungen, entsprechend den Fortschritten des Kindes wird das »Gerüst« wieder entfernt.

Für mehrsprachig aufwachsende Kinder ist besonderes Fachwissen nötig und eine sprachbewusste Gestaltung des Gruppenalltags (Winner 2007, S. 199 ff.), die sich an der Heterogenität orientiert, die durch die Vielsprachigkeit in der Einrichtung entsteht.

Zusammenarbeit mit den Eltern

Eltern brauchen im täglichen Austausch mit den Fachkräften nicht nur Berichte darüber, wie es mit dem Essen, dem Schlafen und der Verdauung geklappt hat. Da sie ja für mehrere und manchmal viele Stunden des Tages keinen Einblick in die Entwicklung ihres Kindes haben, müssen Eltern wissen, welchen Lernschritt ihre Tochter / ihr Sohn heute gemeistert hat, was ihr/ihm Freude macht und was die nächsten Schritte sein werden. Eltern können ihrerseits berichten, wie es dem Kind nach der Krippe oder Kita zu Hause geht, ob es müde oder angeregt ist und welche Entwicklungsfortschritte sie beobachten.

Vielleicht brauchen Eltern auch Ermutigung, wenn gleich alte Kinder schon Dinge können und das eigene Kind noch nicht, weil sie sich an überholten Normtabellen orientieren.

Eltern sollten darin unterstützt werden, die Zeit, die sie mit ihrem Kind nach der Krippe/Kita und am Wochenende haben, möglichst intensiv zu nutzen.

Jede Sprache ist wertvoll

Eltern, deren Familiensprache nicht deutsch ist, brauchen die Gewissheit, dass für die Sprachentwicklung die Familie der zentrale Bildungsort ist, die Sprachkompetenz zu stärken aber eine Aufgabe der Kindertageseinrichtung ist (Reichert-Garschhammer/Kieferle 2011; Winner 2007, S. 129ff.). Eltern hilft die Botschaft, dass jede Sprache gleich wertvoll ist, egal, ob es sich um Englisch oder Türkisch handelt. Sie werden Hinweise begrüßen, wie sie selber mit der Mehrsprachigkeit in ihrer Familie umgehen können und wie das mit der Arbeit der Erzieherinnen zusammenpasst.

5.3 Vom Kernwissen durch Exploration und Spiel zum Weltwissen

Die Säuglingsforschung belegt, dass Neugeborene über ein Kernwissen (vgl. Kap. 5.2.3) verfügen, mit dem sie auf die Welt kommen (Sodian/Kristen/Koerber 2010). Sie imitieren beispielsweise Gesichtsbewegungen, ohne jegliche Erfahrung mit menschlichen Gesichtern zu haben; sie bevorzugen die Darstellung von Gesichtern gegenüber ähnlichen Mustern und sie erkennen die Stimme der Mutter. Sie geben der Muttersprache den Vorrang vor anderen lautlichen Stimulationen, und sie beginnen früh, im Verhalten zwischen Menschen und unbelebten Objekten zu unterscheiden. Auf dieser Basis des Kernwissens beginnen Säuglinge, ihr Bild von der Welt zu konstruieren. Das geschieht in den normalen, alltäglichen Interaktionen mit Familienangehörigen und pädagogischen Fachkräften, die reichhaltige Erfahrungsmöglichkeiten für die raschen Lernprozesse in den ersten Lebensjahren bieten.

Selbsttätiges Lernen macht Kinder glücklich

Frühkindliches Lernen findet dann statt, wenn das Kind selbst erkundet, handelt, erfährt, begreift – mit möglichst vielen beteiligten Sinnen und in emotionaler Sicherheit. Das frühkindliche Gehirn ist für das aktive Erkunden und Lernen geschaffen. Jedes vom Kind ausgehende aktive Erkunden, Lernen, Begreifen, Verstehen wird durch »Belohnungsmechanismen« unterstützt. Jeder Lernerfolg führt zu einem Glücksgefühl. Hirnforscher gehen von körpereigenen »Glücksdrogen« aus, die in Tierversuchen nachgewiesen werden konnten, und diese intrinsische Beglückung führe dazu, dass Kinder immer weiter verstehen und lernen möchten (Braun/Meier 2004). Dieser Belohnungsmechanismus funktioniert jedoch nur bei selbsttätigem Lernen und nicht bei passiver Wissensaufnahme. Frühkindliches Lernen unterscheidet sich vom erwachsenen Lernen dadurch, dass es ausschließlich von den unmittelbaren eigenen Erfahrungen, der eigenen Aktivität abhängt, während Schulkinder, Jugendliche und Erwachsene auch aus Erklärungen und Information oder Wissensvermittlung im herkömmlichen Sinne lernen können. Für Kinder jeden Alters gilt, dass mit den kognitiven Lernvorgängen auch Gefühle verbunden sind, die im günstigen Fall positiv sind, aber auch negativ sein können. Für die Frühpädagogik gilt es in besonderem Maße, für Erfolgs-(Glücks-)Erlebnisse zu sorgen, da frühes Lernen die Netzwerke des Gehirns in besonderer Weise im Hinblick auf eine langfristige Lernbereitschaft prägen kann (ebd. S. 508). Hirnforscher bezeichnen das Gehirn auch als Sozialorgan. Damit ist gemeint, dass Lernen und Entwicklung immer den Austausch und die emotionale Beziehung mit einem menschlichen Gegenüber, mit Erwachsenen und anderen Kindern braucht. Für die frühpädagogische Arbeit oder genauer gesagt, die Interaktion zwischen Erzieherin und Kind stellt sich damit auch die Frage nach der emotionalen Befindlichkeit der Fachkraft. Auch für sie sollte die Glückserfahrung des Kindes ein Glückerlebnis sein, spiegeln lernfreudige und engagierte Kinder doch die Qualität ihrer Arbeit wider.

5.3.1 Von der Exploration zum Spiel

In Kapitel 2 wurde der Zusammenhang zwischen Beziehungssicherheit und Explorationsverhalten dargestellt. Exploration wird dann möglich, wenn sich das Kind sicher fühlt, sich nicht auf die Suche nach Sicherheit zur Angstabwehr und Hilfe zur Gefühlsregulierung konzentrieren muss, sondern entspannt seinem Drang zur Wissensaneignung, seiner Neugier folgen kann. Exploration heißt im Rahmen der Eingewöhnung, sich mit der neuen Umgebung vertraut zu machen, mit den Dingen, den Menschen, dem Licht, dem Klima usw. – sich ein Bild von der nun größer gewordenen Welt zu machen. Zur Entwicklungsumgebung Familie ist die Entwicklungsumgebung Krippe oder Kita hinzugekommen. Aber auch nachdem das Kind sich eingelebt hat, bleibt die Exploration, also die forschende Haltung gegenüber Neuem und neuen Aspekten an bereits Bekanntem eine wichtige (Selbst-)Bildungsmethode der ersten Lebensjahre. Interessen werden geweckt, indem die Eigenschaften von Gegenständen und ihre Nutzungsmöglichkeiten erkundet werden, und auch die soziale Erkundung ist mit Explorationen verbunden. Wie reagiert ein anderes Kind, wenn ich es vorsichtig oder heftig berühre? Was für ältere Kinder und Erwachsene das Alltägliche ist, stellt für Kleinkinder das große Unbekannte dar. Dementsprechend ist die Exploration die typische Erkundungsstrategie der ersten Lebensjahre und sie bleibt eine lebenslange Strategie der Informationsbeschaffung.

Explorieren als zentrale Erkundungsstrategie

Exploration als Verhalten zur Informationsgewinnung lässt sich klar vom Spiel unterscheiden. Wenn ein Kleinkind einem neuen Objekt begegnet, wird dieses meist für einige Zeit intensiv untersucht: mit Blicken, mit dem Mund, mit den Händen. Es wird fallen gelassen, (von Erwachsenen) aufgehoben, erneut fallen gelassen – all das dient der Exploration. Es sind »Erkundungsexperimente« (Hauser 2013, S. 77), in denen Kinder fast alles daraufhin untersuchen, was man damit machen kann, was drinsteckt, was sie damit selbst bewirken können. Exploration entspringt dem Drang, sich Wissen anzueignen, zu verstehen.

Erst nach dem häufig vorsichtig zurückhaltenden Vorgehen bei der Exploration kann das Kind die – während der Exploration entdeckten – Eigenschaften eines Objektes als Grundlage für Spielinhalte einsetzen. Im ersten Lebensjahr ist Exploration häufiger als Spielen. Ungefähr mit zwölf Monaten kommen beide Aktivitäten etwa gleich häufig vor und ab 18 Monaten spielen Kinder häufiger, als dass sie explorieren (ausführlich dazu Hauser 2013, S. 76ff.). Die Exploration erweitert sich zum Funktionsspiel (ebd. S. 84ff.), in dem Kinder – häufig durch vielfache Wiederholungen deutliche Freude daran zeigen, selbst Objekte zu beeinflussen (z. B. sie zu bewegen). Die so erzielten Effekte sind für das

Kind Selbstwirksamkeitserfahrungen (vgl. Kap. 2.2), die zeigen: »Ich habe etwas verstanden, ich kann etwas«, bis die Vertrautheit mit Dingen und anderen Kindern Gestaltungs- und Konstruktionsspiele möglich macht. Nach dem zweiten Geburtstag entwickeln die meisten Kinder auch das Symbol- bzw. das Als-ob-Spiel. Sie beginnen, sich für Spielgegenstände und -handlungen neue Bedeutungen auszudenken (z. B. nasser Sand wird zu Kuchen) oder Gegenstände durch Worte zu ersetzen. Das Symbolspiel erweitert sich zum regelgeleiteten Rollenspiel, in dem die Kinder alleine oder gemeinsam mit anderen neuartige Rollen und Verhaltensweisen erproben und lernen, sich in andere hineinzuversetzen und einzufühlen (Kasten 2005; Friedrich 2008; Oerter 1993). Bis zur Mitte des zweiten Lebensjahres lernen Kinder durch Versuch und Irrtum, wie zum Beispiel verschieden große Dosen ineinandergesteckt werden können. Nach dem zweiten Geburtstag sind sie in der Lage, die Dosen durch gezielte Vergleiche richtig ineinanderzustecken (rationale Strategien). Diese Fähigkeit zu sehr einfachen rationalen Strategien und Problemlösung durch Einsicht beginnt schon im Laufe der zweiten Hälfte des zweiten Lebensjahres.

Bewegung erweitert den geistigen Spielraum

Mit der wachsenden Mobilität durch das Krabbeln und Laufen wachsen die Explorationsmöglichkeiten. Bewegung im Raum erweitert auch den geistigen Horizont und fördert neue Kompetenzen. Die grobmotorischen Aktivitäten wie Rennen, Sich-Jagen, Springen, Schaukeln entspringen ebenfalls der Lust am Können, dem Üben, dem Immer-besser-Werden und dienen der physischen und psychischen Gesundheit, dem Wohlergehen insgesamt. Auch das Toben und Raufen der etwas älteren Krippenkinder (überwiegend der Jungen) gehört dazu. Bei Erzieherinnen (weiblich) löst dies meistens Unsicherheit bzw. Sorge um die Sicherheit und schnelles Eingreifen aus. Hauser (2013, S. 89ff.) widmet sich diesem Thema ausführlich und gibt Hinweise zur Einschätzung, um gespielte Aggressionen von echten zu unterscheiden, z. B. ob die raufenden Jungen ein »Spielgesicht« zeigen. Bei Kindern im Krippenalter und jüngeren Kindergartenkindern sind die Fähigkeiten, Emotionen der Spielpartner zu »lesen«, jedoch erst wenig entwickelt, sodass spielerisches Raufen schnell in Aggression kippen kann. Eine aufmerksame Beobachtung ist zur Gewährleistung der Sicherheit absolut nötig, um den richtigen Zeitpunkt zum Eingreifen erkennen zu können.

Aufgabe der Träger und Fachkräfte: Bildungsprozesse in sicherem Rahmen gewährleisten

Es ist zunächst Aufgabe der Einrichtungsträger, die Sicherheit der Kinder zu gewährleisten, indem sie die Auflagen und Anforderungen der Unfallverhütungsvorschriften für Kinder in Tageseinrichtungen des jeweiligen Bundeslandes befolgen. Damit sind die Fachkräfte insofern entlastet, als die Sicherheit durch den baulichen Rahmen gegeben ist. Im pädagogischen Alltag ist es jedoch ihre Aufgabe, Kinder vor für sie nicht erkennbaren Gefahren, die zu Verletzungen und Unfällen führen können, zu schützen (Schad 2011). Dazu gehört z. B., ein Kind nie, auch nur für einen noch so kurzen Augenblick, auf dem Wickeltisch allein zu lassen.

Schutz und Freiraum gewähren

Die Forderung nach größtmöglicher Sicherheit ist jedoch stets abzuwägen mit dem Bedürfnis der Kinder nach einer anregungsreichen Umgebung, nach Freiräumen in der Alltagsgestaltung und im Hinblick auf ihr Recht, selbstbestimmt aktiv zu sein. Eine sichere Lernumgebung darf nicht durch eine starke Reglementierung, die die Erfahrungsmöglichkeiten von Mädchen und Jungen beschneidet, erkauft werden.

Bildung ist von Geburt an mit Körper- und Sinneserfahrungen verknüpft. Mit der wachsenden Bewegungsfähigkeit erschließen sich Säuglinge und Kleinkinder Räume und Materialien in einem ständig fließenden Erfahrungsprozess, in dem sie ihre Wahrnehmungs-, Koordinations-, und Reaktionsfähigkeiten entwickeln. Sie lernen, ihre Kompetenzen selber einzuschätzen, Gefahren zu erkennen und zu vermeiden. In diesem Prozess stolpern Kinder, fallen hin, schürfen sich die Haut auf und holen sich blaue Flecken. Für die eigene Sicherheit mit verantwortlich zu sein, ist somit ein Bildungsprozess. Kinder lernen durch die Einschätzung ihrer Kompetenzen und ihr wachsendes Können, sich selber zu schützen.

Dazu sind vielseitige Bewegungserfahrungen wichtig. Erwachsene, pädagogische Fachkräfte, aber auch Eltern, sollten Kinder ihrem Bewegungsdrang folgen lassen und sie nicht dabei unterbrechen. Wenn noch nicht Einjährige hinter einem rollenden Gegenstand herrobben und sich dabei sehr anstrengen, sollten Erwachsene ihnen nicht aus einem Hilfeimpuls heraus den Gegenstand reichen. Zweijährige, die versuchen, ein Spielzeug außerhalb ihrer Armlänge zu erreichen, sollten nicht hochgehoben werden, wenn sie nach einer Möglichkeit suchen, es selber zu schaffen. Kinder sollten auch nicht angefeuert werden, sich noch mehr anzustrengen, oder gelobt werden, wenn ihre Anstrengungen erfolgreich waren. Es dient ihrer Sicherheit, wenn sie lernen, wann und wie sie sich auf den eigenen Körper verlassen können und wann sie die Hilfe eines Erwachsenen oder eines älteren Kindes brauchen.

Die Achtsamkeit der pädagogischen Fachkräfte ist gefordert. Sie haben das Alltagsgeschehen und das Verhalten der Kinder im Auge. Sie üben ihre Aufsichtspflicht sorgfältig und umsichtig aus, ohne die Kinder mehr als notwendig einzuschränken (vgl. dazu Fuchs/Bayer.GUVV/Bayer.LUK/Unfallkasse Nord, o. J.).

5.3.2 Beobachtung und Imitation: eine wichtige Lernstrategie

Neugier entspringt nicht immer nur eigenen inneren Motiven. Das kindliche Interesse kann auch aktiviert werden, wenn Kinder Erwachsene im Umgang mit Objekten, Umgebungen und anderen Menschen beobachten. Dabei erfahren sie etwas über den Zusammenhang von Handlungen und Effekten (Siegler/Deloache/Eisenberg 2005, S. 279 f.). Durch die spielerische, nicht immer korrekte Nachahmung (Imitation) gewinnen Kinder nach und nach Einsichten in Ursachen und Wirkungen.

Imitation als Schritt zur Perspektivenübernahme

Schon Säuglinge verfügen über die Fähigkeit zu imitieren (vgl. Kap. 5.2.1). Wenn sie erleben, dass ihre Laute, ihre Mimik oder ihre Bewegungen bei ihrem Gegenüber ähnliches Verhalten auslöst, wird ihr Selbstbild bestätigt (d. h. auch imitierendes Verhalten betrifft die Beziehungsebene). Imitation ist kein mechanischer Vorgang des Nachmachens, sondern führt nach und nach auch dazu, sich in die Vorstellungen und Gefühle des anderen hineinzudenken – ein wichtiger Schritt auf dem Weg zur Fähigkeit der Perspektivenübernahme.

Spätestens ab dem zweiten Lebensjahr ist das gemeinsame Spiel mit anderen Kindern eine wichtige Quelle nicht nur für das Erlernen von Sozialverhalten, sondern auch für das Teilen und Weitergeben von Wissen sowie für das Einüben neuer Kompetenzen. Andere (ältere) Kinder nachzuahmen, sie zu imitieren, ist eine sehr erfolgreiche Strategie, um die Verständigung mit einem Spielpartner oder einer Spielpartnerin herzustellen und Interaktionen aufrechtzuerhalten. Imitation ist aber auch ein guter Weg, Problemlösungen zu finden. Das bedeutet nicht, dass die Imitation einfach eine bequeme Möglichkeit darstellt, ohne eigene Anstrengung ein Problem zu lösen. Die Intentionen des anderen Kindes müssen erkannt werden, um das eigene Handeln so planen zu können, dass der gewünschte Erfolg eintritt.

Imitation ist Lernen durch Beobachtung. Je jünger Kinder sind, desto überzeugter sind sie, dass das, was Erwachsene tun, in jedem Fall sinnvoll und erstrebenswert ist. Erziehung durch Vorbild gewinnt in der Arbeit mit Kindern in ihren imitationsfreudigen Lebensabschnitten eine besondere Bedeutung.

5.3.3 Beiläufiges und absichtsvolles Lernen

Lernen ohne bewusste Absicht

Jeder Mensch weiß vieles, das er nie bewusst gelernt hat. Lernen ohne bewusste Absicht wird in der entwicklungspsychologischen Forschung in zwei – nicht immer ganz leicht zu unterscheidenden – Varianten beschrieben: dem *impliziten* und dem *inzidentellen* Lernen. Beides steht im Gegensatz zum *expliziten* oder *intentionalen* Lernen, das bewusst und zielgerichtet erfolgt (nachfolgend zusammengefasst nach Oerter 2012).

Implizites Lernen

In der experimentellen Forschung wird implizites Lernen als nicht bewusst oder unbewusst gekennzeichnet. Das kleine Kind sieht sich einer komplexen Welt gegenüber, die chaotisch wirken müsste, gäbe es nicht Ordnungsprinzipien. Neben angeborenen Mechanismen (Kernwissen) muss das Kind durch implizites Lernen die Ordnung hinter der Komplexität herausfinden und speichern. Was bleibt konstant in der komplexen Reizvielfalt? Hierbei bringen schon Säuglinge Erstaunliches zuwege. Schon vier Tage nach der Geburt präferieren sie ihre

Muttersprache und können sie von einer hinreichend verschiedenen Fremdsprache unterscheiden.

Zum impliziten Lernen gehört auch der Aufbau von Interaktionsmustern zwischen Pflegepersonen und Kind. Spätestens mit acht Monaten unterscheiden Säuglinge zwischen bekannten und fremden Gesichtern, und sie wissen, dass Objekte auch außerhalb ihres Blickfelds existieren (Objektpermanenz). Die Entdeckung von Regelhaftigkeit und Invarianz (Unveränderlichkeit) hinter der Vielfalt der Erscheinungen ist eine Hauptaufgabe des impliziten Lernens. Prototyp dafür ist der Erwerb grammatikalischer Strukturen. Kinder lernen die Grammatik der Muttersprache implizit, nicht durch die Anwendung bewusst verfügbarer Regeln.

Implizites Lernen sorgt für Orientierung

In den Spielhandlungen der Kinder lässt sich das implizit Gelernte beobachten und darin zeigt sich laut Oerter, dass diese immer zugleich Formen der Lebensbewältigung darstellen. Im Spiel übertragen Kinder ihr implizites Wissen über Ordnung in der realen Welt auf Ordnung in ihrer fiktiven Welt. Implizites Lernen sorgt für Orientierung in einer komplexen Welt und führt zum Aufbau automatischer Reaktionen, die für zielgerichtetes Handeln benötigt werden, sodass z. B. nicht jedes Mal von Neuem überlegt werden muss, wie man sich am gemeinsamen Mittagstisch verhält.

Inzidentelles (beiläufiges) Lernen

Für den Begriff »inzidentelles Lernen« schlägt Oerter den deutschen Begriff »beiläufig« vor (2012, S. 390). Der Lerngewinn ist ein Nebenprodukt anderer Tätigkeiten. Der Ausdruck »spielend lernen« weist darauf hin, dass Lernen im Spiel scheinbar mühelos gelingt, eben nebenbei. Die Spielhandlungen des Kindes sind zwar auf Ziele gerichtet, das Lernen erfolgt jedoch beiläufig. Beispiele dafür sind die Entdeckungen und der Wissenserwerb von naturwissenschaftlichen Gesetzmäßigkeiten. Schon das explorierende Kleinkind erwirb physikalisches Wissen über die Objekte, mit denen es sich beschäftigt, zum Beispiel Eigenschaftsbegriffe wie hart, weich, biegsam, eckig, rund. Wenn das Kind einen Turm baut, lernt es etwas über statische Gesetze, wenn dieser einstürzt, etwas über Schwerkraft (vgl. dazu Niesel 2008a, S. 47 ff.). Wenn es mit einem Spielauto herumfährt oder wenn es größere Strecken geht, lernt es etwas über den Zusammenhang von Weg und Zeit, beim Umgang mit Gegenständen verschiedener Größe etwas über den Zusammenhang von Größe und Gewicht. Hierbei gilt: Das bewusste Handeln richtet sich auf etwas anderes als den Erwerb physikalischen, chemischen oder biologischen Wissens, ist also beiläufig. Ähnliches gilt auch für soziale Gesetze. Im Rollenspiel übt und erwirbt das Kind nicht nur soziale Kompetenzen, sondern auch Wissen über soziale Rollen, soziale Regeln und Konventionen. Im Gegensatz zum impliziten Lernen laufen inzidentelle Lernprozesse manchmal bewusst ab, wie z. B. die beiläufige, aber bewusste Erfahrung, dass beim Tischdecken die volle Schüssel ein anderes Gewicht hat als die leere und die volle Schüssel anders getragen muss.

Explizites oder intentionales Lernen

Beiläufiges Lernen steht im Gegensatz zum intentionalen Lernen, das bewusst und zielgerichtet erfolgt. Je weiter Kulturen menschliches Wissen vorangetrieben haben, desto mehr wurde intentionales Lernen mit dem Ergebnis eines expliziten Wissens notwendig. Für die Jüngsten in unserer Kultur gehören z. B. das Händewaschen vor dem Essen oder das Zähneputzen danach dazu. Implizites und inzidentelles Lernen finden in den ersten Lebensjahren jedoch immer und überall statt. Das gesamte Wissen und Verhalten wird durch diese Lernformen mitbestimmt (Oerter 2012). Beim Händewaschen vor dem Essen, das von Erwachsenen als zielgerichtetes Lernen eingeführt wird, genießen Kinder das Spiel mit dem Wasser, z. B. indem sie den Effekt des Spritzens beim von ihnen selbst aufgedrehten Wasserhahn (Lerneffekt) sehr spaßig finden.

Die Motivation ist entscheidend

Entscheidend für das intentionale, zielgerichtete Lernen ist die Stärke der Motivation, mit der sich der oder die Betreffende mit dem Material beschäftigt, wenn z. B. ein hoher Turm aus Bausteinen (wie vielleicht bei den Älteren beobachtet) gebaut werden soll, und die Schaffung der nötigen Stabilität des Fundaments erst nach vielen Einstürzen gelingt. Auch in einer solchen Situation ist das intentionale Lernen (zielgerichtet) mit beiläufigen und impliziten Elementen vermischt.

Spielende Kinder beschäftigen sich ausschließlich mit Dingen, die sie interessieren, vertiefen sich völlig in ihre Tätigkeit. Sie zeigen eine hohe Engagiertheit (Mayr/Ulich 2006) und lernen so mit großer Intensität und großem Erfolg.

5.3.4 Engagiertheit – entscheidend für den langfristigen Lernerfolg

Die Frage »Wie gut und wie gerne lernen die Kinder in unserer Kita?« lässt sich durch Beobachtung und Dokumentation (vgl. Kap. 6) beantworten. Der Ansatz zur Fokussierung auf die Engagiertheit von Kindern (Mayr/Ulich 2006) stellt die Perspektive des Kindes in den Mittelpunkt, lenkt den Blick auf seine Aktivitäten, auf seine aktuellen Erfahrungen und Lernprozesse. Leitfragen zur Engagiertheit sind:

- Wann sind Kinder ganz bei der Sache, also wann sind sie besonders engagiert?
- Wie reagieren sie auf bestimmte Angebote, welche Interessen haben sie?

Engagiert tätige Kinder stellen sich Herausforderungen

Auch wenn das Konzept der Engagiertheit für den Kindergartenbereich entwickelt wurde, so lassen sich die Leitgedanken auch auf das Krippenalter übertragen. Ein wesentlicher Bestandteil dieses Konzepts ist das Prinzip der individuell angemessenen Herausforderung: Eine Aufgabe darf weder zu schwierig (Überforderung/Hilflosigkeit) noch zu leicht sein (Unterforderung/Langeweile). Engagiert tätige Kinder gehen an die Grenzen ihrer Möglichkeiten, explorieren und entdecken und machen so intensive Lernerfahrungen, die sich in Entwicklungsfortschritten zeigen. Es geht somit um die Idee der aktiven, der tätigen Auseinandersetzung mit der Umwelt. Das Konzept ist nicht einseitig kognitiv ausgerichtet, sondern betont die Lust und Freude an der Bewältigung der Herausforderung. Engagiertheit bedeutet, dass sich ein Kind mit einer Sache in erster Linie um ihrer selbst willen beschäftigt und nicht, um Lob oder Anerkennung von anderen zu bekommen. Das Kind ist Initiator und Motor der Handlung und selbstbestimmt tätig. Mit anderen Worten: Das Erleben, d.h. das emotionale Empfinden von Kompetenz und Autonomie (vgl. Kap. 2.2), wird als wesentlich für die Motivation, sich an neuen Aufgaben zu versuchen, betont (Krapp 2005).

Engagiertheit lässt sich vor allem im kindlichen Spiel beobachten. Kinder spielen bis zu neun Stunden am Tag und vertiefen sich umso intensiver in ihre Aktivitäten, je jünger sie sind. Kinder unterscheiden – im Gegensatz zu Erwachsenen – nicht zwischen Spielen und Lernen, sondern begegnen der zu entdeckenden Welt auf spielend-lernende Weise (Pramling Samuelsson 2004). Engagiertheit im Spiel ist eine Voraussetzung für gelingende Bildungsprozesse. Sie kann durch gezielte Spielimpulse angeregt werden und erfordert förderliche Spiel- und Lernbedingungen: eine heitere Lernatmosphäre, ausreichend Zeit und Raum, vielseitige Materialien, Spiel- und Gesprächspartner, Anregungen für eigene und neue Projekte, Entscheidungsfreiheit und Ruhe (Haug-Schnabel/Bensel 2006). Beobachtung und Dokumentation (vgl. Kap. 6) mit dem Schwerpunkt »Engagiertheit des Kindes« liefern konkrete Anhaltspunkte für eine Reflexion des Angebots und für die Planung des pädagogischen Vorgehens. Der Fokus liegt dabei nicht darauf, was ein Kind schon kann oder können sollte, sondern wie es sich auf Aktivitäten einlässt, wie es seinen Interessen nachgeht, wie es aktuelle Lernchancen seiner Umgebung nutzt.

5.3.5 Spielen ist mehr als Lernen

Ein spielend-lernendes Kind konstruiert Sinnzusammenhänge, kommuniziert und interagiert, um das innere Bild seiner Welt zu entwickeln. Das kindliche Spiel ist von den Interessen des Kindes geleitet und ermöglicht ihm durch kreatives Tun vielfältige soziale, emotionale und kognitive Erfahrungen. Es ist eine freiwillige, selbstbestimmte Beschäftigung, die ihr Ziel in sich selbst hat und jederzeit vom Kind verändert werden kann. Spielerisches Lernen ist lustbetont und lehrreich zugleich – somit lassen sich in jedem Spiel lernrelevante Aspekte wie Konzentration, Kreativität und das »Denken in Möglichkeiten« entdecken (Pramling Samuelsson 2004).

Spielerisches Lernen ist lustbetont und lehrreich

Singer (2013) kritisiert Ansätze, die zu stark auf den pädagogischen Output des Spielens fokussieren, indem Fachkräfte sich »lehrerhaft« verhalten, das Spiel der Kinder für die von ihnen definierten pädagogischen Ziele instrumentalisieren und damit die Spielfreiheit der Kinder einschränken. Ein stark kognitiv orientierter Bildungsanspruch von frühester Kindheit an oder eine programmartige Umsetzung von Bildungsplänen können in diesem Sinne wirken. Dabei werde der wesentliche Wert des Spiels übersehen, nämlich die Freude und das Gefühl von Freiheit. Denn, so gibt Singer zu bedenken, auch junge Kinder leben nicht ausschließlich in der Welt des Spiels. Von Anfang an sind sie konfrontiert mit entwicklungsabhängigen Anforderungen – den Notwendigkeiten und Verpflichtungen ihres Tagesablaufs. Untersuchungen in englischen Tageseinrichtungen haben z. B. gezeigt, dass zwei- und dreijährige Kinder 60 unterschiedliche Regeln und Befehle (wie »Nein«, »Das darfst du nicht«, »Lass das« etc.) zu hören bekamen (ebd. S. 181).

Kinder begeben sich durch ihr Spiel auf eine Suche nach Sinn und eigener »Ganzheit« (Canning 2007). Im Spiel entwickeln sie ihr Selbstbild und probieren sich in unterschiedlichen Zusammenhängen aus. Spiel – auch wenn Kinder viel dabei lernen – ist an keine Bedingungen geknüpft. Es ist eine unbekümmerte Exploration der eigenen Fertigkeiten. Spiel, das Spielerische im Alltäglichen und Humor sind grundlegende Aspekte gelingender Frühpädagogik.

Spielen als Quelle und Ausdruck von Freude

Pädagogische Fachkräfte müssen wissen (und entsprechend handeln), dass die Ko-Konstruktion von Bedeutungen mit dem Spielerischen in der Erwachsenen-Kleinkind-Interaktion untrennbar verbunden sein sollte. Im Spiel – als Quelle gemeinsamer Freude und Kreativität – konstruieren Kinder und Erwachsene eine Welt, die sie miteinander teilen und in der Kinder ihre Erfahrungen mit der Realität modulieren. Das Spiel hilft, Machtunterschiede in der Beziehung zwischen Bezugsperson und Kind zu überwinden. Das ist nicht nur in »reinen« Spielsituationen wichtig, sondern gilt auch für die spielerischen Interaktionen während der Pflege- und anderen Alltagssituationen. Eine weitere Mahnung zur Sensibilität im Spiel mit Kindern bezieht sich auf die Vermeidung einer defizitorientierten Sicht- und Handlungsweise und unterstreicht die Bedeutung von Humor in der Frühpädagogik (Wragg 2013). Gute Erzieherinnen lächeln und lachen mit den Kindern, kommentieren spaßige Ereignisse, sodass Kinder das Vergnügen als etwas Gemeinschaftliches erleben können, und sie haben selber Spaß dabei. Sie empfinden Humor als förderliches Element in der Entwicklung von Kindern und setzen ihn ein, wenn sie z. B. auf Widersprüchlichkeiten hinweisen oder Konflikte entschärfen. Fachkräfte wirken so als Vorbild (Loizou 2004).

Eine heitere und ruhige Atmosphäre unterstützt die Initiative der Kinder, Neues auszuprobieren und sich auf ein intensives Spiel einzulassen. Störungen hingegen – oftmals auch durch das Einmischen von Erwachsenen – unterbrechen den Spielverlauf, beeinträchtigen die Entscheidungsfreiheit und können kindliche Engagiertheit verhindern.

Aufgaben der Fachkräfte

Fachkräfte haben die Aufgabe, eine anregungsreiche Umgebung zu schaffen, die die psychische und physische Gesundheit der Kinder schützt und fördert.

Um unterschiedliche Lernerfahrungen machen zu können, brauchen Kinder nicht nur zunehmend mehr Raum, sondern auch möglichst vielfältige Orte. Frei zugängliche und vielseitig bespielbare Materialien regen die Fantasie und Kreativität an. Spielen und Lernen sind Ausdruck verschiedener Variationen von Fantasie und Realität, gedanklicher Vorstellung und konkreter Situation und brauchen möglichst flexible Gestaltungsmöglichkeiten.

Bei jedem Jungen und bei jedem Mädchen richtet sich die Aufmerksamkeit auf die Qualität von Exploration, Einzelspiel und gemeinsamem Spiel.

Selbstwirksamkeit und Erfolge unterstützen

Kinder müssen mit guten Gefühlen spielen (lernen) können. Dazu tragen Erfahrungen der Selbstwirksamkeit ebenso bei wie die Sicherheit, angemessene Unterstützung zu erhalten, wenn unüberwindliche Schwierigkeiten auftreten. Dazu gehört auch, sich am Gelungenen gemeinsam zu freuen. Die Freude der Kinder spiegelt die gute pädagogische Arbeit der Fachkräfte und sollte bewusst wahrgenommen werden.

Den Kindern ist Zeit zur gründlichen Exploration zu lassen, damit sie Sicherheit gewinnen können. Dies fördert das sich entwickelnde Alleinspiel und verbessert auch das soziale Spiel. Auch soziale Begegnungen sind Explorations- oder Lernsituationen. Ihr Gelingen oder Misslingen zu besprechen, hilft Kindern, angemessene Reaktionen im sozialen Miteinander zu erlernen und zu entspanntem Miteinander im Spiel zu kommen (Hauser 2013).

Kinder brauchen altersgleiche und altersverschiedene Spiel- und Gesprächspartner (vgl. Kap. 4 und 7.3), um durch gemeinsames Erkunden, gegenseitige Beobachtung und Imitation die eigenen Grenzen zu erweitern und Gemeinsamkeiten, aber auch Unterschiede zu erleben. Die Rückmeldungen von Spielpartnern und Spielpartnerinnen unterstützen Mädchen und Jungen dabei, ihre eigene Identität zu entwickeln und soziale Kompetenzen zu erwerben. Die Gewichtung von Spielen und Lernen, von Lernen im Spiel und von Spielen ohne jeden pädagogischen Anspruch sind bewusst wahrzunehmen und im Einklang mit den Intentionen des Kindes zu unterstützen.

Fachkräfte sind Teil der Lernumgebung

Bildungsprogramme sollten dahin gehend überprüft werden, inwieweit sie das Recht des Kindes auf Bildung umsetzen, indem sie sich der Perspektive des Kindes in seinen Bildungsprozessen so weit wie möglich annähern (Sommer/Pramling Samuelson/Hundeide 2013). Pädagogische Fachkräfte gestalten nicht nur die Entwicklungsumgebung, sie sind ein Teil von ihr – der wichtigste. Nicht nur in der direkten Interaktion, sondern auch in ihrer Art, sich explorierend und fragend Materialien, Phänomenen der Natur, der Musik etc. zu nähern, ist jede von ihnen Vorbild.

Zusammenarbeit mit Eltern

Eltern haben unterschiedliche Erwartungen an Kindertageseinrichtungen. Die aktuellen Diskussionen über (möglichst) frühe Bildung und die Einführung der Bildungspläne mögen bei manchen Eltern den Wunsch nach stärker kognitiv ausgerichteten Bildungsimpulsen geweckt haben – auch und gerade für Kinder in den ersten drei Lebensjahren. Wenn Eltern z. B. Unzufriedenheit erkennen lassen, weil die Kinder »wieder nur gespielt haben«, müssen pädagogische Fachkräfte in der Lage sein, die Komplexität der z. B. naturwissenschaftlichen Erfahrungen in Erkundungsexperimenten mit Wasser oder Sand zu erklären. Dazu eignen sich kleine, selbst aufgenommene Videosequenzen oder Veröffentlichungen wie z. B. *Wach, neugierig, klug. Kompetente Erwachsene für Kinder unter drei. Filmszenen und Informationen zur Entwicklung von Kindern* (Niesel 2008).

5.4 Bildungsbegleitung im Dialog mit dem Kind

Voraussetzung für gelingende Entwicklung und Bildung in der Tagesbetreuung ist die Entwicklungsbegleitung durch die pädagogische Fachkraft: Sie gibt Unterstützung und vielfältige Impulse, hört aufmerksam zu und moderiert die kindliche Exploration, um die Lernbereitschaft und Aktivität der Kinder anzuregen und zu begleiten. Auf der Basis einer verlässlichen Beziehung stellt sie eine anregende Lernumgebung zur Verfügung – mit dem Ziel, jedem Kind individuelle und vielfältige Lernerfahrungen und den Erwerb neuen Wissens auch gemeinsam mit anderen zu ermöglichen. Grundlage für eine dialogische Haltung und die angemessene Gestaltung der Lernumgebung sind regelmäßige Beobachtungen, die Aufschluss über den Bildungs- und Entwicklungsstand jedes Kindes sowie seine Sichtweise der Welt geben (vgl. Kap. 6).

5.4.1 Kommunikation (fast) ohne Worte

Der wechselseitige Zusammenhang von Beziehungsqualität und Bildungsqualität gilt inzwischen national wie international als unbestritten (z. B. Becker-Stoll/Textor 2007; Siraj-Blatchford 2007). Insbesondere bei jüngeren Kindern sind pädagogische Fachkräfte herausgefordert, aus dem kindlichen Tun, der Mimik und Gestik sowie aus den lautlichen Äußerungen der Kinder auf ihre Gedanken und Gefühle zu schließen. Durch einen »Dialog ohne Worte«, in dem die pädagogische Fachkraft dem Kind und seinem Handeln aufmerksam folgt und in einer fragend-beobachtenden Weise antwortet, ist es möglich, die kindlichen Signale in den ersten Lebensmonaten ohne Wörter zu entschlüsseln (Freter 2004).

Kindliche Signale entschlüsseln

Die Gestik spielt im Dialog mit Kleinkindern eine besondere Rolle. Ungefähr mit zwölf Monaten setzen Kinder die Zeigegeste als Kommunikationsmittel ein. Bereits zuvor folgen sie dem Zeigen anderer Personen mit ihrem Blick. Tomasello (2009) betont, dass menschliche Gesten nicht als Ersatz oder Ergänzung zur verbalen Sprache verstanden werden sollten, sondern vollständige Kommunikationsakte darstellen. Sie haben sowohl auffordernden als auch informierenden Charakter. Besonders wichtig für die dialogischen Prozesse ist jedoch der Aspekt des Teilens von Erfahrungen und Gefühlen (ebd., S. 99). Tomasello kommt zu dem Schluss, dass das grundlegende Motiv für die Zeigegesten der Kinder nicht nur die Lenkung der Aufmerksamkeit eines anderen auf einen Bezugsgegenstand ist, sodass eine »geteilte Aufmerksamkeit« entsteht. Vielmehr geht es ihnen um eine »geteilte Intentionalität«, um die Herstellung des gemeinsamen Erlebens mit ihrem (erwachsenen) Gegenüber – Freude, Überraschung, Kummer, mit etwas vertraut sein –, sodass ein »gemeinsamer Hintergrund« geschaffen wird (vgl. ebd., S. 133ff.), der es ermöglicht, über die eigene egozentrische Perspektive hinaus auf die Welt zuzugehen und sich mit ihr auseinanderzusetzen. Das dialogische Miteinander bekommt so eine neue Qualität.

Pädagogik findet in wechselseitigen Beziehungen statt

Liegle (2013, S. 89ff.) überträgt den Gedanken eines gemeinsamen Hintergrunds auf die pädagogische Praxis und schreibt ihm den Status eines »Zwischen« zu. Damit ist gemeint, dass pädagogische Praxis in den wechselseitigen Beziehungen zwischen Personen (insbesondere zwischen Erwachsenen und Kindern) stattfindet sowie in deren gemeinsamer Bezugnahme auf Themen und Gegenstände, also auf Aspekte von »Weltwissen«. Zudem ist die Schaffung des gemeinsamen Hintergrunds Voraussetzung für die Erfahrung eines »Wirgefühls«, die Erfahrung von Verbundenheit und damit für das »Ich-Gefühl« (Identität) und Autonomie.

Neben dem Beziehungsaufbau durch Pflege, Zuwendung und Responsivität steht Kindern und ihren Bezugspersonen durch die Zeigegesten zu Beginn des zweiten Lebensjahres ein sehr wertvolles Kommunikationsmittel zur Verfügung. Gerade für die Interaktion zwischen Fachkräften und Kindern, die nach dem ersten Geburtstag in eine Krippe oder Kita kommen, sind die Zeigegesten eines Kindes ein wertvoller Beitrag für die Vertiefung einer Beziehung und damit für dialogische Bildungsprozesse. Ein Verständnis von Bildungsprozessen als dialogisches Geschehen führt direkt zum Konzept der Ko-Konstruktion (Fthenakis 2003).

5.4.2 Ko-Konstruktion: ein pädagogisches Prinzip

Das Prinzip »Ko-Konstruktion« (Fthenakis 2003; Liegle 2013) betont den sozialen Charakter von Bildungsprozessen und geht von Gleichrangigkeit und Gegenseitigkeit aus. In den Beziehungen zwischen Kindern und der Kinderkultur in Tageseinrichtungen (Corsaro 1997; Youniss

1994) liegt der Ursprung der Entwicklung des ko-konstruktiven Ansatzes (Bayerisches Staatsministerium für Arbeit und Sozialordnung/Staatsinstitut für Frühpädagogik 2010, S. 21 ff.). Mittlerweile werden als Ko-Konstruktion Prozesse bezeichnet, in denen Kinder miteinander und Kinder und Erwachsene gemeinsam Bedeutungen herausfinden, Dingen und Geschehnissen einen Sinn geben und das Weltbild weiter und komplexer werden lassen – eben gemeinsam konstruieren. Auch wenn die Erwachsenen mehr wissen und können, sind doch die Kinder Experten für ihre Sicht der Dinge. Schäfer (2008) schlägt für die praktische Arbeit vor: »[...] Kinder selbst zu hören, ihnen die Möglichkeit geben, uns in den Bildern, die wir uns von ihnen gemacht haben, irritieren zu lassen« (S. 138).

Der Erwachsene lernt mit

Die Konstruktionsleistung des Kindes wird am konsequentesten gewürdigt, wenn Pädagoginnen und Pädagogen sich selber als Ko-Konstrukteure in Bildungsprozessen des Kindes verstehen. Ein Leitbild, nach dem das Kind seine Lernprozesse eigenaktiv gestaltet, verändert die Rolle der Erwachsenen vom »Allwissenden« zum »Mit-Lernenden«. Erwachsene bieten nicht schnell die richtige Lösung an, sondern greifen unterstützend ein, wenn das Kind alleine nicht mehr weiterkommt, und sorgen für neue Impulse, um weitere Lernschritte anzuregen. Sie erkennen die tief gehenden Lerneffekte, die in den Lösungswegen der Kinder, die auch Umwege sein können, stecken. Erwachsene sind dann nicht mehr die alleinigen Experten. In dialogischen Prozessen zwischen dem Kind und der Fachkraft tragen beide zum Ziel des Lernens bei. Manchmal übernimmt die erwachsene Person die Führung, manchmal das Kind. Somit sind sowohl das Kind als auch die betreuende Person in gleicher Weise verantwortlich für das Ergebnis – sie sind Ko-Konstrukteure im Bildungsprozess (Sommer/Pramling Samuelsson/Hundeide 2013).

Kinder profitieren in dialogischen Prozessen auch von Erwachsenen, die als Vorbild wirken, indem diese selber ebenfalls Neugierde und Forschergeist zeigen und z. B., wenn sie eine Frage nicht sofort beantworten können, nicht darüber hinweggehen, sondern sich gemeinsam mit den Kindern sachkundig machen.

5.4.3 Perspektive des Kindes und Kindzentrierung

Im ko-konstruktiven Dialog begegnen sich die Perspektive des Kindes und die der pädagogischen Fachkraft, die versucht, die Welt mit den Augen des Kindes wahrzunehmen. Perspektive des Kindes meint, dass die Aufmerksamkeit des Erwachsenen auf das Verstehen des Kindes, dessen Wahrnehmungen und Erfahrungen gerichtet ist, die in nonverbalen und verbalen Äußerungen und Handlungen zum Ausdruck kommen. Trotz aller Bemühungen kann die Perspektive des Kindes immer nur eine Annäherung des Erwachsenen an das Erleben des Kindes sein (Sommer/Pramling Samuelson/Hundeide 2013).

Das Kind steht aktiv im Mittelpunkt

»Kindzentrierung« ist kein geschlossenes pädagogisches Konzept, sondern eine pädagogische Haltung, die mit verschiedenen pädagogischen Ansätzen kombiniert werden kann. Betrachtet man die Typologie frühpädagogischer Ansätze, so unterscheiden sich diese danach, wie strukturiert sie sind und wie viel Einfluss jeweils das Kind und die pädagogische Fachkraft auf das Bildungsgeschehen haben. Während ein strukturierter Ansatz in hohem Maße von der Erzieherin bestimmt wird und das Kind nur selten die Initiative ergreifen kann, gibt ein offener Ansatz zwar einen klaren pädagogischen Rahmen für die Exploration des Kindes vor, lässt dem Kind aber viel Freiheit, zwischen den angebotenen Lernumgebungen zu wählen (Siraj-Blatchford 2007). Der kindzentrierte Ansatz orientiert sich an den Bedürfnissen, Interessen und Aktivitäten des einzelnen Kindes. »Kindzentrierung ist also so etwas wie der Maßstab für ein pädagogisches Handeln, das auf Selbstbildung setzt, Kinder als Akteure wahr- und ernst nimmt, ihnen Entscheidungsfreiheit zubilligt und sie nicht über einen Kamm scheren, sondern sie in ihren individuellen Stärken stützen und in ihren individuellen Schwächen fördern will« (Henneberg et al. 2004, S. 45).

5.4.4 Anregungen für einen gelingenden Bildungsdialog

Der offene Dialog zwischen pädagogischer Fachkraft und Kind setzt voraus, dass

- sich das Kind sicher fühlt und seinem Gesprächspartner vertrauen kann
- das Kind sich in seinem »So-Sein« sowie mit seinen Fragen ange-

nommen fühlt und sich für seine Gedanken und Gefühle nicht rechtfertigen muss
- beide Dialogpartner bereit sind, sich vom anderen beeinflussen zu lassen, von seinen Ideen, Gefühlen und Sichtweisen zu lernen (Klein 2004).

Kinder lernen am besten in einem positiven emotionalen Klima und durch ein feinfühliges Antwortverhalten der Erwachsenen. Eine feinfühlige Erzieherin bringt ihr Interesse und ihre Wertschätzung für die Aktivitäten und Äußerungen des Kindes sprachlich (Tonfall, Wortwahl) und nonverbal (Gestik, Mimik, Körperhaltung) zum Ausdruck und greift die emotionalen Äußerungen und Stimmungen des Kindes auf (Remsperger 2008). Zum wertschätzenden und dialogischen Verhalten der Fachkraft gehören Fragen, die die forschend-fragende Haltung des Kindes unterstützen und den Bildungsdialog zwischen Kind und pädagogischer Fachkraft anregen.

Zum Einstieg in einen Bildungsdialog

Dialogische Fragen und Spiegeln

Erkundende Fragen vermitteln dem Kind die dialogische Haltung des Erwachsenen, ein Interesse an dem, was es ausdrücken möchte und die Bereitschaft, sich von seiner Sichtweise beeinflussen zu lassen. Klärendes Spiegeln kann je nach der Reaktion des Kindes einen Dialog auslösen, indem es sich weitere Gedanken über seine hinter der Frage stehenden Hypothesen macht bzw. diese erörtert. Dialogisches Fragen hat zum Ziel, das Kind und seine Weltsicht zu verstehen. Das Spiegeln ist eine besondere Form dialogischen Fragens, bei der die Aussage des Kindes leicht variiert fragend wiederholt wird, um sicherzustellen, dass man sich richtig verstanden hat und/oder um das Kind zu einer weitergehenden Aussage anzuregen. Dialogische Fragen sind abzugrenzen von Scheinfragen, die das Kind belehren wollen oder seine Frage abwerten.

Während eines Bildungsdialogs

Informationsfragen sind konkrete Fragen zu Formen, Strukturen, Maßen und Material von Objekten oder zum genauen Hergang einer Situation: Wer? Wann? Was? Wo? Weitergehend sind Fragen, die Aufmerksamkeit wecken und ein Staunen bewirken können: Woran erinnert mich das? Vergleichsfragen beziehen sich auf Ähnlichkeiten, Unterschiede und Zusammenhänge und entstehen durch Veränderungen,

Irritationen oder Beobachtungen. Handlungsfragen regen das Experimentieren an und führen zu neuen, unerwarteten Ergebnissen, die neuen Anlass für weiterführende Fragen geben: Was würde geschehen, wenn ...? Fragen, die Probleme aufwerfen, dienen der Überprüfung einer Hypothese: Was müsste ich tun, um ...?

Besser vermeiden

Warum-Fragen behindern den Dialog

Warum-Fragen behindern den Dialog, weil sie oft den Charakter von Ausfragen haben und häufig versteckte Vorwürfe oder Kritik enthalten: Warum hast du das gemacht? Meistens stellen sie für junge Kinder auch eine kognitive Überforderung dar. Geschlossene Fragen, die sich nur mit Ja oder Nein beantworten lassen, sind nicht forschend, sondern suchen oft nur nach richtigen oder falschen Antworten, schließen damit andere Lösungswege aus und bieten keinen Anreiz, das Gespräch fortzuführen (Klein/Vogt 2004, S. 204f).

Die sogenannten Alltagssituationen wie das Wickeln, die Mahlzeiten oder die Begrüßung am Morgen sind gute Möglichkeiten, Dialoge zu führen. Sie bieten Gelegenheiten für bewusst gestaltete Eins-zu-eins-Interaktionen (dyadische Interaktionen), die Nähe und Verbundenheit schaffen.

5.4.5 Mädchen und Jungen in Bildungsprozessen

Von Geburt an sind Kinder nicht nur Babys und später Kleinkinder, sondern auch Mädchen und Jungen. Kinder werden einer Kategorie zugeordnet. Kategorien sind hilfreich und nötig, um die vielen Sinneseindrücke, die fast ununterbrochen auf uns einwirken, zu ordnen. Schon in den ersten Monaten ihres Lebens beginnen Kinder selber damit, Kategorien zu bilden (vgl. Kap. 5.2.3). Sie unterscheiden Lebendiges von Leblosem, Menschen von Tieren, Erwachsene von Kindern und schließlich Jungen von Mädchen. Im Verlauf des dritten Lebensjahres verstehen die meisten Kinder, dass sie entweder zur Kategorie »Junge« oder »Mädchen« gehören. Damit beginnt die Identifizierung der Kriterien, die für die jeweilige Kategorie typisch sind. Vermeintliche Klarheit entsteht für junge Kinder zunächst nicht durch das biologische Geschlecht, sondern durch die äußere Erscheinung (Haarspange = Mädchen; Baseballkappe = Junge). So ist zu verstehen, dass plötzlich stereotype Verhaltensweisen und Vorlieben deutlicher hervortreten. Kinder konstruieren sich ihr Bild von einem »richtigen« Jungen bzw. einem »richtigen« Mädchen, sie bilden sich bezüglich ihres eigenen sozialen Geschlechts (Gender) und bezüglich der Geschlechtsunterschiede in ihren Entwicklungsumgebungen.

Die Konstruktion des sozialen Geschlechts läuft auch im Krippen- und Kita-Alltag immer mit, beim Spielen mit Puppen und Autos, beim Malen und Kneten, drinnen und draußen, beim Essen, beim Wickeln und auch dann, wenn Literacy oder Naturwissenschaften im Bildungsplan stehen. Pädagogische Fachkräfte üben durch die Gestaltung der pädagogischen Prozesse und der pädagogischen Umgebung Einfluss darauf aus, wie Kinder sich darin bilden, ein Mädchen oder ein Junge zu sein, nicht zuletzt durch ihre Wirkung als erwachsenes Vorbild.

Jungen werden in Beziehungen benachteiligt

Bildungsprozesse und Bildungserwerb hängen entscheidend davon ab, wie sie im Kontext von Beziehungen vermittelt werden. Entgegen der Überzeugung vieler Fachkräfte, alle Kinder gleich zu behandeln, haben Jungen jedoch eine geringere Chance, eine bindungsähnliche Beziehung zu einer Erzieherin aufzubauen als Mädchen. Ahnert und Gappa (2008) vertreten die Auffassung, dass eine der wesentlichen Ursachen für die z. Zt. diskutierten unterschiedlichen Bildungschancen für Mädchen und Jungen bereits in den unterschiedlichen Beziehungsqualitäten zu finden sei. Da Jungen geringere Chancen als Mädchen hätten, eine bindungsähnliche Beziehung zu einer Erzieherin aufzubauen (vgl. Kap. 3.4), könnten die Beziehungsaspekte »Explorationsunterstützung« (Ermutigung; Rückversicherung bei Unsicherheit und Angst) und »Assistenz« (Hilfe an den Grenzen der Handlungsfähigkeit eines Kindes) in Bildungsprozessen bei Jungen weniger nachhaltig wirken. Erzieherinnen reagieren auf das Verhalten der Jungen häufiger reglementierend und weniger an den Interessen der Jungen orientiert, was die Beziehungsqualität eher schwächt als stärkt. Die Autorinnen folgern daraus, dass die Gefahr besteht, dass die Erziehungs- und Lehrformate der pädagogischen Programme ihre Wirkung verfehlen und so der Bildungseinfluss vonseiten der (weiblichen) Erzieherinnen ausbleibt (Niesel 2008b; 2013).

Wenn Jungen und Mädchen wählen können, bevorzugen sie häufig gleichgeschlechtliche Spielpartner bzw. -partnerinnen. Mit dem Alter – zwischen zwei und vier Jahren – nimmt die Präferenz für Spielgefährten des gleichen Geschlechts zu. In der Ähnlichkeit der Spielinteressen liegt wahrscheinlich eine Ursache. In Mädchen- und Jungengruppen laufen geschlechtsspezifische Bildungsprogramme z. B. für Interaktionsformen, für Gruppenregeln und Sprachstile: eher konkurrenzbetont in Jungengruppen, eher kommunikativ und ausgleichend in Mädchengruppen bzw. Zweierbeziehungen (Maccoby 2000). Jungen und Mädchen brauchen gleichgeschlechtliche und altersähnliche Spielpartner- und partnerinnen, Freunde und Freundinnen für ihre soziale und emotionale Entwicklung. Sie müssen aber auch lernen können, ohne Geschlechterbarrieren miteinander zu spielen, zu streiten, zu reden und sich zu respektieren. Heute stehen Instrumente und Methoden zur Verfügung, die eine sachliche und fachlich fundierte Herangehensweise an eine geschlechtersensible Pädagogik unterstützen (www.gender-loops.eu/de). Kinder sind immer Mädchen oder Jungen und so ist die professionelle Neugierde, mit der beobachtet, zugehört und reflektiert wird, ein guter Anfang, Bildungsprozesse auch unter den Aspekt der Geschlechterdiversität zu verstehen (Rohrmann/Wanzeck-Sielert 2014).

Aufgaben der Fachkräfte

Geschlechterbewusste Pädagogik

Geschlechterbewusste Pädagogik wird nicht von heute auf morgen ein Qualitätsmerkmal in der Kindertagesbetreuung. Eine Auseinandersetzung mit geschlechterbezogenen Themen, pädagogischen Ansätzen und nicht zuletzt die Reflexion persönlicher Haltungen bilden einen fortlaufenden Prozess. Dafür müssen Träger ihren Fachkräften ausreichend Zeit und fachliche Begleitung z. B. durch (Team-)Fortbildungen und Supervision einräumen.

Nachfolgend einige Anregungen zur Selbstreflexion bzw. zur Diskussion im Team:

- Warum fragen wir im Anmeldebogen nach dem Geschlecht des Kindes?
- Ist geschlechtersensible Pädagogik für mich ein verbindlicher pädagogischer Auftrag oder eher ein persönliches Interesse?
- Hat bei uns jeder Junge / jedes Mädchen zu mindestens einer Erzieherin eine sicherheitsgebende Beziehung?

- Ich finde Jungen/Mädchen interessanter/anstrengender/einfacher …
- Welche Aussage trifft zu: »Wir richten uns in erster Linie nach den Interessen der Kinder« oder »Wir begleiten die Entwicklung der Selbstbilder von Jungen und Mädchen so, dass alle möglichst vielfältige Interessen entwickeln können«?
- Beim Wickeln von Jungen oder Mädchen mache ich bezüglich der Berührungen, der Zugewandtheit, der Sprache, der Dauer keinen Unterschied.
- Jungen und Mädchen erfahren bei uns eine zeitlich und qualitativ gleichwertige (positive oder negative) Zuwendung und Aufmerksamkeit.
- Für Mädchen und Jungen wird ein gleicher Zugang zu allen Materialien und Lernräumen (innen und außen) sichergestellt.
- Ich achte in Gesprächen mit Kindern darauf, Rollenklischees zu vermeiden und rede z. B. auch von Polizistinnen, Ärztinnen, Feuerwehrfrauen …
- In der Zusammenarbeit mit Eltern berücksichtigen wir die Situation von Müttern und Vätern, die von Vätern/Müttern mit Töchtern/Söhnen, von alleinerziehenden Müttern/Vätern, von Vätern und Vätern aus anderen Kulturkreisen mit unterschiedlichen Rollenverständnissen, Ängsten, Erziehungszielen …

5.5 Kinder stärken durch das Zusammenwirken von Kita und Eltern

Besonders für Kinder aus psychosozialen Risikokonstellationen wird die Tagesbetreuung häufig mit der Hoffnung verknüpft, dass Kitas Erfahrungsräume für potenziell positive, Gesundheit und Resilienz fördernde Beziehungs- und Sozialisationserfahrungen schaffen können. In der Tat sprechen Untersuchungen für die protektive Wirkung vorschulischer Bildungs-, Betreuungs- und Erziehungsangebote für Kinder aus »Risikokonstellationen« (Gawehn 2013, S. 364).

Ansätze und Konzepte zur Resilienzförderung wenden sich in der Regel an Kinder ab dem Kindergartenalter (Fröhlich-Gildhoff et al. 2007; Wustmann 2009). Als Ziele der Resilienzförderung werden genannt: die Stärkung von Selbstwahrnehmung, Selbstwirksamkeit und Selbststeuerung sowie von sozialen Kompetenzen. Hinzu kommen die Stärkung der Problemlösefähigkeiten sowie die Einübung wirkungsvoller Methoden zur Stressbewältigung (Fröhlich-Gildhoff et al. 2007). Einige dieser Ziele, wie z. B. die Schaffung und Unterstützung von Selbstwirksamkeitserfahrungen decken sich jedoch durchaus mit pädagogischen Leitmotiven für die ersten drei Lebensjahre – ein weiterer Hinweis darauf, dass die Grundsätze guter Pädagogik nicht in »unter drei« und »über drei« zu spalten sind.

Positive Beziehungserfahrungen tragen zur Resilienz bei

Positive Bildungserfahrungen gelten als eine soziale Ressource für die Resilienzförderung, die Stärkung psychischer Widerstandskraft. Ein wertschätzendes Klima, transparente, konsistente Strukturen, eine positive Verstärkung der Anstrengungsbereitschaft, Freundschaftsbeziehungen und positive Peerkontakte (vgl. Kap. 4) sowie die Förderung von Basiskompetenzen sind einige der Faktoren, die zur Resilienzentwicklung beitragen (Wustmann 2009).

Für eine realistische Einschätzung der Effekte von Tagesbetreuung sind jedoch folgende Zusammenhänge zu beachten: Es ist nicht davon auszugehen, dass ein Programm entwickelt werden kann, das, in Kitas durchgeführt, Kinder so stärkt, dass komplexe Problemlagen von Familien kompensiert werden können. Für die Beachtung der individuellen Lebensbedingungen ist vielmehr eine individualisierte, intensive und langfristige Begleitung angezeigt (Mayr 2000). Das bedeutet, dass nicht allein das Wirken von pädagogischen Fachkräften durch frühkindliche Bildungsprozesse in einer Kita ausschlaggebend ist, sondern dass die Lebensumwelt der Familie insgesamt gesehen werden muss. Die Verankerung in der Kommune oder die Vernetzung einer Kindertageseinrichtung mit anderen Sozialdiensten ist eine Möglichkeit. Die Umgestaltung bzw. die Öffnung von Kindertageseinrichtungen hin zu Eltern-Kind-Zentren oder Familienzentren (Roth 2014, S. 177 ff.) entspricht Konzepten, die die Bedürfnisse von Familien in einem größeren Zusammenhang sehen (Wertfein 2010; Graf/Walper 2010).

Studien belegen, dass Merkmale der Familie einen stärkeren Einfluss auf die kindliche Entwicklung haben als die der Kitas. So konnte zuletzt die aktuelle NUBBEK-Studie (Tietze et al. 2013) zeigen, dass sprachliche und kognitive Kompetenzen und auch die soziale Kompetenz stärker von der Familie als von der Kita beeinflusst werden. Diese Befunde sprechen aber keineswegs dafür, die Bildungsarbeit in den Kitas gering zu schätzen. Die Ergebnisse sind vielmehr als Hinweis darauf zu verstehen, dass deren Bildungskonzepte ihre Effekte in der Zusammenarbeit mit den Eltern vollständig entfalten. Für das Gelingen der Erziehungs- und Bildungsprozesse in der Kindertageseinrichtung – im Sinne einer Stärkung der Kompetenzen und der Persönlichkeit eines Kindes – ist die Partnerschaft mit den Eltern Voraussetzung.

5.5.1 Die Erzieherin als Vorbild

Die Wirkung einer qualitativ guten Pädagogik wird verkörpert durch die Persönlichkeit jeder einzelnen Fachkraft und das Zusammenwirken des Teams. Liegle (2013) sieht in der Identifizierung mit Vorbildern und deren Nachahmung die wahrscheinlich insgesamt »wichtigste und wirksamste Form des Lernens (2013, S. 134), die aus der »Teilhabe an gelebten Beziehungen« hervorgeht. Er betont, dass die Erfolg versprechende Aufforderung zur Bildung wesentlich im emotionalen Klima der Einrichtung und im Vorbildverhalten der Erzieherin liegt. Das gilt für alle Kinder, die Studienlage deutet jedoch auf eine besonders entwicklungsfördernde Kraft qualitativ guter Betreuung vor dem dritten Lebensjahr hin (Gawehn 2013). Kitas können für Kinder und Familien aus belasteten Kontexten Orte sein, an denen sie Sicherheit und Struktur erfahren und wertschätzende Bindungs- und Beziehungserfahrungen machen können (Wustmann 2011). Keinesfalls soll hier unterstellt werden, dass belastete Eltern immer »schlechte« Eltern sind. Mangelnde Ressourcen und kraftraubende Belastungen können jedoch dazu führen, dass sich ungünstige Beziehungsmuster in der Eltern-Kind-Interaktion verfestigen bzw. Eltern ihre Kinder weniger gut unterstützen können.

Kitas können belastete Kinder und Familien stärken

Im Prozess der frühen Betreuung, Bildung und Erziehung können Kinder und ihre Eltern positive Vorbilder in der Erzieherin-Kind-Interaktion erleben. Eltern erfahren zudem, z. B. während der Eingewöhnung, dass das Prinzip einer sicheren Basis Grundlage für Lernprozesse ist und dass das Erleben von Selbstwirksamkeit und Kompetenz eine große Bedeutung hat, um Alltagssituationen zu meistern. Pädagogische Fachkräfte wirken dann als Modelle für unterstützendes Erziehungsverhalten.

Eltern sind Vermittler zwischen Fachkraft und Kind

Eine Eingewöhnung des Kindes ist ohne die partnerschaftliche Zusammenarbeit mit seinen Eltern nicht denkbar. Eltern haben eine Vermittlungsfunktion (Ahnert 2010, S. 200ff.), die Kind und Erzieherin dabei unterstützt, eine Beziehung zueinander aufzubauen. Die Zusammenarbeit von pädagogischer Fachkraft und Eltern beginnt bereits bei den ersten Kontakten, wenn die Grundlagen für die Gestaltung des Übergangs besprochen werden und erste Einblicke in die familienergänzende Umwelt der Kindertageseinrichtung stattfinden. Eltern erleben diesen Übergang nicht nur als Unterstützer ihres Kindes, sondern sehr stark auch »in eigener Sache«. Wenn Eltern ihr noch junges Kind einer Kita anvertrauen, steht dies häufig auch im Zusammenhang mit ihrem eigenen Übergang zur Elternschaft. Sie sind noch dabei, sich in der Interaktion mit ihrem sich entwickelnden Kind selber als Mutter und Vater kennenzulernen. Es geht um die Erweiterung ihres Selbstbildes, nicht nur Eltern eines »Familienkindes« zu sein, sondern zudem Eltern eines Krippen- oder Kita-Kindes zu werden (Niesel/Griebel 2015; Griebel/Niesel 2015). Dazu gehört, dass Eltern die Bildungsarbeit der Kinderkrippe oder Kita nach und nach verstehen. Hilfreich hierbei ist Transparenz, die z. B. deutlich macht, was Spielen und Lernen gemeinsam haben oder welch hoher Bildungswert in Alltagssituationen steckt.

Ähnlich wie Beziehungsaufbau zwischen dem Kind und seiner Bezugserzieherin braucht auch die Beziehung zwischen Eltern und dem Fachpersonen Zeit, Input und Entwicklung. Letztendlich geht es darum, dass die Eltern sich mit »ihrer« Kinderkrippe oder »ihrer« Kita identifizieren, sich zugehörig fühlen und das auch dadurch zeigen, dass sie sich nicht nur für ihr Kind und ihre ganz persönlichen Belange einsetzen, sondern die Einrichtung als Ganze im Blick haben.

5.5.2 Herausforderungen und Potenziale in der Zusammenarbeit mit Eltern

Die Zusammenarbeit von Erzieherinnen der Kitas mit Eltern ist für eine qualitativ hochwertige Bildungs-, Betreuungs- und Erziehungsarbeit unverzichtbar, und zwar nicht zuletzt im Interesse der pädagogischen Fachkräfte. Die überholte Perspektive, die »Elternarbeit« eher als oftmals lästiges Anhängsel der Kita-Arbeit betrachtete, hat die Wechselwirkung zwischen guter Arbeit in der Kita und guten Beziehungen mit den Eltern übersehen: »Die Befassung mit und der Einsatz für gelingende Bildungs- und Erziehungspartnerschaften mit den Eltern wirkt sich förderlich auf viele Bereiche des pädagogischen Handelns aus und kann maßgeblich zur Entlastung in diesem anspruchsvollen Berufsalltag beitragen. Denn wer in Partnerschaft investiert, erhält in aller Regel etwas zurück« (Roth 2014, S. 12).

Eltern sind Experten für ihre Kinder

An die Stelle von »Elternarbeit« sind heute die Begriffe »Zusammenarbeit mit Eltern« oder der »Bildungs- und Erziehungspartnerschaft mit Eltern« getreten. Damit wird zum einen dem engen Zusammenhang Kita und Elternhaus für eine erfolgreiche pädagogische Arbeit Rechnung getragen und zum anderen eine respektvollere Haltung gegenüber den Eltern zum Ausdruck gebracht. Eltern als Experten für ihr Kind und pädagogische Fachkräfte als Expertinnen für die Kinder in der Kita begegnen sich auf Augenhöhe in vielfältigen Formen der Zusammenarbeit (Textor 2006; Roth 2010).

Auch in Bezug auf die Zusammenarbeit mit den Eltern wird die »Haltung« der pädagogischen Fachkräfte zu einem Kernelement guter Qualität gemacht. Im Sinne einer inklusiven pädagogischen Arbeit wird der Blick von der Heterogenität der Kinder auf die ebenso so große Heterogenität der Elterngruppe gelenkt. Roth (2014, S. 24 ff.) formuliert folgenden Katalog, der die Merkmale einer professionellen Haltung bündelt:

- eine respektvolle Haltung, die ein ehrliches Interesse am Gegenüber einschließt
- eine vorurteilsbewusste und nicht beurteilende Haltung, die sich eigene Vorurteile bewusst macht, um dann offener dem Anderssein des Gegenübers begegnen zu können (Niesel 2010; Wagner 2013)
- eine ressourcenorientierte Haltung, die auf die Stärken des Gegenübers setzt sowie

- eine dialogische Haltung, die aktives Zuhören und Wahrnehmen des Gegenübers in Wort und Körpersprache einschließt.

Das Ziel einer solchermaßen definierten professionellen Haltung liegt letztlich im Wohlergehen des Kindes. Erlebt ein Kind, dass seine Eltern respektiert werden, trägt dies dazu bei, dass es auch ein positives Bild von sich selbst entwickelt.

Positives Bild der Eltern und des Kindes

Voraussetzung für die Entwicklung und Praktizierung einer solchen professionellen Haltung ist die Bereitschaft zu »kontinuierlicher Selbstreflexion« (ebd. S. 35 ff.). Speziell für Fachkräfte, die mit Eltern arbeiten, die ihnen ihre Säuglinge und Kleinkinder anvertrauen, wird der Katalog um spezifische Themen erweitert, die sich mit persönlichen Einstellungen zur außerfamiliären Betreuung in den ersten drei Lebensjahren oder den Geschlechterrollen bzw. der Mutterrolle, also häufig stereotypisierten Vorannahmen, auseinandersetzen (Deutsches Jugendinstitut 2011). Gutknecht (2012, S. 108 ff.) betont ebenfalls die Besonderheiten der Interaktion mit Eltern sehr junger Kinder, die auch von erfahrenen Fachpersonen nicht selten als potenzielles Konfliktfeld erlebt wird und sie fügt einen weiteren Aspekt aus der Perspektive frühpädagogischer Fachkräfte hinzu: Da in Deutschland aktuell insbesondere Familien mit hohem Bildungsniveau und entsprechendem sozialen Background Krippen und Kitas für ihre Kleinkinder nutzen, erfahren Fachkräfte manchmal »in massiver Weise soziale Distanz« (ebd., S. 109), durch die sie sich herabgesetzt fühlten.

Insgesamt wird deutlich, dass es sich bei der Forderung nach einer Bildungs- und Erziehungspartnerschaft mit Eltern um eine hoch anspruchsvolle Aufgabe handelt. Curricula der Ausbildung und Weiterbildung sollten dahin gehend überprüft werden, ob sie neben dem Fachwissen und den Anregungen zur Selbstreflexion auch tragfähige Handlungskompetenzen für die Zusammenarbeit mit Eltern vermitteln.

Kindertageseinrichtungen gelten heute als erste Stufe des Bildungssystems. Eltern – ob akademisch gebildet oder mit geringer Schulbildung – erleben hier ihre erste Begegnung mit dem Bildungssystem. Gelingt es, sie für die Bildungsarbeit zu begeistern, werden sie beim nächsten Übergang, sei es in einen Kindergarten oder in die Grundschule, bereits das Gefühl dafür entwickelt haben, wie sie die Bildungslaufbahn ihres Kindes weiter begleiten können. Im Idealfall werden Kinder Eltern und Fachkräfte zu Ko-Konstrukteuren im Bildungs- und Erziehungsprozess.

Kommentierte Leseempfehlungen für Kapitel 5

Hauser, B. (2013). Spielen. Frühes Lernen in Familie, Krippe und Kindergarten. Stuttgart: Kohlhammer.

Eine intensive Auseinandersetzung mit Funktionen, Formen und Definitionen von Spiel vom Krippenalter bis ins frühe Schulalter. Die Bedeutung des Spiels für Lernprozesse steht im Mittelpunkt.

Roth, X. (2014). Handbuch Elternarbeit. Bildungs- und Erziehungspartnerschaft in der Kita. Freiburg im Breisgau: Herder.

Eine umfassende, praxisnahe Darstellung aller Themen rund um die Zusammenarbeit mit Eltern. An vielen Beispielen wird deutlich, dass eine Bildungs- und Erziehungspartnerschaft für Kinder unbedingt nötig und für Eltern und Fachkräfte ein großer Gewinn ist.

Leu, H. R. / von Behr, A. (Hrsg.) (2010). Forschung und Praxis der Frühpädagogik. Profiwissen für die Arbeit mit Kindern von 0–3 Jahren. München/Basel: Reinhardt.

In neun Beiträgen wird grundlegendes Fachwissen, z. B. zur Hirnentwicklung, zur Sprachentwicklung, zu sozial-kognitiven Kompetenzen und zum pro-sozialen Verhalten, in der frühen Kindheit vermittelt.

Verband katholischer Kindertageseinrichtungen Bayern e. V. (Hrsg.). (2015). Kleinstkinder in Achtsamkeit begleiten: Wie Interaktion und Dialog mit Kindern in den ersten drei Lebensjahren gelingen kann.

Die Praxishandreichung fasst zentrale frühpädagogische Erkenntnisse zusammen und veranschaulicht deren Bedeutung für gelingende Interaktionen im Kita-Alltag in Schrift und Bild

6 Von der Beobachtung zur Entwicklungsbegleitung

Die Grundlage für eine am Kind orientierte Entwicklungs- und Bildungsbegleitung ist das Beobachten. Durch die Beobachtung bekommt die pädagogische Fachkraft Einblick in das kindliche Lernen und seinen Entwicklungsverlauf. Nur so kann es ihr gelingen, Kinder besser zu verstehen, sie entwicklungsangemessen am Bildungsgeschehen zu beteiligen und dabei gezielt und professionell zu unterstützen. Beobachtung und Dokumentation gehören zum Handwerkszeug jeder pädagogischen Fachkraft – in Kindertageseinrichtungen und in der Tagespflege.

6.1 Beobachten, um Kinder besser zu verstehen

»Viele [erwachsene] Leute betrachten Kinderzeichnungen und sagen: ›Schon ganz gelungen. Man erkennt ziemlich gut, was dargestellt werden soll!‹ Darum allein geht es ihnen.« Für sie ist ein Bild »um so gelungener, je naturgetreuer es aussieht« (Stern 2008, S. 43). Kinder hingegen möchten sich frei ausdrücken und denken beim Malen oder Spielen nicht daran, irgendwelche Erwartungen oder einen bestimmten Zweck zu erfüllen. Ihnen geht es um das lustvolle Erleben, nicht um das Ergebnis ihres Handelns.

Kinder- und Erwachsenenwelt unterscheiden sich; nicht immer fällt es uns leicht, die Dinge aus kindlicher Perspektive zu betrachten. Professionelle Beobachtung ist ein Weg, um der kindlichen Sicht- und Denkweise näherzukommen. Schließlich macht alles, was ein Kind engagiert und mit Freude unternimmt, Sinn, auch dann, wenn Erwachsene diesen zunächst nicht entschlüsseln können (Viernickel/Völkel 2009). Alltagsbeobachtungen können dazu beitragen, wahrzunehmen, was Kinder gerne tun, wo sie sich gerne aufhalten und mit wem sie gerne spielen. »Wahrnehmende Beobachtung« ist darauf ausgerichtet, sich als Erwachsener mit dem Kind zu verständigen, immer wieder zurückhaltend und geduldig zu prüfen, ob die eigenen Vermutungen zutreffen und wie sie vom Kind beantwortet werden (Schäfer 2013). So kann die Fachkraft in verschiedenen Situationen wahrnehmen, was das Kind tut (individuelle Tätigkeiten), erkennen, was es denkt (individuelle Bedeutungen) und sich einfühlen in die Gefühls- und Erlebniswelt des Kindes (individuelle Beziehungen) (ebd.).

Beobachtung des kindlichen Spiels

Gut geeignet, um Bildungsprozesse zu verstehen, ist die Beobachtung des kindlichen Spiels. Wenn Kinder spielen, geht es ihnen nicht darum, ein bestimmtes Ergebnis zu erzielen, sondern um die Freude am Spiel an sich (vgl. Kap. 5.3.1). Beobachtung kann maßgeblich dazu beitragen, Bildungsprozesse entwicklungsangemessen und prozesshaft zu unterstützen. Ziel ist es, Kindern die notwendige Sicherheit und die Assistenz zu geben, damit sie möglichst selbstständig ihre Kompetenzen einsetzen und aus der eigenen Motivation heraus weiterentwickeln können. Gute Bildungsunterstützung gibt demnach eine Fachkraft dadurch, dass sie die kindlichen Ideen anerkennt, selbst eine Idee oder Frage einbringt und dann gespannt auf die nächste Idee oder weitere Fragen des Kindes wartet (Hauser 2013). Spielen braucht Zeit und eine entspannte Atmosphäre. Eine Fachkraft kann die Bildungsprozesse dadurch unterstützen, dass sie einen geschützten Rahmen zur Verfügung stellt und auf einen wertschätzenden Umgang mit und unter den Kindern achtet.

6.2 Bildungsprozesse beobachten und wertschätzen

Wenn eine Fachkraft ein Kind beobachtet, schenkt sie ihm ihre Aufmerksamkeit. Das Kind fühlt sich beachtet, ernst genommen und erfährt dadurch Wertschätzung. Prozessorientierte Beobachtungsverfahren, wie das Portfolio und die Bildungs- und Lerngeschichten (Leu et al. 2007), sind gut dazu geeignet, den Kindern nach der Beobachtung Rückmeldung zu geben und mit ihnen das Beobachtete zu teilen. Auf diese Weise erfährt sich das Kind als kompetenter Mensch, »der durch sein Lernen etwas bewirken kann« (Schneider 2011, S. 128). Der Dialog mit den Kindern über den veranschaulichten Bildungsprozess (z. B. anhand von Fotos oder Videos) kann zusätzlich dazu beitragen, dass die Fachkraft die Herangehensweise und die aktuellen Fragen jedes Kindes besser nachvollziehen und unterstützen kann. Dadurch kann sich ein gemeinsames Fragen und Suchen nach Antworten ergeben, was weitere spannende Prozesse des Forschens und Beobachtens in Gang bringt und hält.

Portfolio, Bildungs- und Lerngeschichten

In den Einrichtungen der Reggio Emilia, die den Begriff der Dokumentation für die pädagogische Arbeit geprägt haben, werden individuelle Portfolios (»Ich-Bücher«) erstellt (Ostermayer 2007). Sie setzen sich aus schriftlichen Beobachtungen der Fachkräfte, Fotos, kreativen Arbeiten der Kinder, Informationen der Eltern und Kommentaren der Kinder zusammen. Da Portfolios auch die pädagogische Arbeit in der Einrichtung dokumentieren, geraten Erzieherinnen leicht unter Druck, das pädagogische Geschehen und die kindliche Entwicklung – auch auf Kosten von sorgfältiger Beobachtung und Reflexion – möglichst lückenlos abzubilden (Hardenberg 2007). Bei der Erstellung von Portfolios geht es jedoch nicht darum, sämtliche Beobachtungsprotokolle und möglichst alle Arbeitsergebnisse der Kinder zu sammeln und abzuheften. Portfolios verfolgen vielmehr das Ziel, die Bedeutung von ausgewählten Ereignissen für die Biografie und Entwicklung des einzelnen Kindes aufzuzeigen und »sich an das anzunähern, was im Kind geschieht« (Steudel 2008, S. 190).

Um Fortschritte aus Sicht des Kindes und die Eindrücke der Erzieherin zu erfassen, empfiehlt sich die Erstellung eines kombinierten, kindorientierten Portfolios auf der Grundlage von Bildungs- und Lerngeschichten nach dem neuseeländischen Konzept von Margaret Carr (Leu et al. 2007). Auf diese Weise stehen nicht die Ergebnisse, sondern die Bildungs- und Lernprozesse selbst im Vordergrund der Dokumentation. Das gemeinsame Forschen von Erwachsenen und Kindern wird deutlich, denn das Portfolio ist ein »Instrument des Dialogs« (Klein

2008). Entscheidend ist die dialogische Grundhaltung und Feinfühligkeit der Fachkraft während des gesamten Bildungsprozesses, der sich in folgende fünf Stufen untergliedern lässt (Remsperger 2008): Zunächst beobachtet die Fachkraft ein Kind und nimmt seine gegenwärtigen Lernprozesse wahr (*noticing*). Darüber erkennt sie den Lernschritt des Kindes (*recognizing*). Im dritten Schritt reagiert die Erzieherin prompt auf das Kind und tritt mit ihm in einen Dialog über die Lernsituation (*responding*). Daraufhin hält die Fachkraft die Lerngeschichte möglichst mit dem Kind gemeinsam und aus dessen Perspektive fest (*recording*). Die Dokumentation der Lernsituation dient als Grundlage für weiterführende Gespräche und Diskussionen mit dem Kind, den Eltern oder dem pädagogischen Team (*revisiting*).

Brücke zwischen Kind, Fachkraft und Eltern

Das Portfolio stellt damit ein gemeinsames Arbeitsinstrument von Kindern und pädagogischen Fachkräften dar, das stetig weiterentwickelt und gleichzeitig zum »Brückenglied« für die Bildungs- und Erziehungspartnerschaft mit den Eltern wird (Leu et al. 2007). Die Portfolios sind Eigentum des Kindes, die ihm beim Übergang in eine Kita oder in die Schule ausgehändigt werden, um ihm und seinen Eltern den Übergang zu erleichtern und um eventuell in der neuen Umgebung fortgeführt zu werden.

Da Kinder in den ersten drei Lebensjahren noch nicht oder wenig differenziert mit Worten zum Ausdruck bringen können, was sie erforschen und gelernt haben, kommt es in besonderem Maße auf die genaue Beobachtung ihrer nichtsprachlichen Äußerungen und ein fundiertes Fachwissen über die Entwicklung und Bildung in der frühesten Kindheit an. Hilfreich für die Erstellung von Bildungs- und Lerngeschichten aus der kindlichen Perspektive ist die Fokussierung auf die Lerndispositionen, d.h. auf das Repertoire an beobachtbaren Lernstrategien und die Motivation der Kinder, sich mit einer Sache intensiv und ausdauernd zu beschäftigen. Blickrichtung und Körperhaltung spiegeln die Aufmerksamkeit für die Sache oder den Interaktionspartner. Auch Mimik und Gestik sowie Tonfall geben Aufschluss darüber, welche Gefühle das Kind bewegen (Wohlbefinden), ob es gerade in einer Tätigkeit versunken ist (Engagiertheit) oder die Aufmerksamkeit des Interaktionspartners gewinnen möchte. Auf diese Weise kann die Fachkraft selbst immer wieder prüfen, ob ihre »Pädagogik den individuellen Bildungsinteressen und -wegen der Kinder gerecht wird und das Lernen der Kinder schützt und unterstützt« (Schneider 2011, S. 127).

Lernaustausch mit dem Kind

Die Dokumentation des Austauschs mit dem Kind über sein Lernen muss bei Kindern in den ersten drei Lebensjahren sehr zeitnah und anschaulich erfolgen (Schneider 2011). Die Herausforderung für die Fachkräfte besteht darin, das Kind angemessen dabei zu unterstützen, das Dokumentierte und gerade Erlebte in Verbindung zu bringen. Je jünger die Kinder sind, desto wichtiger wird der unmittelbare Dialog während der Beobachtung. Diese freuen sich über »sprechende« Bilder und Wände. Schon mit einem Jahr sehen sie gerne ihr Portfolio durch oder zeigen auf ein Foto einer Wanddokumentation. »Kinder können mit Hilfe von Bildern etwas von sich und ihrem Leben berichten, was sie sonst noch nicht sagen können« (Schneider 2011, S. 136). Auf diese Weise trägt die an das Alter der Kinder angepasste Lerngeschichte dazu bei, dass auch jüngere Kinder an der Beobachtung und Dokumentation aktiv beteiligt werden. Die verschriftlichte Lerngeschichte, in der die Fachkraft in Briefform mitteilt, was sie berührt oder begeistert hat, wird erst mit der Zeit für die Kinder wichtiger und ist in frühen Jahren besonders für die Eltern bedeutsam (ebd.).

6.3 Beobachten, um Eltern teilhaben zu lassen

Wenn Kinder in der Kindertageseinrichtung lernen, sind ihre Eltern in der Regel nicht dabei. Auch neue Entwicklungsschritte, die oftmals in der Kita das erste Mal sichtbar werden, erfahren Eltern nur, wenn ihnen diese vom Kind oder von der Fachkraft mitgeteilt werden. Vor allem bei jüngeren Kindern spielt der Informationsfluss zwischen Fachkraft und Eltern eine wesentliche Rolle. Schließlich sind bei Fragen oder Unsicherheiten zur kindlichen Entwicklung die Fachkräfte oftmals die ersten Ansprechpartner. Andererseits verfügen die Eltern über monatelange Vorerfahrungen mit dem Kind im häuslichen Umfeld, die für die Fachkraft aufschlussreich sein können. Auf der Grundlage ihrer fachlich fundierten und reflektierten Beobachtungen kann die Fachkraft den Eltern Sicherheit und Fachwissen vermitteln. Sie kann den Eltern ganz individuell darüber berichten, was ihr Kind in der Kita gelernt hat, womit es sich am liebsten beschäftigt und mit wem es besonders oft spielt.

Auf diese Weise kann sie die Eltern dazu ermuntern, die Stärken ihres Kindes genauer zu sehen, eigene Beobachtungen zu machen, sich mit der Fachkraft darüber auszutauschen und die kindlichen Erfahrungen aus der Kita zu Hause aufzugreifen und weiterzuführen. Aus den Ergebnissen der Studie »Beobachtung und Erziehungspartnerschaft« (Viernickel 2009) wissen wir, wie sehr es auf den regelmäßigen Austausch zwischen Eltern und Kita-Fachkräften ankommt, damit Eltern von Anfang in die Bildungs- und Beobachtungsprozesse einbezogen werden können. Indem Eltern und Fachkraft den pädagogischen Alltag und Erfahrungen im häuslichen Umfeld miteinander teilen, können sie schnell eine Vertrauensbasis aufbauen und ihr jeweiliges Bild vom Kind reflektieren und vervollständigen (Heinze-Nießner 2007).

Das Bild des Kindes vervollständigen

Für den Austausch mit Eltern über kindliche Entwicklung, insbesondere die Gestaltung von Entwicklungsgesprächen gilt: Eltern sind vor allem an ihrem Kind interessiert und möchten nichts »Negatives« über ihr Kind hören. Dementsprechend sollte jede Bildungs- und Entwicklungsdokumentation drei Teile enthalten:

- anschauliche, verhaltensnahe Aussagen und Lerngeschichten, welche die Individualität des Kindes herausstellen
- ein mit dem Kind gemeinsame gestaltetes und damit für das Kind bedeutsames Portfolio
- eine Dokumentation über die Entwicklungsschritte, die das Kind in der letzten Zeit bewältigt hat (Strätz 2013).

Ist das Gespräch mit den Eltern an den Stärken und der gemeinsamen Unterstützung des Kindes ausgerichtet, wird die Beobachtung und Entwicklungsbegleitung leicht zur gemeinsamen Sache. Dies erleichtert es, auch Entwicklungshürden oder -unsicherheiten zu thematisieren und gemeinsam nach Lösungen zu suchen.

6.4 Beobachten, um die Entwicklung optimal zu unterstützen

Beobachtungen in Kindertageseinrichtungen werden durchgeführt, um sie mit anderen – mit Eltern, im Team oder mit Fachdiensten – zu teilen. Durch Beobachtungen in verschiedenen Kontexten (z. B. Familie, Kita) kommen einerseits unterschiedliche Perspektiven, andererseits unterschiedliche Zugänge (Alltagsbeobachtung, systematische Beobachtung) zusammen. Regelmäßige und strukturierte Beobachtung ermöglicht der Fachkraft, die Fähigkeiten und Potenziale eines Kindes systematisch zu erfassen. Da Beobachtung immer auch von den Erwartungen des Beobachters beeinflusst wird, können strukturierte Beobachtungsverfahren helfen, auch Unerwartetes zu entdecken, allen Entwicklungsbereichen und jedem Kind Aufmerksamkeit gleichermaßen zu schenken.

Gemeinsame Entwicklungsbegleitung

Fachkräfte können mithilfe ihrer Alltagsbeobachtungen und sogenannter Screeningverfahren frühzeitig wichtige Hinweise sammeln, ob und in welchen Situationen sich ein Kind auffällig verhält. Kommen mindestens zwei Fachkräfte zu dem Schluss, dass ein Kind Entwicklungs- oder Verhaltensauffälligkeiten zeigt und Handlungsbedarf besteht, muss im Team abgewogen werden, ob die pädagogischen Möglichkeiten in der Einrichtung ausreichend sind und welche zusätzlichen Maßnahmen die Eltern im häuslichen Umfeld treffen können. Darüber hinaus sollte geprüft werden, inwiefern eine weitere diagnostische Abklärung durch einen Arzt, einen Psychologen oder bei einer Frühförder- oder Erziehungsberatungsstelle angezeigt ist und den Eltern empfohlen werden sollte (Mayr 2008). Entscheidend für eine gemeinsame Entwicklungsbegleitung des Kindes ist es, dass die Erfahrungen in der Familie, der Kindertageseinrichtungen und weiterer Institutionen regelmäßig zusammengetragen und ausgetauscht werden.

Worauf ist bei der Wahl des Screeningverfahrens zu achten? Um im Kita-Alltag einsetzbar zu sein, sollten Screeningverfahren nicht zu aufwendig, dabei möglichst genau und breit angelegt sein, d. h. möglichst verschiedene Verhaltens- und Entwicklungsbereiche sowie relevante Umweltfaktoren erfassen. Das Screening sollte möglichst genau zwischen auffälligen und nicht entwicklungsgefährdeten Kindern unterscheiden (Mayr 2008). Für den Altersbereich der ersten drei Lebensjahre gibt es bislang nur wenige bereits etablierte bzw. wissenschaftlich überprüfte systematische Beobachtungsverfahren.

In der nachfolgenden Tabelle sind systematische, stark strukturierte Beobachtungs- bzw. Screeningverfahren zusammengestellt, die für Kinder in den ersten drei Lebensjahren entwickelt wurden. Die Grenzsteine der Entwicklung (Laewen o. J.) und das Screeningverfahren EBD 3–48 (Petermann/Petermann/Koglin 2008) dienen der Beobachtung und Dokumentation von kindlichen Entwicklungsverläufen – vor allem im

Sinne der Früherkennung von Entwicklungsgefährdungen. Kuno Bellers Entwicklungstabelle (Beller/Beller 2005) und das MONDEY Programm (Pauen 2011) fokussieren auf die Kompetenzen und beobachtbaren Fertigkeiten von Kindern, um den Entwicklungsstand des einzelnen Kindes zu erfassen und Bildungsangebote und Lerngelegenheiten gezielt darauf abzustimmen. Alle dargestellten Verfahren orientieren sich an Altersnormen.

6.5 Aufgaben und Herausforderungen für Fachkräfte

Beobachtung und Dokumentation sind notwendig, um Bildungsprozesse wahrzunehmen und festzuhalten und um den aktuellen Entwicklungsstand jedes Kindes möglichst genau zu (er-)kennen. Diese Informationen braucht jede Fachkraft, um in einer Weise pädagogisch zu handeln, dass jedes Kind sein Entwicklungspotenzial nutzen kann (Strätz 2013).

Grundsätzlich lassen sich drei verschiedene Blickwinkel von Beobachtung unterscheiden:

- Beobachtung der *kindlichen (Selbst-)Bildungsprozesse* (Wie, womit und mit wem spielt und lernt ein Kind?), der Lernbereitschaft und der individuellen Interessen sowie der sozialen Bezüge zu anderen Kindern und Bezugspersonen
- Beobachtung des *individuellen Entwicklungsstandes bzw. des Entwicklungsverlaufs* (Bewältigung von Entwicklungsaufgaben, Übergängen) und der *individuellen Kompetenzen* (Welche Entwicklungsschritte macht ein Kind gerade?)
- Spezifische Beobachtung und *Erstellung von Entwicklungsprofilen* zur Früherkennung und Prävention von Entwicklungsverzögerungen im Vergleich zu den Gleichaltrigen (Wie können wir die Entwicklung eines Kindes noch besser unterstützen?).

Beobachtung ist eine anspruchsvolle Aufgabe

Professionelle Beobachtung und Dokumentation sind anspruchsvoll und für die Fachkräfte mit vielfältigen Aufgaben und Kompetenzanforderungen verbunden:

- Jede Fachkraft ist herausgefordert, vorurteilsbewusst und wertschätzend zu beobachten und zu dokumentieren.

Methoden	Grenzsteine der Entwicklung (Laewen)	Screeningverfahren EBD 3–48 (Petermann, Petermann/Koglin)
Art der Beobachtung	Ergebnisorientiert, systematisch, vorgegebene Fragen	Ergebnisorientiert, systematisch, in vorgegebenen Situationen
Ziele	Früherkennung von Entwicklungsbeeinträchtigungen	Erfassung des Entwicklungsstandes, Früherkennung von Entwicklungsverzögerungen
Orientierung	Kompetenzen und Entwicklungsabweichungen/Defizite	Defizite/Abweichungen kindlicher Entwicklung
Bereiche	► Spracherwerb ► Körpermotorik ► Handmotorik ► kognitive Entwicklung ► soziale Kompetenz ► emotionale Kompetenz	► Sprache ► Haltungs- und Bewegungssteuerung ► Fein- und Visuomotorik ► kognitive Entwicklung ► soziale Entwicklung ► emotionale Entwicklung
Altersspanne	3 bis 72 Monate	3 bis 48 Monate
Klassifikation	Auffällig/unauffällig	Unauffällig, grenzwertig, auffällig
Vorteile	Ökonomisches Verfahren durch Tabellenform, Einschätzbögen sind leicht zugänglich (Internet)	Objektives Verfahren, hohe Vergleichbarkeit
Nachteile	Weicht ein Kind in einem Bereich von einem Grenzstein ab, gilt es als auffällig – Gefahr der Stigmatisierung	Verfahren erfordert zusätzlichen Aufwand; Gefahr der Wahrnehmungsverzerrung hinsichtlich der Defizite; Gefahr der Stigmatisierung entwicklungsverzögerter Kinder

Tabelle 6.1: Beobachtungsmethoden für Kinder in den ersten drei Lebensjahren im Überblick

Kuno Bellers Entwicklungstabelle (Beller/Beller)	MONDEY (Pauen)
Verhaltensorientiert, systematisch, aktive Beobachtung im Alltag	Verhaltensorientiert, systematisch, aktive Beobachtung im Alltag
Erfassung kindlicher Kompetenzen (Entwicklungsprofil)	Bestandsaufnahme (Schritt1), kontinuierliche Entwicklungsdokumentation (Schritt 2)
Kompetenzprofil	Alltagskompetenzen
► Selbstständigkeit in Körperpflege ► Umwelterfassung ► sozial-emotionale Entwicklung ► Spieltätigkeit ► Sprachentwicklung ► Kognition ► Feinmotorik ► Grobmotorik	► Grobmotorik ► Feinmotorik ► Wahrnehmung ► Denken ► Sprache ► soziale Beziehungen ► Selbstregulation ► Gefühle
12 bis ca. 72 Monate	bis 36 Monate
Voll kompetent (»tut es«), teilweise kompetent (»tut es teilweise«), noch nicht kompetent (»tut es nicht«)	Beobachtung wird festgehalten (Tagebuch) und markiert (Kurzskala)
Verfahren ist im Kita-Alltag anwendbar, differenzierter Blick auf das Kind und seine aktuellen Kompetenzen	Differenziertes, kompetenzorientiertes Verfahren, Selbstschulung mit ausführlichem Entwicklungstagebuch, Kurzskala im Internet verfügbar
Messung ist aufwendig und abhängig von (zufälligen) Alltagsbedingungen und der Motivation des Kindes zum Zeitpunkt der Beobachtung	Großer Umfang (111 Meilensteine)

- Jede Fachkraft sollte ihre Beobachtungen regelmäßig im Team reflektieren und mit den Eltern teilen und dabei eine systemische Perspektive einnehmen (Jeder Blickwinkel ist ein wichtiger Beitrag).
- Jede Fachkraft sollte bereit sein, die Kinder an der Bildungsdokumentation aktiv zu beteiligen.
- Jede Fachkraft sollte mindestens ein Entwicklungsscreening kennen und souverän anwenden bzw. erläutern können.
- Jede Fachkraft sollte die Grenze zwischen Entwicklungsscreening (Kita) und spezifischer Diagnostik (extern) kennen und vertreten.

6.6 Voraussetzungen für professionelle Beobachtung und Dokumentation

Beobachtung braucht Zeit

Beobachtungen sind nur dann nachhaltig von pädagogischem Nutzen, wenn sie nicht nur punktuell oder zufällig erfolgen, sondern regelmäßig und systematisch durchgeführt werden. Das kann in unterschiedlichen Situationen geschehen – während des Freispiels, in Alltagssituationen, bei angeleiteten Aktivitäten, wenn ein Kind alleine oder wenn es gemeinsam mit anderen beschäftigt ist. Entscheidend ist, dass in der Organisation des Tagesablaufs und der personellen Ressourcen Beobachtungseinheiten verlässlich als fester Bestandteil der pädagogischen Arbeit eingeplant werden. Beobachtung braucht Zeit und die volle Aufmerksamkeit des Beobachters und sollte daher nicht unter Zeitdruck (z. B. kurz vor dem Gespräch mit den Eltern) oder in einer angespannten Situation (z. B. nach einem Konflikt) stattfinden.

In der pädagogischen Praxis von Kindertageseinrichtungen hat sich die sogenannte »nicht-teilnehmende Beobachtung« bewährt. Das bedeutet: Die Beobachterin klinkt sich aus dem Geschehen aus, greift auch nicht spontan ein, sondern konzentriert sich für einen bestimmten Zeitraum ausschließlich auf ihre Beobachtung und Aufzeichnung. Festgehalten werden neben Daten wie Datum, Uhrzeit, Name des Kindes auch eine kurze Kontextbeschreibung und Vermerke, die zum Verstehen des Verhaltens eines Kindes beitragen (z. B. eine gerade überstandene Erkrankung oder die Abwesenheit der besten Freundin). Das klassische Vorgehen mit Stift und Papier sowie das Arbeiten mit Fotos hat ganz pragmatische arbeitsökonomische Vorteile. Im Vergleich dazu ist beim Vorgehen mit der Videokamera die Gefahr groß, dass sich ungenutztes Material anhäuft, weil für die Auswertung die zweite Person und die zusätzliche Zeit fehlen (vgl. dazu ausführlich Bensel/Haug-Schnabel 2005).

Da die Wahrnehmungsfähigkeit des Beobachters beschränkt ist und mit der Zeit die Aufmerksamkeit nachlässt, wird professionelle Beobachtung in einem sinnvollen Zeitrahmen geplant. Eine Beobachtungsdauer von zehn bis 15 Minuten sollte in der Regel nicht überschritten werden. Bei ungeübten Beobachtern kann es sinnvoll sein, mehrere fünfminütige Beobachtungen konzentriert durchzuführen und detailliert zu dokumentieren. Die Dauer der Beobachtung hängt nicht nur von der Person des Beobachters ab, sondern auch vom Beobachtungsanlass (Fragestellung) und der aktuellen Situation. Beobachtungen sollten möglichst parallel oder gleich im Anschluss der Situation notiert werden. Je länger der zeitliche Abstand zur eigentlichen Beobachtung ist, desto ungenauer fällt die Dokumentation aus (Viernickel/Völkel 2009).

Beobachtung ist eine Teamleistung

»Beobachten ist eine respektvolle und aufmerksame Zuwendung, die Zeit und Absicht voraussetzt. (…) Der schnelle Blick taugt nicht als Instrument des Verstehens« (Kazemi-Veisari 2004, S. 50). Deshalb müssen in jeder Einrichtung Beobachtungszeiten für jede Fachkraft zur Verfügung stehen. In dieser Zeit verlässt die pädagogische Fachkraft ihre sonstige Rolle, ist für Gruppe und Kolleginnen keine Ansprechpartnerin und richtet ihre Aufmerksamkeit vollständig auf das zu beobachtende Kind (Viernickel/Völkel 2009). Die sonstigen Aufgaben der pädagogischen Fachkraft werden von anderen übernommen. Dies erfordert eine einrichtungsübergreifende und systematische Zeitplanung mit festen Absprachen und die Bereitschaft jeder Fachkraft, ihre Aufgaben und »ihre« Kinder an andere abzugeben. Auch die Kinder werden informiert, was in den Beobachtungszeiten geschieht und welche Regeln dann für den gegenseitigen Umgang gelten. Wenn die Kinder wissen, warum die Beobachterin in ihrer Nähe sitzt, sich Notizen macht und dabei nicht gestört werden will, fördert dies das kindliche Vertrauen und Verständnis (Kazemi-Veisari 2004). Über die geplanten und vorbereiteten Beobachtungszeiten hinaus sollte jede pädagogische Fachkraft sich auch »zwischendurch« und spontan Zeit für wichtige Augenblicke im Bildungs- und Gruppengeschehen nehmen können. Schließlich sind Beobachtung und Dokumentation die wesentliche Grundlage für kindorientierte Pädagogik und die Begründung pädagogisch sinnvollen Handelns.

Umgang mit Beobachtungsdaten

Im Umgang mit den gesammelten Beobachtungsdaten ist darauf zu achten, dass diese Eigentum von Kind und Eltern sind. Grundsätzlich müssen Eltern über alle Datenerhebungen im Zusammenhang mit ihren Kindern und ihrer Verwendung informiert werden (z. B. in der Konzeption, im Aufnahmegespräch). Personenbezogene oder personenbeziehbare Daten sind in jeder Kindertageseinrichtung grundsätzlich im Sinne des Datenschutzes zu behandeln und zu verwahren. Dies gilt insbesondere für Informationen über Krankheiten, Leistungen und defizitäres Verhalten des Kindes (Gartinger 2009) und die Weitergabe von Beobachtungsdaten an Dritte (z. B. externe Fachdienste). Beim Übergang in eine andere Einrichtung bekommt jedes Kind sein Portfolio ausgehändigt. Auf diese Weise hat es nicht nur eine Erinnerung an seine Zeit in der Kinderkrippe oder Tagespflege, sondern auch etwas als »Referenz« darüber, was es schon gelernt hat und kann.

Kommentierte Literaturempfehlungen zu Kapitel 6

Gartinger, S. (2009). Früheste Beobachtung und Dokumentation. Bildungsarbeit mit Kleinstkindern. Troisdorf: Bildungsverlag EINS.

Ziel des Buches ist es, Fachkräften zu zeigen, wie Beobachtung und Dokumentation mit Kindern in den ersten drei Lebensjahren gelingen können. Die praxisorientierte Arbeitshilfe kann zur persönlichen Fortbildung und zur Reflexion im Team genutzt werden. Der konkreten Umsetzung im Praxisalltag, der Auswertung von Beobachtungsergebnissen und ihren Konsequenzen für das pädagogische Handeln und seine theoriegeleitete Begründung wird viel Raum gegeben.

Viernickel, S. / Völkel, P. (2009). Beobachten und dokumentieren im pädagogischen Alltag (5. Aufl.). Freiburg im Breisgau: Herder.

Dieses Buch zeigt, wie Erwachsene durch systematisch Beobachtung und Dokumentation Kinder noch besser oder vielleicht ganz anders kennenlernen können. Kernstück dieses Praxisleitfadens sind fünfzehn systematische Beobachtungsverfahren, u. a. die Leuvener Engagiertheitsskala, die Bildungs- und Lerngeschichten, die Beller Entwicklungstabelle sowie die Grenzsteine der Entwicklung.

7 Ein- und Zweijährige in Gruppen mit erweiterter Altersmischung

Der Ausbau der Kitaplätze für Kinder in den ersten drei Lebensjahren hat dazu geführt, dass viele Kindergärten, die bis dahin mit der – seit den 1970er Jahren in Deutschland üblichen – Altersmischung von drei bis sechs Jahren gearbeitet haben, »nach unten« geöffnet wurden, also nun auch Kindern aufnehmen, die das dritte Lebensjahr noch nicht vollendet haben. Die Ergebnisse der Nationalen Untersuchung zur Bildung, Betreuung und Erziehung in der frühen Kindheit (NUBBEK) (Tietze/Becker-Stoll/Bensel et al. 2013) zeigen jedoch ein wenig erfreuliches Bild (vgl. Kap. 1.4): Zweijährige Kinder in altersgemischten Gruppen erfahren den Ergebnissen zufolge eine niedrigere Prozessqualität als die Kinder, die in altershomogenen Kindergarten- oder Krippengruppen betreut werden. Unter Prozessqualität wird auch die Interaktionsqualität verstanden, die Kinder in ihrer Kita erleben. Sie ist für das Wohlergehen der Kinder maßgeblich verantwortlich und beeinflusst die Entwicklung der Sprache, der Kognition, der Motorik, der Alltagsfertigkeiten und die sozial-emotionale Entwicklung. Bei den Studienergebnissen handelt es sich um Gruppendurchschnittswerte, d. h., in Einzelfällen kann die Qualität besser sein. Die Befunde geben jedoch Anlass zur Sorge und legen sehr eindrücklich nahe, im Interesse der Kinder, aber auch des Fachpersonals, den mit einer erweiterten Altersmischung arbeitenden Einrichtungen besondere Aufmerksamkeit zu widmen. Es wäre unfair, die Verantwortung für den schlechten Durchschnittswert allein bei den Fachkräften zu suchen. Die Ursachen liegen nicht zuletzt am schlecht vorbereiteten quantitativen Ausbau, in den häufig mangelhaften Rahmenbedingungen und den fehlenden Möglichkeiten der (Weiter-)Qualifizierung der Fachkräfte (Textor 2012). Die Ergebnisse der NUBBEK-Studie sind jedoch auch ein deutlicher Beleg dafür, dass die Betreuung von Kindern in den ersten drei Lebensjahren und eine gelingende erweiterte Altersmischung besonders hohe Ansprüche an das pädagogische Personal stellen und keinesfalls eine schnelle Lösung für die Schaffung einiger »Krippen«plätze sind.

Hohe Ansprüche an das Personal

Um sich den Konzepten einer erweiterten Altersmischung fachlich zu nähern, mag es hilfreich sein, sich klar zu machen, dass die erweiterte Altersmischung keine Erfindung im Rahmen des Ausbaus von Plätzen für Kinder »unter drei« ist, sondern ursprünglich aufgrund pädagogischer Überlegungen und Überzeugungen entwickelt wurde. Erfahrungsberichte und Untersuchungen aus den 1990er Jahren verweisen auf gut geförderte Kinder, zufriedene Eltern und überzeugte Fachkräfte in Einrichtungen, die sich aus Überzeugung für eine der Formen der Altersmischung (z. B. für eine Altersspanne von eins bis zehn) entschieden hatten und von politischer Seite unterstützt wurden (Griebel/Niesel/Minsel et al. 2004; Vogt 2013).

Eine Befragung von Fachkräften zeigte jedoch schon damals, dass die meisten Fachkräfte, die mit traditionellen Kindergartengruppen arbeiteten, sich nicht vorstellen konnten, mit einer größeren Altersmischung zu arbeiten (ebd. S. 30), während diejenigen, die sich bewusst für das erweiterte Altersspektrum entschieden hatten, nicht zurück zur kleinen Altersmischung von drei bis sechs wollten. Bereits diese Hinweise sprechen für die Notwendigkeit sorgfältiger Vorbereitungen, d. h. eine Auseinandersetzung mit Einstellungen, die Erweiterung des Fachwissens und eine gute Unterstützung durch Träger und Fachberatungen. Die aktuellen Ergebnisse von NUBBEK verstärken diese Notwendigkeiten auf fast dramatische Weise.

Es ist keinesfalls damit getan, einzelne Kinder bis drei – aus organisatorisch-administrativen oder finanziellen Gründen – in bestehende Gruppen »einzumischen« oder vereinzelte Zweijährige »mitlaufen« zu lassen. Ein solches Vorgehen führt mit großer Wahrscheinlichkeit zu einer Verschlechterung der pädagogischen Arbeit und der Atmosphäre in der Einrichtung. Denn eine neue, eine erweiterte Altersmischung bringt für alle Beteiligten, einschließlich der Eltern und der Kinder, Veränderungen mit sich. Sie stellt das gesamte Team, jede einzelne pädagogische Kraft, aber auch die Träger vor pädagogische, organisatorische und nicht zuletzt persönliche Herausforderungen. Alle Verantwortlichen müssen wissen: Die erweiterte Altersmischung ist kein Selbstläufer, kann aber bei guter Planung, guten Rahmenbedingungen und fachlich qualifiziertem Personal eine gute, anregungsreiche Entwicklungsumgebung für alle Kinder sein. Mit der Aufnahme jüngerer Kinder gilt es, pädagogisch neu zu denken und Ansätze einer Pädagogik der erweiterten Altersmischung zu konzipieren und umzusetzen (Niesel/Wertfein 2010, 2013; Nied/Niesel/Haug-Schnabel et al. 2011; Tietze/Viernickel (2007).

Altersmischung ist kein Selbstläufer

7.1 Aufgaben der Träger

Die Arbeits- und Rahmenbedingungen – insbesondere die Personalausstattung – müssen den veränderten pädagogischen Anforderungen angepasst werden (Haug-Schnabel/Bensel 2013a). Öffnet sich eine Einrichtung für Kinder bis drei, ist dies mit einem höheren Bedarf an qualifizierten und möglichst erfahrenen pädagogischen Fachkräften verbunden. Dies kann zum einen bedeuten, dass zusätzliche Fachkräfte eingestellt werden, die bereits über Vorerfahrungen, z. B. in der Arbeit mit Krippenkindern verfügen; zum anderen braucht das gesamte Team genügend Zeit zum Erwerb spezifischen Fachwissens. Fortbildungen (In-House-Fortbildungen) für das gesamte Team haben sich als effektiv erwiesen (Nicko/Schreyer 2013). Supervision unterstützt und verkürzt die Phase der Neuorientierung und trägt zur Qualitätssicherung bei (Niesel/Wertfein 2010).

Fortbildungen und Supervision unterstützen das Team

Aktuellen Studien zufolge wird eine Gruppengröße von maximal 15 Kindern in altersgemischten Gruppen empfohlen, wobei die Anzahl der Eineinhalb- bis Zweijährigen ein Drittel pro Gruppe bei vier Bezugspersonen nicht überschreiten sollte (Haug-Schnabel/Bensel 2006, 2013a). Jüngere Kinder brauchen während ihrer gesamten Anwesenheit in der Tageseinrichtung – also auch während der Randzeiten – vertraute

Personen. Dies muss berücksichtigt werden, wenn Teilzeitkräfte in der Einrichtung arbeiten oder wenn es zu Personalausfall kommt.

Als Verfügungszeit (kinderfreie Zeit) sollten nicht weniger als 15 Prozent der Wochenarbeitszeit kalkuliert werden. Auch für die Kooperation mit Eltern wird mehr Zeit benötigt. Die räumliche und materielle Ausstattung wird, zumindest in Teilbereichen, geändert werden müssen.

Um dem pädagogischen Team ausreichend Zeit für die pädagogische Arbeit zur Verfügung zu stellen, sollte jede Einrichtung bzw. jeder Träger überlegen, ob die Möglichkeit besteht, das pädagogische Personal durch die Einstellung einer zusätzlichen hauswirtschaftlichen Kraft oder die Nutzung von externen Diensten in den Bereichen Hygiene und Wäsche zu entlasten.

7.2 Leitfaden für den Weg zu einer erweiterten Altersmischung

Gute Vorbereitung zahlt sich aus

Der folgende Leitfaden richtet sich an Fachkräfte, die vor der Aufgabe stehen, die Altersmischung der drei- bis sechsjährigen Kinder durch die Aufnahme von Kindern zu erweitern, die das dritte Lebensjahr noch nicht vollendet haben. Er soll Orientierung für Neueinsteigerinnen bieten und Fachkräfte, die bereits jüngere Kinder betreuen, zur Reflexion und Überprüfung ihrer Arbeit anregen. Zur Vertiefung von Fachfragen tragen die einzelnen Kapitel dieses Buches sowie die Verweise auf weiterführende Literatur bei. Die Auflistung ist nicht als strenge sukzessive Abfolge zu verstehen. Vieles läuft parallel und überschneidet sich, auf eine gute Vorbereitung sollte jedoch nicht verzichtet werden (Ries-Schemainda 2013). Sie zahlt sich aus – für alle Beteiligten.

Das Kompetenzprofil erweitern

Sehr wahrscheinlich wird der Erwerb neuen Fachwissens zur Psychologie und Pädagogik der ersten drei Lebensjahre erforderlich. Fortbildungen für das gesamte Team haben sich als effektiv erwiesen. Als zweiter Schwerpunkt kommt das Fachwissen zur Pädagogik der erweiterten Altersmischung hinzu. Erprobte Grundsätze sind z. B., dass Altersmischung nicht bedeutet, dass alle Kinder während des gesamten Kita-Tages zusammen sind und ausschließlich Gemeinsames tun, oder dass alle

Kinder – bei allen Chancen, die die Vielfalt bietet – auch ausreichend Gelegenheit für die Begegnung mit Kindern ähnlichen Alters und gleichen Geschlechts brauchen (Niesel/Wertfein 2010, S. 62 ff.).

Solides Fachwissen ist für ein starkes professionelles Selbstbild unverzichtbar. Es gibt Sicherheit in der Arbeit mit den Kindern, in den Verhandlungen mit dem Träger und erleichtert Elterngespräche. Mit dem Träger sollten die Möglichkeiten einer begleitenden Supervision geklärt werden, um die Phase der Neuorientierung zu unterstützen und zu verkürzen.

Eigene Haltungen und Einstellungen reflektieren

Die Haltung einer pädagogischen Fachkraft wird auch unausgesprochen spürbar, z. B. für Eltern, die während der Eingewöhnung Sicherheit suchen. Fachkräfte, für die die Arbeit mit Kindern in den ersten drei Lebensjahren neu und vielleicht nicht ganz freiwillig ist, spüren manchmal Unsicherheit und auch Widerstände. So könnte ein Gedanke lauten: »Wir müssen jetzt diese Kleinen aufnehmen – ich würde meine eigenen Kinder nie so früh in eine Einrichtung geben.« Sich selbst Rechenschaft über die eigene Haltung abzulegen, ohne in Kategorien von richtig oder falsch zu denken, diese Fragen auch im Team zu klären und offen zu sein für neue Erfahrungen, sind neben dem Erwerb von neuem Fachwissen notwendige Schritte in der Anfangszeit.

Offenheit für neue Erfahrungen

Auch das Bild vom Kind (StMAS/IFP 2010) beeinflusst die pädagogische Haltung und das pädagogische Handeln. Orientiert sich die Haltung am Bild des von Geburt an aktiv lernenden Kindes (vgl. Kap. 5.2 und 5.3), sieht sich die Erzieherin in ihrer Verantwortung für die Befriedigung der physiologischen und psychologischen Grundbedürfnisse nicht nur als vertraute Betreuerin der Kinder, sondern wird zur ko-konstruktiv arbeitenden Bildungsbegleiterin.

Mit wachsendem Fachwissen und neu gewonnenen Erfahrungen werden sich Haltungen und Einstellungen verändern, und der regelmäßige Austausch im Team darüber wird diesen Prozess widerspiegeln.

Von den Erfahrungen anderer profitieren und eigene nutzen

Für die Erweiterung der fachlichen wie der persönlichen Perspektiven ist der Austausch mit erfahrenen Kolleginnen, die schon länger zur Zufriedenheit aller Beteiligten mit einer erweiterten Altersmischung arbeiten, eine sehr gute Quelle der Anregung und Ermutigung. Hospitationen (z. B. in Konsultationseinrichtungen) zeigen konkrete Möglichkeiten zu Lösung praktischer Probleme auf. Fragen wie »Wie machen Sie das?« oder »Wie sind Sie dahin gekommen, wo Sie jetzt sind?« können Entwicklungswege verdeutlichen und klar machen, dass die Vorstellung der perfekten Lösung von Anfang an selten funktioniert (siehe auch TPS-Gespräch 2013).

Alle Beteiligten einbeziehen

Träger, Team, Eltern und Kinder beteiligen

Es hat sich bewährt, das gesamte Team und Vertreter bzw. Vertreterinnen des Trägers von Beginn an in den Entscheidungs- und Planungsprozess einzubeziehen, klare Absprachen über Zuständigkeiten zu treffen und regelmäßig Sachinformationen und Fachwissen auszutauschen. Auch die Eltern bzw. deren Vertreterinnen und Vertreter werden baldmöglichst eingebunden, denn auch für sie wird es Veränderungen geben. Befürchtungen der Eltern, wie z. B. dass die angehenden Schulkinder nicht mehr ausreichend gefördert werden können, weil sich die Aufmerksamkeit der Erzieherinnen überwiegend auf die Kleinsten richtet, kann dann schon im Vorfeld fachlich und sachlich begegnet werden. Nicht zuletzt sind es die Jungen und Mädchen in der Einrichtung, die erleben werden, dass sich ihr Kindergarten verändert. Sie müssen rechtzeitig informiert werden und ausreichend Möglichkeiten bekommen, sich für ihre Interessen einzusetzen, aber auch ihre Ideen für die jungen Neuankömmlinge zu äußern und Mitverantwortung zu übernehmen. Gibt es für die Kinder ein Forum (z. B. eine Kinderkonferenz) für regelmäßige Mitsprache und Beteiligung? Gibt es neue Regeln, die mit den Kindern gemeinsam festgelegt werden sollten? Können sie bei der Umgestaltung der Räume ihre Wünsche äußern? Prokop (2013) plädiert aus langjähriger Erfahrung dafür, dass altersgemischte Gruppen zwangsläufig auf ein Konzept hinauslaufen sollten, »das von einer Partizipationskultur getragen wird« (S. 32).

Voraussetzungen für das Gelingen erarbeiten und formulieren

Eine Zusammenstellung von Mindestanforderungen an eine qualitativ gute Arbeit wird durch Fortbildungen, Hospitationen, Supervision, praktische Erfahrungen und Teamgespräche möglich und leitet den

Prozess einer Überprüfung bzw. Überarbeitung der Einrichtungskonzeption ein.

Die Konzeption überprüfen und mit der Überarbeitung beginnen

Vieles, das in der Einrichtung bisher gut gemacht wurde, ist auch für die Kleinen richtig. Für die pädagogischen Grundprinzipien gibt es keine Altersgrenze. Allerdings bringen die Jüngsten spezifische Bedürfnisse mit, die berücksichtigt und in Einklang mit den Ansprüchen der Älteren gebracht werden müssen. Zu jedem Baustein der Konzeption sind die Fragen zu beantworten: Was bedeutet dieser Punkt für die Jüngsten, die Mittleren, die Ältesten? Welche Konsequenzen ergeben sich für das Team? Ein Beispiel dafür ist die Eingewöhnung (vgl. Kap. 3.1, deren kind- und elterngerechte Gestaltung ein wesentlicher Qualitätsbaustein ist und zu den grundlegenden Fortbildungsinhalten für die Arbeit mit Kindern in den ersten drei Lebensjahren gehört. Es gilt dafür Sorge zu tragen, dass die speziellen Bedürfnisse aller Altersgruppen berücksichtigt werden. An die Jüngsten (wegen ihres besonderen Fürsorgebedürfnisses) und an die Ältesten (wegen des bevorstehenden Schuleintritts) wird meistens sofort gedacht. Aber auch die Kinder »in der Mitte« müssen sich sowohl als Individuum als auch als Teil ihrer Gruppe wertgeschätzt fühlen. Damit Kinder die Vorteile der erweiterten Altersmischung erleben und gleichzeitig ihr Bedürfnis nach Freundschaften mit ähnlichen alten Kindern beiderlei Geschlechts verwirklichen können, bietet sich z. B. ein Konzept mit »innerer Öffnung« an (Kettner-Grosbüsch 2013).

Jede Altersgruppe hat spezifische Bedürfnisse

Die Konzeptionsüberarbeitung berücksichtigt, welche Entwicklungsbedürfnisse die Kinder mitbringen. Die Alterspanne der ersten drei Lebensjahre ist durch eine starke Heterogenität gekennzeichnet. So brauchen Säuglinge und Kleinkinder bis etwa zum 18. Lebensmonat eher dyadische Interaktionen, d. h. den Dialog mit einer Person, um sich gut entwickeln zu können (vgl. Kap. 3.4), während Kinder in den Spätphasen der Kleinkindzeit (19. bis 36. Lebensmonat) zunehmend von gruppenorientierten Interaktionen innerhalb einer stabilen Gruppe profitieren.

Schwerpunkt der Konzeptionsüberarbeitung: die Integration der Jüngsten

Die individualisierte Eingewöhnung ist der Anfang, die Basis, von der aus sich Kindeswohl und pädagogische Qualität weiterentwickeln. Wie jedoch werden Kinder bis drei in die Gesamteinrichtung integriert, und zwar so, dass sich jedes Kind in »seiner« Einrichtung wohlfühlt und sich als zugehörig, sich als Teil des »Wir« erleben kann? Im Folgenden werden vier Modelle in aller Kürze vorgestellt. Jede Einrichtung muss das für sie passende Modell finden (ausführlich dazu Nied/Niesel/Haug-Schnabel et al. 2011).

Vier Modelle der Altersmischung

- Modell »Krabbelgruppe innerhalb der Kita«: Auf den ersten Blick scheint es organisatorisch am einfachsten, eine Krabbel- oder Kleinstkindgruppe neu zu schaffen und in die bestehende Einrichtung zu integrieren. Die »Membran« zwischen Gruppe und Gesamt-Kita erfordert jedoch sorgfältige Planung, um die beiden »Krippenerzieherinnen« nicht zu isolieren und den Kleinen ausreichende Kontakte mit den Großen und den Kindergartenaktivitäten zu ermöglichen. Der Übergang in den Kindergarten erfordert möglicherweise eine zweite Eingewöhnung.
- Modell »Zwei kooperierende Gruppen«: Zwei Gruppen nehmen einzelne Kinder bis drei auf und gestalten ihren pädagogischen Alltag in enger Zusammenarbeit. So ist neben der Altersmischung auch der Wunsch nach gleichaltrigen und gleichgeschlechtlichen Spielpartnern für alle Altersgruppen gruppenübergreifend gewährleistet.
- Modell »Halb offenes Konzept mit Stammgruppen«: Die Kinder spielen außerhalb ihrer Stammgruppenzeiten in Funktionsräumen. Die Jüngsten werden in diesen Zeiten anfangs in »Nestgruppen« betreut, d.h. sie erhalten von ihrer Bezugserzieherin spezielle Angebote und werden, von ihr begleitet, langsam mit den weiteren Spiel- und Aktionsmöglichkeiten und mit den älteren Kindern der Einrichtung vertraut gemacht. Durch geschickte Angebotsauswahl müssen die Erzieherinnen dazu beitragen, altersgemischte Interaktionen zu ermöglichen.
- Modell »Offene Arbeit auch mit den Jüngsten«: Die »offene Arbeit« ist inzwischen weit verbreitet und zeigt gute Ergebnisse in der Prozessqualität für Kindergartenkinder (Tietze et al. 2013). Werden Kinder bis drei aufgenommen, ist die Anfangsbetreuung in einer

Nestgruppe unerlässlich. Jedes Kind braucht den Start mit seiner Bezugserzieherin am bekannten Ort, um in ihrer Begleitung Exkursionen in die anderen Bereiche und zu den größeren Kindern zu unternehmen. Die Bezugserzieherin muss da sein, wo das Kind ist. Die Jüngsten sind überfordert, wenn sie in Stresssituationen die vertraute Person erst suchen müssen. Auch für die Gewährleistung der körperlichen Unversehrtheit und entwicklungsgerechter Bildungsprozesse ist die Nähe der Bezugsperson(en) wichtig. Für jedes ihrer Kinder muss die Bezugserzieherin prüfen, ob und wann es in der Lage ist, sich im größeren Angebotsrahmen zu orientieren (Hédervari-Heller 2012).

Allen Modellen liegt das Bemühen zugrunde, die Kleinen behutsam in die »große« Kita einzuführen. Von Anfang muss aber auch mitgedacht und konzipiert werden, wie die älteren Kinder mit den Jüngsten in Kontakt kommen und interagieren können, sodass für alle Kinder von Beginn an ein Gefühl der Zusammengehörigkeit wachsen kann (Griebel/Niesel/Minsel et al. 2004, S. 110ff.; Niesel/Wertfein 2009).

Räume für Bewegung und Rückzug schaffen

Welches Modell Team, Leitung und Träger für ihre Einrichtung auch auswählen, klar ist, dass auch andere Konzeptionsbausteine, wie z. B. die Raumgestaltung (Gerwig/Schneider, o. J.; Haug-Schnabel/Wehrmann 2012; van Dieken/van Dieken 2013), angepasst werden müssen. Die Räume sollten so strukturiert sein, dass sie einerseits die kindliche Exploration unterstützen, andererseits Rückzug und soziale Interaktionen ermöglichen. Die räumlichen Bedingungen müssen den Bewegungs- und Ruhebedürfnissen der jüngeren Kinder Rechnung tragen, ohne die älteren Kinder in ihren Aktivitäten einzuschränken. Aus Gruppenräumen können z. B. Aufenthalts- und Erfahrungsräume werden und neue »Räume« durch die Nutzung der näheren und weiteren Umgebung gefunden werden (Prokop 2013; Österreicher/Prokop 2006).

Ein Hilfsmittel, das eine systematische Überprüfung der konzeptionellen Bausteine im Hinblick auf eine Erweiterung für Kinder bis drei unterstützt, findet sich bei Tietze/Viernickel (2007).

Flexibilität im verlässlichen Rahmen

Um den Bedürfnissen der verschiedenen Altersgruppen gerecht zu werden, sind Differenzierungen im Tages-, Wochen- und Jahresverlauf nötig. Der Tageslauf muss für alle Kinder ausreichende Flexibilität in einem verlässlichen Rahmen ermöglichen. Die Fixpunkte im Tagesablauf, häufig verbunden mit vertrauten Ritualen, sind nicht nur für die Jüngsten wichtige Orientierungen und Hilfen im Alltag der Kindertageseinrichtungen, der auch für Kinder, die bereits ihren dritten Geburtstag gefeiert haben, anstrengend, manchmal zu laut und unübersichtlich sein kann. Ganz wichtig ist zu bedenken, dass das Konzept erweiterte Altersmischung nicht ununterbrochen, d. h. über den ganzen Tag hinweg praktiziert werden kann, sondern dass bewusst durchgeführte Trennungen der Altersgruppen mit separaten Angeboten den altersspezifischen Bedürfnissen Rechnung tragen.

Für die Jüngsten sind die Pflegezeiten wichtige Markierungen in ihrem Kita-Tag. Es sind die Zeiten, in denen sie ihre Vertrauensperson ganz für sich haben. Es sind Momente der intensiven dyadischen Interaktion, die in Tageseinrichtungen nicht sehr häufig sind, da die Erzieherinnen häufiger gruppenorientiert handeln. Dieses Miteinander bietet Zeit für kleine Spiele, Reime, Lieder und Gespräche (Haug-Schnabel/Bensel 2006).

Flexible Strukturen und Fixpunkte für alle Kinder

Erzieherinnen, die bereits mit der erweiterten Altersmischung mit Kindern von einem Jahr bis zum Schuleintritt arbeiten, berichten häufig, dass sie für die Kleinen und die Großen zwei parallele Tagesabläufe haben, die den Bedürfnissen der jüngeren Kinder nach flexiblen Essens- und Ruhezeiten und den Bedürfnissen der Älteren nach ungestörten anspruchsvolleren Tätigkeiten mit ähnlich alten Kindern Rechnung tragen. Aber jeden Tag gibt es Fixpunkte, zu denen sich die ganze Gruppe trifft, und regelmäßig gibt es Projekte, zu denen alle Kinder ihren altersgemäßen Beitrag leisten.

Entwicklungsmöglichkeiten in den verschiedenen Alterskonstellationen ergeben sich also nicht von allein durch die Gruppenzusammensetzung, sondern sind davon abhängig, wie Erwachsene ihre Erziehungsaufgabe verstehen und umsetzen. In altersgleichen, altersähnlichen und altersfernen Spielpartnerschaften stecken spezifische Erfahrungsmöglichkeiten, die entdeckt und gefördert werden müssen. Das Zusammengehörigkeitsgefühl der Kinder einer Gruppe und einer Einrichtung wird durch gemeinsame Tätigkeiten und Angebote angeregt, zu denen alle Kinder entsprechend ihres Entwicklungsstandes einen Beitrag leisten (Reichert-Garschhammer et al. 2013, S. 98ff.).

Verantwortungen klar definieren und einfordern

In jeder Tageseinrichtung ist jedes Mitglied des Teams für die Qualität der pädagogischen Arbeit mitverantwortlich. Die Leitungsaufgaben zur Qualitätssicherung sind jedoch andere als die einer Berufsanfängerin (Deutsches Jugendinstitut 2011, S. 74ff.). Regelmäßige Reflexionen im Team machen es möglich, dass die Verteilung von Arbeitsschwerpunkten an den Interessen und Kompetenzen jeder Kollegin ausgerichtet wird. Konzeptionelle Überlegungen schließen ein, fachlich begründen zu können, wo zusätzliche Bedarfe entstehen, wo Unterstützung eingefordert werden muss und auf welcher Ebene die Verantwortung für Umsetzungsmöglichkeiten liegt.

Die Verantwortung für die Qualitätssicherung liegt nicht allein bei den Fachkräften. Ebenso gefordert sind die Vertreter und Vertreterinnen des jeweiligen Trägers und die Entscheidungsträger auf politischer Ebene.

Eine lernende Organisation werden

Mut zum Ausprobieren, Neugier und Forschergeist

Mit der Entscheidung für die Altersöffnung beginnt ein spannender Prozess der Umgestaltung und Weiterentwicklung, der Zeit für Erfahrungen des Gelingens und manchmal auch des Misslingens, Letzteres muss dann schnellstmöglich erkannt und behoben werden. Von den Fachkräften fordert dieser Prozess eine engagierte Arbeit mit den Kindern, bei der Freude spürbar ist, aber auch Mut zum Ausprobieren, Neugier und Forschergeist – eben all das, was wir auch von Kindern auf ihrem Entwicklungs- und Bildungsweg erwarten.

Die Kinder selbst und die Eltern üben Einfluss aus. Ihre Mitwirkung ist wertvoll und sollte einen Rahmen haben. Von den Trägern fordert der neue Weg Sachkenntnis, Verständnis und Unterstützung. Der Kindergarten, in dem alles so routiniert funktioniert hat, wird zu einer lernenden Organisation. Ziel muss es sein, aus der neuen Altersmischung einen Qualitätsgewinn für alle Kinder werden zu lassen. Die übliche Einteilung in Kinder unter drei und Kinder über drei wird verwischen. Sie ist entwicklungspsychologisch willkürlich. Das Alter oder besser der Entwicklungsstand der Kinder wird zu einem Aspekt der Diversität oder Vielfalt (Haug-Schnabel/Bensel 2013a, b) und erfordert inklusives Denken und Handeln. Der pädagogische Spielraum erweitert sich, auch zeitlich. Kinder, die z. B. im Alter von einem Jahr aufgenommen werden, bleiben zwei Jahre länger in der Kita als Kinder, die erst nach dem dritten Geburtstag kommen. Das Wohlbefinden jedes einzelnen Kindes ist ein wichtiger Gradmesser dafür, dass es die Entwicklungs- und Bildungschancen seiner Umgebung bestmöglich nutzen kann. Wie die Jüngsten ihre frühe Kindheit in der Einrichtung erleben, wird entscheidend dazu beitragen, wie sie sich entwickeln und verhalten und welche Atmosphäre in der Einrichtung in den kommenden Jahren herrschen wird: Die Kleinen sind die Großen von morgen.

7.3 Wie jüngere, aber auch ältere Kinder von der Altersmischung profitieren

Selbstbestimmte Aktivitäten im Alltag

Riemann und Wüstenberg (2004) haben in Frankfurt am Main zwölf Kindertageseinrichtungen, die Kinder ab einem Jahr aufgenommen haben, begleitet: Die Ein- und Zweijährigen der Studie verbrachten drei Viertel der Zeit am Vormittag mit selbstbestimmten Aktivitäten. Dabei hatten sie bereits eine erstaunliche Selbstständigkeit und selbstregulierende Fähigkeiten entfaltet. Dazu gehörte auch, sich an eine Erzieherin zu wenden, wenn sie diese brauchten.

An nicht selbstbestimmten Tätigkeiten (Morgenkreis, Frühstück etc.) waren die Jüngsten sehr interessiert und hatten auch keine Mühe daran teilzunehmen unter der Voraussetzung, dass sie Bewegungsfreiheit hatten bzw. die Aktivitäten nach ihren Bedürfnissen abändern konnten. Pflegehandlungen wie Wickeln, Anziehen, Vorbereitung zum Mittagschlaf hatten eine stark beziehungsorientierte Note. So wurden alle Kinder im Laufe des Vormittags nicht nur im Rahmen der Gruppe, sondern auch individuell mehrfach angesprochen.

Wenn die Ein- und Zweijährigen mit altersgleichen Kindern spielten, dann vor allem in Zweierkonstellationen – häufig mit Spielpartnern oder Spielpartnerinnen desselben Geschlechts. Wenn es um Freundschaften der jüngsten Kinder ging, d. h. um feste Zweiergruppen, die regelmäßig zu zweit allein oder zu zweit immer gemeinsam mit anderen Kindern aktiv waren, so waren das überwiegend ungefähr gleich alte Kinder (vgl. Kap. 4.2.3).

In Freispiel waren jedoch altersgemischte Spielgemeinschaften häufiger zu beobachten, selbst wenn eine genügende Auswahl an altersgleichen Spielpartnern vorhanden war. Die Ein- und Zweijährigen nutzen die gesamte Vielfalt an altersunterschiedlichen Spielkonstellationen. Sie ließen sich auf alle Altersstufen ein, spielten sehr gerne mit drei- und vierjährigen Kindern, aber häufig auch mit fünf- und sechsjährigen Partnern bzw. mit Kindern beider Altersstufen zusammen – zu zweit, zu dritt oder zu viert bzw. in noch größeren Konstellationen, häufiger in geschlechtsheterogen als -homogenen Zusammensetzungen.

In altersähnlichen Spielkonstellationen haben jüngere Kinder die nächste Stufe der Entwicklung vor Augen. Für die älteren Kinder findet die Interaktion auf etwas niedrigerem Niveau statt. Sich in der Situation partnerschaftlich anzupassen, bedeutet, sich auf einem gemeinsamen Level zu treffen. Dabei gibt es kein einheitliches Muster, sondern unterschiedliche Prozesse kommen zum Zuge. Es scheint individuell unterschiedliche Vorlieben für das Spiel mit älteren oder jüngeren Kindern zu geben, und auch diese Vorlieben können vorübergehend sein.

An der Alltagswirklichkeit anderer Kinder teilnehmen

Aus der Warte der älteren Kinder bedeutet das: Sie zeigten nicht nur eine hohe Bereitschaft, sich auf die Jüngeren, sondern auch auf eine große Altersspanne zwischen sich und ihren Spielpartnern einzustellen. Das galt für Mädchen und Jungen, auch wenn sich Mädchen häufiger als Jungen auf »die Kleinen« einließen. Soziale Kompetenzen in den ersten Lebensjahren entwickeln sich zu einem großen Teil dadurch, dass Kinder an der Alltagswirklichkeit anderer Kinder teilnehmen. In dieser Untersuchung vergrößerte die erweiterte Altersmischung das Erfahrungsspektrum für die jüngsten und auch für die älteren Kinder.

Für altersferne Spielpartnerschaften (18 Monate und mehr) wird häufig als Vorteil genannt, dass jüngere Kinder von der Anleitung durch die älteren Kinder profitieren. Dabei ist entscheidend, ob ältere Kinder es schaffen, sich dem niedrigen Entwicklungsniveau anzupassen und die Jüngeren aktiv zu beteiligen. Müssen die Kleinen passiv bleiben und dürfen nur zuschauen, ziehen sie sich meistens bald zurück. Aber auch wenn jüngere Kinder sich in Interaktionen mit Älteren nicht immer sichtbar entfalten können, kann es dennoch sein, dass sie etwas lernen, indem sie das Gesehene speichern und im eigenen Spiel anwenden. Ältere Kinder haben für die jüngeren Vorbildfunktion – ebenso wie Erwachsene. Die Jüngeren beobachten Handlungsabläufe und entschlüsseln Handlungsabsichten, die sie als Orientierung für das eigene Handeln nutzen. Dieses Wissen nutzen sie, um sich in Alltagszusammenhängen oder Spielsituationen zu orientieren und erfolgreich daran teilzuhaben (vgl. Kap. 5.3).

Es spricht vieles dafür, dass altersferne Spielpartnerschaften auch für die älteren Kinder ein Gewinn sein können, wenn es ihnen gelingt, sich gut auf die Fähigkeiten und das Sprachniveau der jüngeren einzustellen. In solchen Situationen übernimmt das ältere Kind als kompetente Person die Führung, bietet Anleitung und Hilfestellung bei der gemeinsamen Tätigkeit. Sich der Situation partnerschaftlich in Sprache, Zuwendung, Nachahmung, Denkfähigkeit und motorischen Fähigkeiten anzupassen, bedeutet, das jeweils andere Kind für sich zu gewinnen und sich auf einem gemeinsamen Niveau zu treffen. Das stellt eine komplexe Leistung dar und funktioniert dann, wenn es dem älteren Kind gelingt, sich so auf den Entwicklungsstand des jüngeren einzustellen, dass dessen nächsthöhere Stufe der Entwicklung angesprochen wird und zudem kooperative Formen der Auseinandersetzung gefunden werden. Ältere Kinder (ebenso wie pädagogische Fachkräfte) tun das in der Regel, indem sie die Sprache vereinfachen, ihr Tun verlangsamen und an den Entwicklungsstand des jüngeren Kindes anknüpfen, indem sie es auch nachahmen (Wüstenberg 2006). Zudem üben und verfeinern die älteren Kinder ihre Fähigkeiten, wenn sie den Jüngeren etwas zeigen, beibringen oder vorlesen. Beobachtungen haben bestätigt, dass in Gruppen mit erweiterter Altersmischung isolierte Kinder über die für sie einfacheren Kontakte mit jüngeren Kindern in die Gruppe hineinfinden (Griebel/Niesel/Minsel 2004).

Das andere Kind für sich gewinnen

Kinder können vom gemeinsamen Aufwachsen mit älteren und jüngeren Kindern in vielerlei Hinsicht profitieren, aber sie brauchen auch gleichaltrige und gleichgeschlechtliche Freunde und Freundinnen. Werden nur einzelne Kinder, die noch nicht drei Jahre alt sind, in eine Kindergartengruppe aufgenommen, besteht die Gefahr, dass diese Jungen und Mädchen nicht genügend Chancen bekommen, Freunde oder Freundinnen im passenden Alter zu finden. In Gruppen mit erweiterter Altersmischung verändern sich die Kontaktpräferenzen: Die Vorlieben für Spielpartnerinnen und Spielpartner gleichen Alters und gleichen Geschlechts werden mit größerer Altersmischung häufiger durchbrochen. Auch dies bedeutet eine Erweiterung der Spielräume. Gerade ältere Jungen scheinen den Umgang mit den Kleinen zu genießen. Hier besteht kein Wettbewerb, Gefühle und Sanftheit können gezeigt werden, ohne dass dies als »unjungenhaft« abgewertet wird. Auch Prokop (2013) bestätigt: »Die Älteren wollen die Jüngeren dabei haben« (S. 34), auch wenn dies Rücksichtnahme erfordert und eventuell Verzögerungen bedeuten kann.

Generell lässt sich jedoch sagen, dass sich Vorteile für alle aus einer erweiterten Altersmischung nicht allein aus dem Zusammensein der unterschiedlich alten Kinder ergeben, sondern pädagogisch gestaltet werden müssen.

Kommentierte Literaturempfehlung Kapitel 7

Nied, F. / Niesel, R. / Haug-Schnabel, G. / Wertfein, M. / Bensel, J. (2011). Kinder in den ersten drei Lebensjahren in altersgemischten Gruppen. Anforderungen an frühpädagogische Fachkräfte. WiFF-Expertise kostenlos verfügbar unter www.weiterbildungsinitiative.de [12. 03. 2014].

Die Expertise geht der Frage nach, wie sich pädagogische Fachkräfte vorbereiten sollen, die Ein- und Zweijährige in altersgemischte Gruppen aufnehmen. Unterschiedliche Modelle der Altersmischung werden vorgestellt.

Niesel, R. / Wertfein, M. (2010). Kinder unter drei Jahren im Kindergarten. Die erweiterte Altersmischung als Qualitätsgewinn für alle (Bayerisches Staatsministerium für Arbeit und Sozialordnung, Familie und Frauen, Hrsg.): PDF-Download verfügbar unter: http://www.bestellen.bayern.de/shoplink/10010264.htm [12. 3. 2014].

Die Broschüre bietet eine fachliche Basis und praktische Anregungen für die Entwicklung und Förderung von Kindern in altersgemischten Einrichtungen. Sie richtet sich an Träger von Kindertageseinrichtungen, Einrichtungsleitungen und pädagogische Fachkräfte sowie Fachberaterinnen – nicht nur in Bayern.

TPS Theorie und Praxis der Sozialpädagogik (2013), Heft 2, mit dem Schwerpunkt »Altersmischung«.

Alle Beiträge dieses Heftes befassen sich mit Grundlagen und Praxisbeispielen für eine qualitativ hochwertige pädagogische Arbeit mit altersgemischten Gruppen vom Kleinkind bis zum Schulkind.

8 Pädagogische Qualität prüfen, sichern und weiterentwickeln

»Keine Kita arbeitet perfekt, dies anzustreben wäre ein unrealistisches Ziel. Doch wenn Team und Leitung ihre Arbeit immer wieder auf den Prüfstand stellen und sich in Richtung selbstgesteckter und klar definierter Qualitätsziele weiterentwickeln, profitieren davon nicht nur die Kinder, sondern auch die pädagogischen Fachkräfte« (Bensel 2013, S. 6).

Im Folgenden wird erörtert,

- was aktuelle wissenschaftliche Untersuchungen zur pädagogischen Qualität in Kinderkrippen, altersgemischten Kindertageseinrichtungen und der Kindertagespflege in Deutschland ergeben haben
- in welchen Bereichen bereits gute Qualität erreicht wird
- in welchen Bereichen Qualität zum Wohl der betreuten Kinder dringend verbessert werden muss und
- welche Handlungsanforderungen sich daraus für die verschiedenen Akteure ableiten.

8.1 Aktuelle pädagogische Qualität in Kinderkrippen

Wir wissen, dass eine qualitativ hochwertige außerfamiliäre Tagesbetreuung von Kindern in den ersten drei Lebensjahren eine Chance für die kindliche Entwicklung und eine Ressource für die Familien sein kann. Doch wie steht es aktuell in Deutschland um die pädagogische Qualität in Einrichtungen für Kinder in den ersten drei Lebensjahren? Zur Erörterung dieser Frage werden Ergebnisse der Krippenstudie »Kleine Kinder – großer Anspruch 2010« (Wertfein/Müller/Kofler 2012) herangezogen, bei der 81 Einrichtungen mit Krippengruppen im Stadtgebiet München untersucht wurden. Außerdem werden ausgewählte Befunde der Nationalen Untersuchung zur Bildung, Betreuung und Erziehung in der Kindheit (NUBBEK; Tietze et al. 2013) erläutert, die deutschlandweit durchgeführt wurde.

In beiden Studien wurde die pädagogische Qualität in Kinderkrippen und altersgemischten Einrichtungen für Kinder bis drei Jahre gleichermaßen durch geschulte Beobachter mit der Krippenskala (KRIPS-R; Tietze et al. 2007) eingeschätzt. Zur Veranschaulichung sind in der Tabelle 8.1 die sieben Teilbereiche und Merkmale der Krippenskala (KRIPS-R) aufgeführt.

Große Bandbreite pädagogischer Qualität

Aus der Tabelle wird deutlich, dass mit der Beobachtungsskala KRIPS-R eine große Bandbreite der pädagogischen Qualität abgebildet werden kann. Sie richtet den Blick auf die Gestaltung des pädagogischen Alltags, auf die kindgerechte Ausstattung mit Materialien, auf die Interaktionen, Bildungsaktivitäten und die Gewährleistung von Sicherheit und Gesundheit der Kinder sowie die Zusammenarbeit und Unterstützung der Eltern und Fachkräfte. Das Messinstrument lässt im ersten Schritt eine Betrachtung der pädagogischen Prozessqualität basierend auf einem Gesamtwert zu, der sich aus dem Mittelwert der 41 KRIPS-R-Merkmale zusammensetzt. Mit diesem Mittelwert können die beobachteten Krippengruppen bezüglich ihrer pädagogischen Qualität in drei Qualitätszonen eingeordnet werden. In die Zone guter bis sehr guter Qualität fallen die Krippen, die einen überdurchschnittlichen Gesamtwert zwischen 5 und 7 erhalten haben. Als Zone mittlerer (= akzeptabler) Qualität gelten die Werte zwischen 3 und unter 5. Von unzureichender Qualität wird dann gesprochen, wenn der KRIPS-R Wert unter 3 liegt. Die Skala ist so aufgebaut, dass für jedes Merkmal erst eine Reihe von Mindestanforderungen gegeben sein muss, um höhere Werte (über 3) zu erreichen. Mithilfe der Zuordnung in Qualitätszonen können die Mittelwerte verschiedener Einrichtungen und die Ergebnisse unterschiedlicher Studien direkt miteinander verglichen werden.

Teilbereiche KRIPS-R	Merkmale KRIPS-R
Platz und Ausstattung	Innenraum / Mobiliar / Ausstattung für Entspannung und Behaglichkeit / Raumgestaltung / Kindbezogene Ausgestaltung
Betreuung und Pflege	Begrüßung und Verabschiedung / Mahlzeiten und Zwischenmahlzeiten / Ruhe und Schlafzeiten / Wickeln und Toilette / Maßnahmen zur Gesundheitsvorsorge / Sicherheit
Zuhören und Sprechen	Unterstützung der Kinder beim Sprachverstehen / Unterstützung der Kinder beim Sprachgebrauch / Nutzung von Büchern
Aktivitäten	Feinmotorische Aktivitäten / Körperliche Bewegung / Spiel Künstlerisches Gestalten / Musik und Bewegung / Bausteine Rollenspiel / Sand / Wasser / Naturerfahrungen / Sachwissen / Nutzung von Fernsehen, Video und/oder Computer / Förderung von Toleranz und Akzeptanz von Verschiedenartigkeit / Individualität
Interaktionen	Beaufsichtigung / Begleitung / Anleitung bei Spiel- und Lernaktivitäten Kind-Kind-Interaktion / Erzieherin-Kind-Interaktion / Verhaltensregeln / Disziplin
Strukturierung der pädagogischen Arbeit	Tagesablauf / Freispiel / Spiel- und Lernangebote in Kleingruppen / Vorkehrungen für Kinder mit Behinderungen
Eltern und Erzieherinnen	Elternarbeit / Berücksichtigung persönlicher Bedürfnisse der Erzieherinnen / Kontinuität der Erzieherinnen Fachliche Unterstützung und Evaluation der Erzieherinnen Fortbildungsmöglichkeiten
Zusätzliche Merkmale	Eingewöhnung / Einbezug der familialen Lebenswelt

Tabelle 8.1: Teilbereiche der Qualitätsskalen KRIPS-R (Tietze et al. 2007)

8.1.1 Ergebnisse der Krippenstudie »Kleine Kinder – großer Anspruch 2010«

Aus Abbildung 8.1 geht hervor, dass sich der überwiegende Teil der 81 untersuchten Einrichtungen mit Kinderkrippengruppen in München im Bereich mittlerer Qualität befindet. Anders ausgedrückt: In 82,72 Prozent der untersuchten Krippengruppen waren die zu beurteilenden Qualitätsaspekte gerade noch vertretbar oder ansatzweise gegeben. In den Bereich guter bis sehr guter Qualität fallen dagegen nur 2,47 Prozent der Einrichtungen; diese zeichneten sich durch entwicklungsangemessene Ausstattung und Unterstützung aus. In 14,81 Prozent der Krippen wurde die Qualität insgesamt sogar als unzureichend eingeschätzt. In diesen Einrichtungen zeigte sich durchweg eine unzureichende und den Bedürfnissen der Kinder unangemessene Betreuungssituation (z. B. aufgrund von überfordernden Erwartungen an die Selbstständigkeit der Kinder), sodass die Mindestanforderungen bei einer Reihe von Merkmalen nicht erfüllt waren.

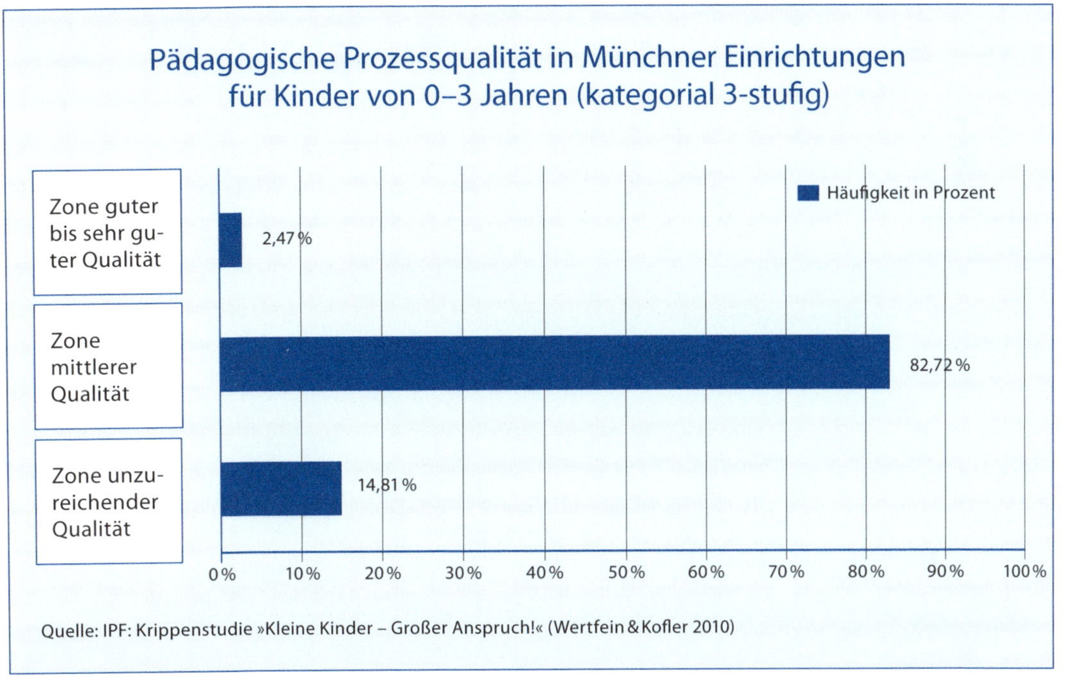

Abbildung 8.1: Pädagogische Prozessqualität in Münchener Einrichtungen für Kinder von 0–3 Jahren nach Qualitätszonen (Wertfein/Müller/Kofler 2012, S. 34)

Stärken der untersuchten Einrichtungen

Wie aus Abbildung 8.2 ersichtlich wird, weisen die untersuchten Münchner Einrichtungen insgesamt im Bereich Eltern und Erzieherinnen mittlere Qualität mit einer Tendenz zu guter Qualität auf. Damit schneidet dieser Bereich, der die räumlichen Voraussetzungen für Erwachsene, die Dialogbereitschaft und Transparenz gegenüber den Eltern sowie die Arbeitssituation, Arbeitsatmosphäre und fachliche Unterstützung der pädagogischen Fachkräfte umfasst, in der gesamten Bewertung am besten ab. Knapp die Hälfte der untersuchten Einrichtungen erreicht hier im Durchschnitt gute Qualität.

Hoher Stellenwert der Zusammenarbeit im Team und mit Eltern

Aus Befragungen wissen wir, dass der Zusammenarbeit im Team und mit den Eltern aus Sicht der Erzieherinnen ein hoher Stellenwert für die pädagogische Arbeit zukommt (Wertfein/Kofler 2011; Wertfein/Spies-Kofler 2008). Für eine hohe Aufmerksamkeit der pädagogischen Fachkräfte in Bezug auf Zusammenarbeit mit und guten Kontakt zu den Familien der Kinder spricht auch eine gute Qualität von über 40 Prozent der Einrichtungen im Bereich »Zusätzliche Merkmale«, der die Eingewöhnung und den Einbezug der familialen Lebenswelt umfasst.

Der Bereich »Interaktionen«, der die Qualität der Interaktionen mit und unter den Kindern, die Beaufsichtigung und die Atmosphäre der Beziehungen sowie den Umgang mit Konflikten beinhaltet, liegt ebenfalls im Bereich mittlerer Qualität und wurde insgesamt als zweithöchster Wert innerhalb der beobachteten Bereiche eingeschätzt. Mehr als ein Drittel der Einrichtungen weist hier insgesamt gute Qualität auf. Dies lässt sich auch für den inhaltlich verwandten Bereich Zuhören und Sprechen verzeichnen.

Insofern zeigt sich, dass in den Bereichen, die den Fachkräften wichtig sind und auf denen daher ihre Aufmerksamkeit liegt, auch gute Qualität erreicht werden kann. Gerade das Anknüpfen an die Familie als ersten Bildungsort und die Interaktionen als Kern der Prozessqualität sind wichtige Ansatzpunkte für eine gelingende pädagogische Praxis in Kindertageseinrichtungen.

Schwächen der untersuchten Einrichtungen

Weniger Bedeutung und Aufmerksamkeit kam einem Bereich zu, der gerade im Krippenbereich viel Zeit und Raum im Tagesverlauf einnimmt. Die mit Abstand geringste Qualität und in über 90 Prozent der

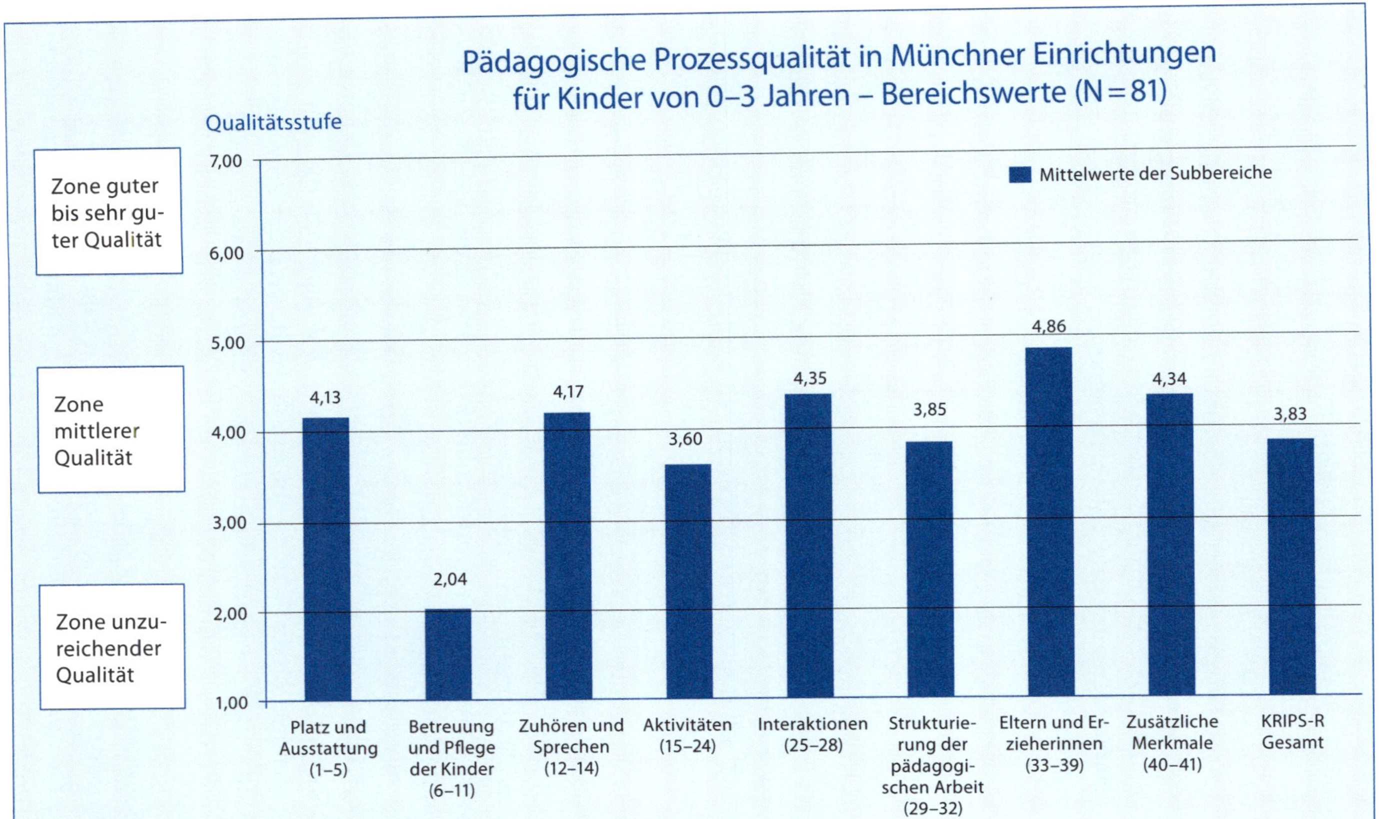

Quelle: IPF: Krippenstudie »Kleine Kinder – Großer Anspruch!« (Wertfein & Kofler 2010)

Abbildung 8.2: Pädagogische Prozessqualität in Münchener Einrichtungen für Kinder von 0–3 Jahren nach Bereichswerten (Wertfein/Müller/Kofler 2012, S. 36)

Einrichtungen durchweg unzureichende Qualität zeigt sich für die untersuchten Münchner Kinderkrippen im Bereich »Betreuung und Pflege der Kinder«. Dieser Befund deckt sich mit den Ergebnissen anderer deutscher Studien (Braun 2003; Heimlich/Behr 2008; Gralla-Hoffmann/Antunes/Stoewer 2010; Gralla-Hoffmann/Antunes, 2010; Tietze/Becker-Stoll, Bensel et al. 2013). Der niedrige Wert spricht für grundlegende Qualitätseinbußen in diesem Bereich, unabhängig von Einrichtung, Erhebungsort und Studie. Inhaltlich umschließt der Bereich Betreuung und Pflege vor allem die Gestaltung von Tagesroutinen, d. h. die Begrüßung/Verabschiedung der Kinder, die Mahlzeiten und Zwischenmahlzeiten, die Ruhe- und Schlafzeiten sowie die Körperpflege (Wickeln/Toilette, Gesundheitsvorsorge/Hygiene). Im Mittelpunkt stehen Aspekte des körperlichen Wohlbefindens der Kinder, ihrer Sicherheit und Gesundheit. Wie kommt es zu dieser unzureichenden Qualität in Tagesroutinen und worin liegen die konkreten Mängel bzw. der Verbesserungsbedarf, die in den untersuchten Einrichtungen beobachtet wurden?

Körperliches Wohlbefinden, Sicherheit und Gesundheit

Tagesroutinen wie das Füttern, Wickeln und Schlafenlegen der Kinder dienen dazu, grundlegende Bedürfnisse der Kinder nach Essen, Sauberkeit und Ruhe zu erfüllen. Es sind regelmäßig wiederkehrende Abläufe, die Fachkräfte und Kinder einander immer wieder körperlich und emotional näher bringen. Da diese Situationen von den Fachkräften oftmals nicht primär als pädagogisch relevante Aktivitäten angesehen werden, werden sie, insbesondere bei personellen oder zeitlichen Engpässen, schnell zur ungeliebten Pflichtaufgabe. Eine mögliche Folge von häufig unzureichenden Ressourcen sind dann z. B. eine »mechanistisch durchgeführte Pflege, mangelnde Herzlichkeit und Wärme und Ausnutzung von Macht im Kontakt mit den Kindern im Institutionsalltag« (Gutknecht 2012, S. 28). Dies kann sich dann in negativen, von Ungeduld geprägten Interaktionen sowie harschen Erziehungsmethoden (wenn das Verhalten der Kinder einer schnellen Erledigung entgegensteht) äußern. Die zeitweise Vernachlässigung von Kindern, die eine intensivere Betreuung benötigen, eine angespannte Gruppenatmosphäre sowie unangemessene Erwartungen an das kindliche Verhalten stellen wichtige Hinweise auf eine Überforderungssituation dar.

Zur Konkretisierung der beobachteten Qualitätsmängel werden nachfolgend Beispiele negativer Praxis aufgelistet, die gemäß der Krippenskala KRIPS-R zu einer Bewertung mit »unzureichender Qualität« geführt haben (Wertfein/Müller/Kofler 2012):

Merkmal Mahlzeiten/Zwischenmahlzeiten:

- mangelnde Getränkeversorgung (kein aktives Anbieten von Getränken, Kinder trinken nicht genug oder zu selten)
- unangemessene Füttermethoden (Säuglinge werden nicht gefüttert, Essenszwang, zu große Stücke, zu heißes Essen).

Merkmal Ruhe- und Schlafzeiten:

- Schlafraum nicht angemessen (z. B. überfüllt, zu laut, zu kalt)
- Schlafzwang (alle müssen zu einer bestimmten Zeit ruhen, weil dies so im Tagesablauf der Gruppe festgelegt wurde, keine Vorkehrungen für Kinder, die früher aufstehen oder länger schlafen möchten)

Merkmal Wickeln/Toilette:

- unzureichender Wechsel von Windeln (keine Windelkontrolle alle zwei Stunden)
- mangelnde Bereitschaft zur Hilfestellung, auch wenn Kinder dies einfordern (kindliches Weinen wird ignoriert).

Merkmal Maßnahmen zur Gesundheitsvorsorge:

- Hygienemängel (z. B. keine Desinfektion der Wickelauflage, kein Händewaschen vor Essenszubereitung, benutzte Taschentücher im offenen Papierkorb).

Merkmal Sicherheit:

- mangelnde Aufsicht / fehlende Beaufsichtigung
  Beispiele: Erzieherin ist länger als eine Minute nicht im Raum; unbeaufsichtigter Schlafraum (Kinder sind alleine nur mit Babyfon); eine Erzieherin muss mehr als fünf Kinder alleine beaufsichtigen; z. B. infolge von kurzfristigem Personalausfall sind die Grenzen der Aufsichtspflicht schnell erreicht
- Sicherheitsmängel (z. B. lose elektrische Leitungen, Reißnägel in Reichweite der Kinder, zu heißes Wasser am Kinderwaschbecken, ungesicherte Fenstergriffe).

Bei den genannten Beispielen handelt es sich um Qualitätsaspekte, die in der Krippenskala als Mindestanforderungen betrachtet werden. Sie decken sich teilweise mit den Beispielen von Vernachlässigung im Merkblatt der Berliner Kindertagesstättenaufsicht (Senatsverwaltung für Bildung, Jugend und Wissenschaft Berlin 2012). Negative pädagogische Praxis wirkt sich unmittelbar auf das Wohlbefinden der Kinder aus, weil grundlegende Bedürfnisse der Kinder aus dem Blick der Fachkräfte geraten sind. Zudem scheinen fehlendes Fachwissen und demzufolge falsche Annahmen darüber, was z. B. Zweijährige bereits können sollten, eine unangemessene Betreuungspraxis zu unterstützen.

8.1.2 Qualitätsmängel erkennen, pädagogische Praxis hinterfragen

Abgesehen von diesen offensichtlichen Qualitätsmängeln ist davon auszugehen, dass die jeweiligen psychischen und physischen Grundbedürfnisse von Kindern nicht erfüllt sind, wenn Kinder Unzufriedenheit, Unmut und Hilflosigkeit zum Ausdruck bringen, z. B. indem sie häufig oder lange weinen. Wenn sich die Fachkräfte häufig überlastet fühlen, können sie auf die Signale der Kinder nicht angemessen reagieren. Dies zeigt sich beispielsweise darin, dass Kinder dann nicht getröstet, sondern ignoriert oder ermahnt werden. Auf diese Weise verlieren die Fachkräfte den Kontakt zu den Kindern und wenden sich innerlich von ihnen ab, was responsives Verhalten verhindert.

Wie kann eine solche Negativspirale aufgelöst werden? Das Team muss mit der Einrichtungsleitung dafür Sorge tragen, dass die Kinder wieder in den Mittelpunkt der Aufmerksamkeit gerückt werden. Eine zugewandte Pädagogik und kindorientierte Qualitätssicherung richten sich nach den Rechten von Kindern (UN-Kinderrechtskonvention und Nationaler Aktionsplan für ein kindergerechtes Deutschland / Bundesministerium für Familie, Senioren, Frauen und Jugend 1992, 2006) und betrachten Äußerungen wie das kindliche Weinen als »Beschwerde« und wichtige Form der kindlichen Beteiligung. Häufiges Weinen im Kita-Alltag sollte Anlass sein für eine lösungs- und kindorientierte Reflexion der bestehenden Praxis im Team und konkrete Maßnahmen zur Verbesserung der Qualität nach sich ziehen. »Beteiligung scheut Konflikte nicht, sondern greift sie auf und sucht nach Lösungen, die

Zugewandte Pädagogik und kindorientierte Qualitätssicherung

alle mittragen können. Voraussetzung dafür sind partizipatorische Rahmenbedingungen, die Gefühlen und Konflikten Raum geben, und eine Grundhaltung, die Beschwerden nicht als lästige Störung, sondern als Botschaft und Beziehungsangebot begreift« (Bundesarbeitsgemeinschaft Landesjugendämter 2013, S. 5).

8.1.3 Die Bedeutung von Alltagssituationen erkennen

Kinder in den ersten drei Lebensjahren fühlen sich vor allem in Situationen wohl, die ihnen vertraut sind und in denen sie entspannt und in Gemeinschaft mit anderen sein können (Roberts 2011; Sumner/Bernard/Dozier 2010). Daher sind täglich wiederkehrende Tätigkeiten wie Essen, Schlafen und Wickeln bestens geeignet für neue Erfahrungen, gemeinsames Lernen und das Erleben von sozialer Zugehörigkeit, Selbstständigkeit und Kompetenz (vgl. Kap. 2.2). Alltagssituationen haben in Kindertageseinrichtungen den Vorteil, dass sie nicht extra geplant werden müssen, sondern verlässliche Zeitfenster darstellen, in denen das Miteinander zwischen Fachkräften und Kindern und unter den Kindern gestärkt werden kann. Somit sind dies wertvolle Lern- und Bildungsgelegenheiten, die zur sozio-emotionalen und kognitiven Entwicklung der Kinder beitragen können und eine hohe Aufmerksamkeit der Fachkräfte erfordern.

Alltagssituationen in entspannter Atmosphäre

Dieses Potenzial kann jedoch nur dann genutzt und ausgebaut werden, wenn die Alltagssituationen in der Kita in entspannter Gruppenatmosphäre, ohne Zeitdruck und mit Blick auf die individuellen Bedürfnisse gestaltet werden (können). So kommt es darauf an, dass z. B. hungrige Kinder eine Zwischenmahlzeit erhalten oder dass für Kinder, die nicht schlafen möchten, eine stille Beschäftigung möglich ist. Hierzu braucht es neben der bewussten Gestaltung dieser zeit- und personalintensiven Situationen klare Absprachen im Team, vor allem im Hinblick auf die Zeit- und Aufgabenaufteilung, ohne die Pausenzeiten und Regenerationsphasen der Fachkräfte zu vernachlässigen (Wertfein/Müller/Kofler 2012). Auch räumliche Gegebenheiten müssen im Hinblick auf die Aufsichtspflicht berücksichtigt werden (z. B.: Wo lassen sich für müde Kinder im Gruppenraum Ruhezonen einrichten?).

Wir wissen, dass eine grundsätzlich knappe Personal- und Zeitplanung, die kaum Freiraum für unvorhergesehene Situationen und kurzfristige Vertretungsregelungen lässt, keine Seltenheit in Kinderkrippen ist. Angesichts der hohen Vulnerabilität der Kinder und der hohen Ansprüche an die Fachkräfte führt dies immer wieder zu Stress im Tagesablauf, der die Befindlichkeit der Kinder und der Fachkräfte empfindlich beeinträchtigen kann. In Kapitel 2 und 3 dieses Buches wurde erörtert, wie wichtig verlässliche Bezugspersonen für Kinder in den ersten drei Lebensjahren und ihre Emotions- und Stressregulation sind. Zuwendung, emotionale Unterstützung und Behutsamkeit beim Übergang von einer Tätigkeit zur nächsten unterstützen auch Vorschulkinder darin, sich in Gruppensituationen wohlzufühlen (Hatfield et al. 2013; Gunnar et al. 2010).

Mehr »Auszeiten« und kleinere Gruppen

Aus Studien zur Stressbelastung von Kindern in Kinderkrippen (Legendre 2003; Vermeer/van Ijzendoorn 2006) lässt sich schlussfolgern, dass Kinder in den ersten drei Lebensjahren kleinere Gruppen (nicht mehr als 15 Kinder) und mehr »Auszeiten« von der Gruppensituation brauchen, um nicht überfordert zu werden. Je jünger die Kinder sind, desto überschaubarer sollten die Gruppen- und Betreuungssituation sowie die Raumgestaltung sein. Auch wenn mehrere Gruppen zeitweise zusammengefasst werden, sollten ein ausreichendes Platzangebot (nicht weniger als 5 qm pro Kind) gewährleistet sein sowie »Ruhezonen« und Rückzugsbereiche zur Verfügung stehen.

Zusammenfassend lässt sich festhalten, dass die pädagogischen Teams in Kinderkrippengruppen bereits durch gezielte Veränderungen an entscheidenden Stellen der Lernumgebung und durch eine Flexibilisierung im Tagesablauf zu einer kindgerechten Qualität und einer entspannten Gruppenatmosphäre in ihrer Einrichtung beitragen können.

8.2 Ergebnisse der deutschlandweiten NUBBEK-Studie

Bei der Nationalen Untersuchung zur Bildung, Betreuung und Erziehung von Kindern (NUBBEK, Tietze et al. 2013) handelt es sich um eine groß angelegte Studie, in deren Mittelpunkt die Qualität der familiären und außerfamiliären Betreuung von zwei- und vierjährigen Kindern steht. Im Folgenden sollen die zentralen Studienergebnisse zur Qualität der außerfamiliären Betreuung für Kinder in den ersten drei Lebensjahren dargestellt werden (Beckh/Mayer/Berkic/Becker-Stoll 2013).

Die nationale Studie wurde von Studienpartnern in acht Bundesländern durchgeführt. Erhebungen der Betreuungsqualität fanden sowohl in Familien als auch in außerfamiliären Betreuungsformen statt. Insgesamt nahmen 1956 Familien teil, darunter 1242 Familien mit zweijährigen Kindern. Daten zur pädagogischen Qualität in der außerfamiliären Betreuung von Kindern unter drei Jahren liegen für 117 Krippen, 128 altersgemischte Gruppen und 161 Tagespflegestellen vor.

Die pädagogische Qualität der verschiedenen außerfamiliären Betreuungsformen für Kinder unter drei Jahren wurde auch in dieser Studie in Krippen und altersgemischten Gruppen über die revidierte Krippen-Skala (KRIPS-R; Tietze/Bolz/Grenner/Schlecht/Weller 2007) erfasst. In den Tagespflegestellen wurde die revidierte Tagespflege-Skala (TAS-R; Forschungsversion: Tietze, 2010) eingesetzt, wobei KRIPS-R und TAS-R ähnlich aufgebaut sind (siehe Tab. 8.1).

Die Qualitätsmittelwerte liegen für Krippen, altersgemischte Einrichtungen und Tagespflegestellen jeweils im Bereich mittlerer Qualität (siehe Abb. 8.3). Entsprechend befindet sich auch der überwiegende Teil der Einrichtungen im Bereich mittlerer Qualität, d.h. 87,6 Prozent der Tagespflegestellen, 82,0 Prozent der altersgemischten Gruppen sowie 87,2 Prozent der Krippengruppen. In den Bereich guter bis sehr guter Qualität fallen dagegen nur 5,6 Prozent der Tagespflegestellen, 0,8 Prozent der altersgemischten Gruppen sowie 6 Prozent der Krippen. In jeweils 6,8 Prozent der Tagespflegestellen und Krippen sowie in 17,2 Prozent der altersgemischten Einrichtungen wurde die Qualität als unzureichend eingeschätzt, da grundlegende Mindestanforderungen nicht erfüllt waren (siehe Abb. 8.3).

Betrachtet man die pädagogische Qualität in den einzelnen erfassten Qualitätsbereichen von Platz und Ausstattung bis zur Eingewöhnung, so ergibt sich ein ähnliches Bild: Auch hier sind die Qualitätsmittelwerte überwiegend im mittleren Bereich angesiedelt (siehe Abb. 8.4). Ähnlich wie die Ergebnisse der Krippenstudie sprechen auch diejenigen von NUBBEK für eine vergleichsweise gute Interaktionsqualität (Bereiche Interaktionen sowie Zuhören und Sprechen).

Ein deutlicher Qualitätsabfall zeigt sich – wie bereits in der Krippenstudie – im Bereich Betreuung und Pflege der Kinder, d.h. bei der Gestaltung der Alltagsroutinen. Die Qualitätsmittelwerte liegen hier für alle drei betrachteten Betreuungsformen im unteren Bereich unzu-

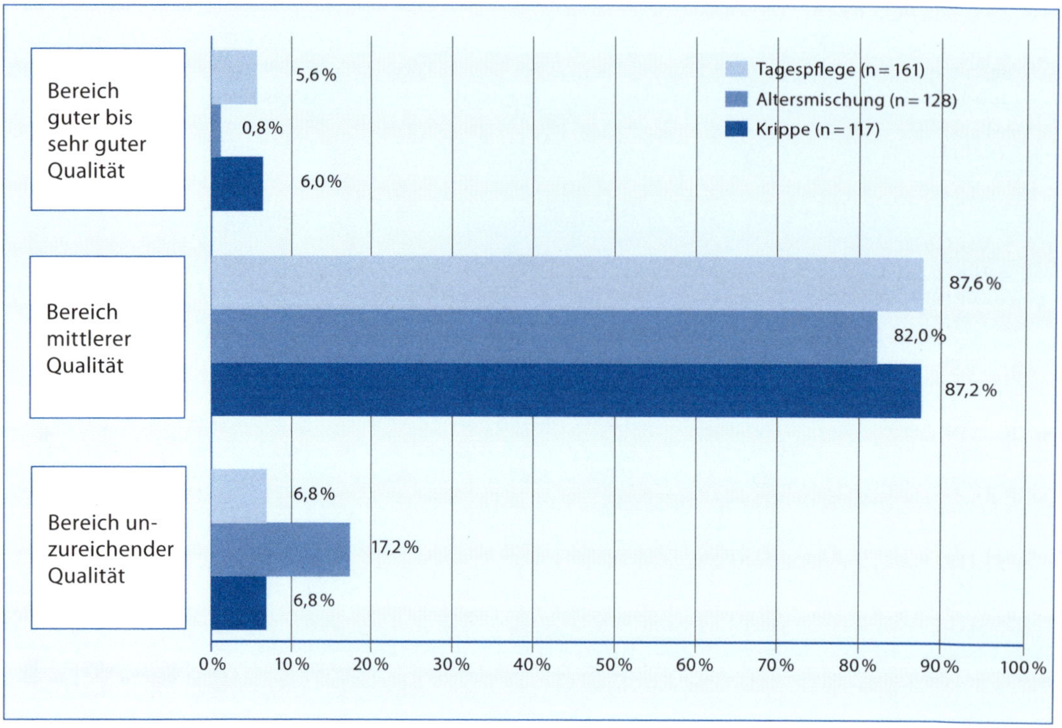

Abbildung 8.3: Pädagogische Qualität nach KRIPS-R in Krippen und altersgemischten Einrichtungen sowie nach TAS-R in Tagespflegestellen (Häufigkeit in Prozent), aus Beckh et al. (2013)

reichender Qualität (vgl. Abb. 3). Dies zeigt sich auch in der prozentuellen Verteilung: 73,3 Prozent der Tagespflegestellen, 88,3 Prozent der altersgemischten Einrichtungen sowie 78,4 Prozent der Krippen fallen in den Bereich unzureichender Qualität; gut oder sehr gut schnitten im Bereich Betreuung und Pflege dagegen nur 1,9 Prozent der Tagespflegestellen, keine der altersgemischten Einrichtungen sowie 17,0 Prozent der Krippen ab.

Darüber hinaus zeigen die Ergebnisse in einigen Bereichen auch deutliche Unterschiede zwischen den Betreuungsformen. So schneiden altersgemischte Gruppen in den Bereichen Platz und Ausstattung, Betreuung und Pflege, Interaktionen, Strukturieren der pädagogischen Arbeit sowie Zuhören und Sprechen im Hinblick auf Kinder in den ersten drei Lebensjahren signifikant schlechter ab als Krippengruppen. Dies spricht dafür, dass viele der untersuchten altersgemischten Ein-

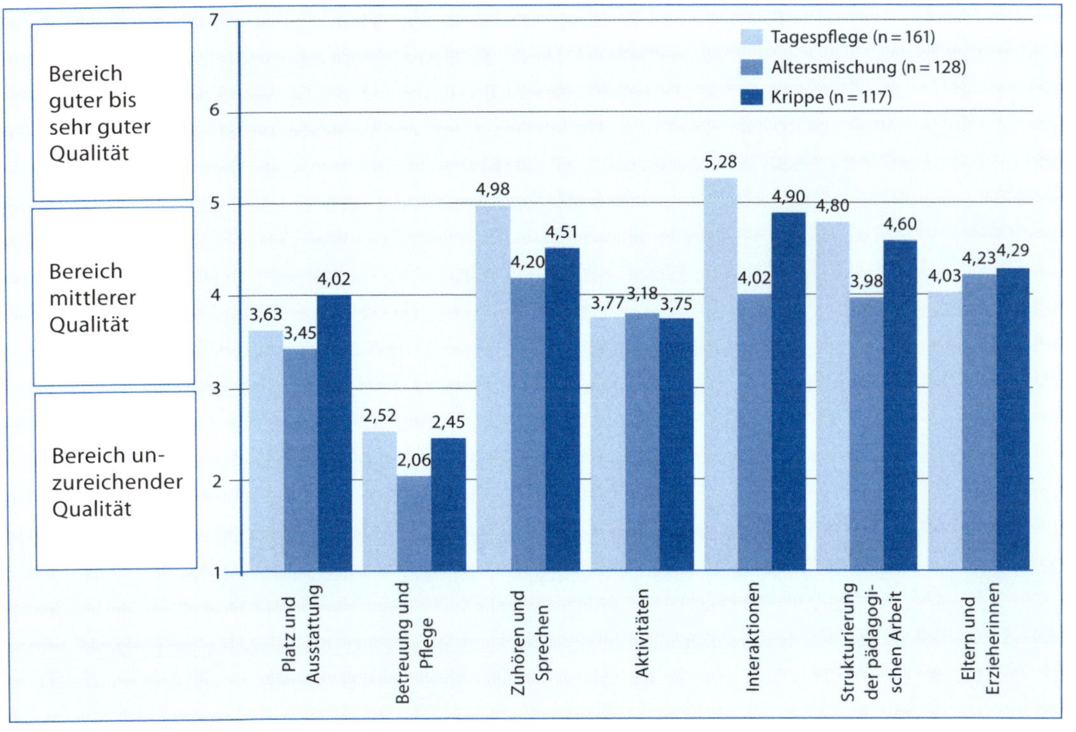

Abbildung 8.4: Pädagogische Qualität in Krippen und altersgemischten Einrichtungen sowie in Tagespflegestellen in den Teilbereichen der KRIPS-R bzw. TAS-R (Mittelwerte), aus Beckh et al. (2013)

richtungen nicht ausreichend auf die altersspezifischen Bedürfnisse von Kindern bis drei Jahre aus- und eingerichtet waren.

Insgesamt zeigen die Ergebnisse von NUBBEK, dass die Qualität der außerfamiliären Betreuung überwiegend als mittelmäßig und damit akzeptabel einzustufen ist. Gute oder sehr gute Betreuungsqualität fand sich in weniger als 5 Prozent der untersuchten Betreuungssettings und bei ca. 10 Prozent wurde die Qualität sogar als unzureichend beurteilt. Krippen und Tagespflegestellen schnitten dabei besser ab als altersgemischte Einrichtungen, deren Qualität in 17,2 Prozent der Fälle als unzureichend eingestuft wurde, während nur eine Einrichtung (0,8 Prozent) in den Bereich guter bis sehr guter Qualität fiel.

Diese Ergebnisse zeigen deutlich, dass der Verbesserung und Sicherung der Betreuungsqualität für Kinder in den ersten drei Lebensjahren eine höhere Priorität eingeräumt werden sollte. Insbesondere dann, wenn die Kinder schon sehr früh für viele Stunden täglich außerfamiliär betreut werden, reicht eine mittelmäßige Betreuungsqualität nicht aus, um die Kinder optimal in ihrer Entwicklung zu begleiten. Kinder mit Migrationshintergrund sowie Kinder, die familiären oder sonstigen Belastungen ausgesetzt sind, sind in besonderem Maße auf eine gute bis sehr gute Betreuungsqualität angewiesen (Beckh/Mayer/Berkic/Becker-Stoll 2014).

Die NUBBEK-Studie gibt auch Aufschluss darüber, welche Faktoren die Prozessqualität im engeren Sinne, d. h. die Interaktionsqualität zwischen Fachkräften und Kindern beeinflussen. So wird aus den Daten deutlich, dass die Interaktionsqualität in Kinderkrippen tendenziell besser ist, je größer der Personal-Kind-Schlüssel, je kleiner die Altersmischung, je geringer der Anteil von Kindern mit Migrationshintergrund ist und je mehr die Fachkraft einen auf Autonomie und Individualität ausgerichteten Erziehungsstil hat (Tietze et al. 2013).

Wie bereits in Kapitel 1 aufgezeigt wurde, stellt die pädagogische Qualität in Kindertageseinrichtungen ein komplexes Gefüge von verschiedenen Qualitätsaspekten dar. So sind unterschiedliche Ansatzpunkte möglich und zu empfehlen, um die Qualität fortlaufend zu überprüfen, zu überdenken und nachhaltig zu verbessern und weiterzuentwickeln. Nachfolgend werden in Anlehnung an die *Grundlagen für die Qualitätsentwicklung in Kinderkrippen* von Laewen/Andres (2013) zwei Ansatzpunkte ausgeführt: Maßnahmen zur Sicherung der kindlichen Bindungsbedürfnisse und zur Verbesserung der Arbeitsplatz- und Teamqualität.

8.3 Maßnahmen zur Sicherung der Bindungsbedürfnisse der Kinder

Gelingende Bildungsprozesse in den ersten Lebensjahren gründen auf verlässlichen Beziehungen und einer Pädagogik, die das einzelne Kind im Blick hat. »Wir können aus dem aktuellen Stand der Forschung schließen, dass eine enge Beziehung zur Erzieherin und deren achtsamer Umgang mit den Interessen und Bedürfnissen der Kinder dazu beitragen, dass Kinder auch außerhalb ihrer Familie den Tag entspannt verbringen und ihre frühen Bildungsprozesse erfolgreich vorantreiben können. Ein erstes zentrales Kriterium für die Qualität einer Kinderbetreuungseinrichtung besteht deshalb darin, solche Bedingungen für jedes einzelne Kind zu schaffen und zu sichern« (Laewen/Andres 2013, S. 24).

Eingewöhnung als Beziehungsfundament

Qualität von Anfang an bedeutet, dass die erste Aufmerksamkeit der Fachkräfte auf einer fachlich fundierten und individuell an das jeweilige Kind und seine Eltern angepassten Eingewöhnung liegen sollte. Eine gut vorbereitete und kindorientiert durchgeführte Eingewöhnung ist eine wichtige Investition in ein entspanntes Miteinander und legt den Grundstein für gute Beziehungen zwischen Kind, Fachkraft und Eltern. Diese Beziehungen stellen eine wichtige Grundlage dar für die weitere Zusammenarbeit von Eltern und Fachkraft und gelingende Interaktionen im Kita-Alltag zwischen Fachkraft und Kind (ausführlich in Kap. 3.1.2).

Entspanntes Miteinander und gute Beziehungen

Aufbau eines verlässlichen Beziehungsnetzwerks

Meist bleibt die Fachkraft, die ein Kind bei der Eingewöhnung begleitet hat, auch weiterhin seine wichtigste Bezugsperson in der Kita. Aufgrund von unterschiedlichen Dienstzeiten und möglichen Ausfällen bei Urlaub, Krankheit oder Fortbildung ist es praktisch kaum möglich, dass diese Person immer anwesend ist, wenn ihre Eingewöhnungskinder in der Einrichtung sind. Daher ist es zu empfehlen, nach der Eingewöhnungsphase eine oder zwei weitere Betreuungspersonen mit dem Kind vertraut zu machen. Dies stellt vor allem in größeren Einrichtungen eine Herausforderung an das pädagogische Team dar. Schließlich braucht das Kind zunächst die Bezugserzieherin als sichere Basis, um allmählich Kontakt und Vertrauen zu weiteren Kolleginnen aufbauen zu können. »Für den Aufbau der Beziehung am günstigsten ist es, wenn die Erzieherin versteht, wie wichtig es für das Kind ist, jederzeit ihre Aufmerksamkeit gewinnen zu können« (Laewen/Andres 2013, S. 27).

Kinder in den ersten drei Lebensjahren brauchen Zeit, um Vertrauen aufzubauen und eine neue Beziehung einzugehen. Daher ist es zu empfehlen, dass zusätzliche Hilfs- und Vertretungskräfte mindestens ein Jahr lang fest in der Einrichtung angestellt sind, um jederzeit einspringen zu können. Nur wenn sie dem Team und den Kindern bekannt und über einen längeren Zeitraum verfügbar sind, können z. B. auch Praktikanten Teil eines Beziehungsnetzwerks werden (Wertfein/Müller/Kofler 2012).

Ein verlässliches Beziehungsnetzwerk in der Tagesbetreuung schafft emotionale Sicherheit und Beziehungskontinuität für das Kind und entlastet gleichzeitig die Fachkräfte, die im Kita-Alltag und im Gruppengeschehen nicht immer und für jedes Kind verfügbar sein können. Auch die Eltern bekommen so mehr Einblick in die Arbeit des pädagogischen Teams und haben, wenn nötig oder gewünscht, mehrere Ansprechpartner und -partnerinnen zur Verfügung. Wichtig für das Sicherheitsempfinden der Kinder ist, dass sie sich nicht immer wieder auf neue Personen einstellen müssen.

Beziehungskontinuität braucht ausreichend Personal

Bindungssicherheit und Beziehungskontinuität ist für die Kinder erst dann Realität, wenn sie jederzeit eine ihnen vertraute Person als »sichere Basis« vorfinden und diese dann für sie verfügbar ist. Viele Einrichtungen kommen mit ihren Dienstplänen schnell an ihre Grenzen, vor allem dann, wenn bei ohnehin knapp kalkuliertem Personal keine den Kindern vertraute Ersatzkraft bei kurzfristigen Ausfällen in der Einrichtung zur Verfügung steht. Bereits die erste Krippenstudie *Kleine Kinder – großer Anspruch!* (Wertfein/Spies-Kofler 2008) kam zu dem Ergebnis, dass Personalengpässe bei gleichbleibender Gruppengröße und hohem Betreuungsbedarf der Kinder die pädagogische Arbeit der Fachkräfte (z. B. Angebote in Kleingruppen, Eingewöhnung) häufig beeinträchtigen.

Vertraute Ersatzkräfte in der Einrichtung

Gute pädagogische Qualität und deren Weiterentwicklung erfordern ausreichend Personal, die Bereitstellung von Ersatz- und Springkräften. Zudem sollten die pädagogischen Fachkräfte von zusätzlichen Aufgaben in der Verwaltung und im hauswirtschaftlichen Bereich (für Küche und Wäsche) entlastet werden. Jede Kindertageseinrichtung braucht eine von Gruppenaufgaben freigestellte, kompetente Leitung, die als Führungskraft die Verantwortung für das Gesamtmanagement der Einrichtung, die Verwaltung und die Teamführung trägt. Eine Leitungskraft braucht die Kompetenz und den Freiraum,

- um die Mitarbeiterinnen in ihren Talenten und fachlichen Entwicklungen wahrzunehmen und zu begleiten

- um die Qualität der pädagogischen Arbeit fortlaufend zu erfassen, zu reflektieren und zu optimieren und
- um Ziele und Schwerpunkte der pädagogischen Arbeit mit dem Team zu erarbeiten und die Konzeption der Einrichtung stetig weiterentwickeln zu können.

8.4 Maßnahmen zur Sicherung der Team- und Arbeitsplatzqualität

»Es braucht ein ganzes Dorf, um ein Kind zu erziehen« – und es braucht ein gutes Team, um Kindern in einer Kindertageseinrichtung eine hochwertige Bildung, Erziehung und Betreuung anzubieten. Dabei sind die Entwicklungsräume der Kinder gleichzeitig die Arbeitsplätze der Fachkräfte, d. h., jede Investition in eine gute Zusammenarbeit des pädagogischen Teams kommt der pädagogischen Qualität zugute. Besonders in Tageseinrichtungen für Kinder in den ersten drei Lebensjahren gehen eine hochwertige Fürsorge für die Kinder und eine gute Selbstfürsorge der Fachkräfte Hand in Hand (vgl. Kap. 3.5). Da das pädagogische Team und dort freigesetzte Ressourcen von entscheidender Bedeutung für die Prozessqualität, insbesondere für gelingende Interaktionen zwischen den Kindern und mit den Fachkräften, sind, sollten Maßnahmen zur Qualitätsentwicklung an der Teamqualität ansetzen (Wertfein/Müller/Danay 2013).

»Im Team bündeln sich die Kraft, die Kompetenzen, die Erfahrungen und der Einfallsreichtum der Mitarbeiter(innen) in einer Weise, die durch ein bloßes Nebeneinander derselben Personen niemals erreichbar wäre« (Laewen/Andres 2013, S. 45). Schließlich stellt jedes Team eine lernende Organisation dar, die sich immer in Bewegung, im Teamentwicklungsprozess befindet. Dieser Prozess erfordert ausreichend Raum (insbesondere einen Teamraum, in dem alle Kolleginnen Platz haben) und regelmäßige (Dienst-)Zeiten für Teamentwicklungsprozesse, v. a. zu Beginn des Kindergartenjahres und nach jeder Veränderung im Team (z. B. der Einarbeitung einer neuen Mitarbeiterin).

Jedes Team ist ein lernender Organismus

Entspannte Fachkräfte, die sich von ihrem Team unterstützt fühlen, sind auch entspannter und belastbarer im Umgang mit den Kindern (Wertfein/Spies-Kofler/Becker-Stoll 2009). Wie in diesem Kapitel bereits deutlich wurde, sind zeitintensive Aufgaben unter Zeitdruck ein Faktor dafür, dass Fachkräfte und Kinder in Alltagssituationen in Stress geraten. Eine geeignete Maßnahme zur Entlastung und Qualitätsverbesserung liegt in der bedarfsgerechten Bereitstellung und Sicherstellung von ausreichend Pausen, Freizeit und Verfügungszeiten aller Fachkräfte durch die Träger. Eine deutliche Diskrepanz zwischen den vorhandenen und tatsächlich benötigten Verfügungszeiten sowie die Belastung der Fachkräfte durch Vor- und Nachbereitung in ihrer Freizeit oder während der Kernzeit spricht für weiterhin dringenden Handlungsbedarf in diesem Bereich (Wertfein/Spies-Kofler 2008; Wertfein/Müller/Kofler 2012).

Personalressourcen sind Verantwortung des Trägers

Zusammenfassend ist festzuhalten, dass personelle und zeitliche Ressourcen für eine hochwertige Bildung, Erziehung und Betreuung von Kindern in den ersten drei Lebensjahren flexibel auf die jeweiligen Anforderungen und Bedarfe abgestimmt werden müssen. In dieser Hinsicht stellt jede Einrichtung und letztlich auch jede Gruppe einen Einzelfall dar. Es kommt darauf an, kurz- und mittelfristige Personalausfälle oder zeitweise größere Gruppengrößen durch eine entsprechende Personalplanung durch die Träger und verfügbare Springkräfte aufzufangen. Nur so kann es gelingen, auch Kindern mit einem mehrfach erhöhten Betreuungsbedarf, beispielsweise unter Dreijährigen aus Familien mit Migrationshintergrund, Kindern mit Entwicklungsverzögerung oder Säuglingen gerecht zu werden, ohne dass die Fachkräfte mangels Ressourcen täglich an ihre Belastungsgrenzen stoßen.

8.5 Aus-, Fort- und Weiterbildung: von der Kompetenz zur Qualität

Die Ergebnisse aus der Krippenstudie und aus NUBBEK verweisen auf wichtige Ansatzpunkte für die Weiterentwicklung der pädagogischen Qualität für Kinder in den ersten drei Lebensjahren. Deutlich wird auch, dass es allein mit einer Verbesserung der Rahmenbedingungen nicht getan ist. Gerade die unzureichenden Werte im Bereich »Pflege und Betreuung« machen deutlich, dass die Handlungskompetenz zur kindgerechten Gestaltung des Alltagsgeschehens in der außerfamiliären Betreuung gestärkt werden sollte. Wie eine kompetenzorientierte

Weiterbildung diesbezüglich aussehen kann, soll im Folgenden skizziert werden.

Wegweiser Weiterbildung gibt Impulse

Die Ausbildung der pädagogischen Fachkräfte enthält nach wie vor kaum oder nur wenig Inhalte, die sich speziell auf die pädagogische Arbeit mit Kindern in den ersten drei Lebensjahren beziehen. Daher kommt der Weiterbildung in diesem Bereich eine sehr große Bedeutung zu. Der Wegweiser *Weiterbildung »Kinder in den ersten drei Lebensjahren«* bietet die Grundlage für eine kompetenzorientierte Weiterbildung für die Pädagogik in dieser Altersstufe (Deutsches Jugendinstitut 2011). Qualitätskriterien, die gemeinsam mit Expertinnen und Experten aus Wissenschaft und Praxis der Aus- und Weiterbildung entwickelt wurden, geben Impulse für mehr Qualität in der frühpädagogischen Praxis. Sie zeigen, was eine gute Weiterbildung in dem jeweiligen Qualifizierungsbereich ausmacht und erlauben die Identifizierung von guter Praxis. Zugleich erleichtern sie den Vergleich unterschiedlicher Angebote und tragen so zu mehr Transparenz auf dem Weiterbildungsmarkt bei.

Nachhaltig wirksame Weiterbildung soll wissenschaftlich fundiert sein, kompetenzorientiert geplant und durchgeführt werden sowie den Theorie-Praxis-Transfer garantieren. Dies setzt voraus, dass Fortbildnerinnen und Fortbildner den Stand der Fachliteratur kennen, sich bei ihren Angeboten auf aktuelle Veröffentlichungen stützen und für die Durchführung auf weitere Medien und Ressourcen zurückgreifen können.

Handlungskompetenzen im Mittelpunkt

Mit der Orientierung an Kompetenzen stehen die Handlungskompetenzen im Mittelpunkt, die von den Lernenden zu erwerben sind, um berufstypische Anforderungen zu bewältigen – und kein Kanon an Inhalten, der von den Lehrpersonen vermittelt wird. Die verschiedenen Aspekte von Kompetenz unterteilen sich in Anlehnung an den Deutschen Qualifikationsrahmen (DQR) in Fachkompetenz (Wissen und Fertigkeiten) und in personale Kompetenzen (Sozialkompetenz und Selbstkompetenz).

Wissen bezeichnet alle für die Bewältigung der jeweiligen Anforderungen erforderlichen Kenntnisse und Wissensbestände. Im Vergleich dazu zeichnen sich Fertigkeiten durch einen deutlich stärkeren Handlungsbezug aus. Laut DQR gehören dazu instrumentale und systemische Fertigkeiten sowie Beurteilungsfähigkeit. Für den Bereich der Pädagogik ist diese eher technische Charakterisierung zu ergänzen um

Fertigkeiten, kreativ Probleme zu lösen sowie Wissen sinnorientiert einzuordnen und zu bewerten (Edelmann/Tippelt 2007, S. 133).

Dabei ist die Abgrenzung zur Sozialkompetenz oft fließend. Laut DQR gehören dazu Team- sowie Führungsfähigkeit, Mitgestaltung und Kommunikation. Ebenfalls (mit Bezug auf Edelmann/Tippelt 2007) ist hier zu ergänzen, dass es auch um die sprachliche Ausdrucksfähigkeit, die Fähigkeit zur situationsgerechten Selbstdarstellung, um Empathie, soziale Verantwortung im Sinne von Respekt, Solidarität und prosozialem Verhalten geht.

Reflexion der täglichen pädagogischen Erfahrungen

Die »Selbstkompetenz« als zweite Komponente von personaler Kompetenz bezieht sich laut DQR auf Eigenständigkeit sowie Verantwortung, Reflexivität und Lernkompetenz. Damit ist das abgedeckt, was Doris Edelmann und Rudolf Tippelt (ebd.) als »personale Kompetenz« bezeichnen. Dabei geht es auch um die Einordnung von persönlichem Erfahrungswissen, die Entwicklung von Selbstbewusstsein und Identität sowie um Strukturierungsfähigkeit und den Umgang mit Normen und Werten. Diese Form von Reflexionswissen ist für die pädagogische Arbeit von besonderer Bedeutung. Reflexionswissen »entsteht, wenn implizites Handlungswissen, also das, was im Alltag selbstverständlich erscheint und gut funktioniert (oder auch nicht) bewusst und explizit gemacht wird und damit überhaupt erst Gegenstand des Nachdenkens, der Diskussion und des Theorie-Praxis-Vergleichs werden kann« (von Balluseck/Nentwig-Gesemann 2008, zit. n. Fröhlich-Gildhoff et al. 2011).

Die auf Handlungsanforderungen in bestimmten Qualifikationsbereichen bezogene konkrete Benennung von Wissen, Fertigkeiten, Sozialkompetenz und Selbstständigkeit, die zur professionellen Bewältigung typischer Situationen im Arbeitsalltag erforderlich sind, ergibt eine erheblich präzisere Bestimmung der unterschiedlichen Dimensionen von Kompetenz, als dies in den verschiedenen Qualifikationsrahmen möglich ist, die für den frühpädagogischen Bereich entwickelt wurden (Pasternack/Schulze 2010). Sie beziehen sich aber auch immer nur auf einzelne Qualifizierungssegmente, und nicht auf ganze Studien- bzw. Ausbildungsgänge. Nur solche Segmente können auch Gegenstand von Weiterbildungsveranstaltungen sein.

Tabelle 8.2 veranschaulicht die Handlungsanforderungen im pädagogischen Alltag mit Kindern in den ersten drei Lebensjahren und benennt die einzelnen Handlungsanforderungen an die pädagogische Fachkraft und die zu deren Bewältigung erforderlichen Fach-, Sozial- und Selbstkompetenzen in den Bereichen:

- Organisationsentwicklung, Konzeptionsentwicklung, Qualitätsentwicklung
- Entwicklungs- und Bildungsprozesse
- Beziehung und Interaktion und
- pädagogische Alltagsgestaltung.

Organisationsentwicklung, Konzeptionsentwicklung, Qualitätsentwicklung	
1	Eine Einrichtung für Kinder in den ersten drei Lebensjahren aufbauen bzw. eine bestehende erweitern
2	Diversität mit dem Ziel einer inklusiven Frühpädagogik berücksichtigen
3	Eine Konzeption entwickeln
4	Qualität entwickeln und sichern
5	Das Bildungsprogramm des jeweiligen Bundeslandes für Kinder in den ersten drei Lebensjahren umsetzen
6	Eine anregungsreiche Entwicklungsumgebung schaffen
7	Für Schutz vor Kindeswohlgefährdung außerhalb und innerhalb der Einrichtung sorgen
Entwicklungs- und Bildungsprozesse	
8	Sich fachliche Grundlagen aneignen
9	Entwicklungsthemen/Entwicklungsaufgaben der ersten drei Lebensjahre in der pädagogischen Praxis verankern
10	Kindliche Bildungs- und Lernprozesse begleiten
11	Entwicklungs- und Bildungsverläufe beobachten und dokumentieren
Beziehung und Interaktion	
12	Eine professionelle Haltung weiterentwickeln und festigen
13	Bedürfnisse und Kompetenzen von Säuglingen und Kleinkindern erkennen und auf sie eingehen

14	Die Beziehung zum Kind und zur Gruppe gestalten
15	Aufnahme und Eingewöhnung kind- und elterngerecht durchführen
16	Kommunikation fördern und Kommunikationsformen entwickeln
17	Gruppenprozesse moderieren
18	Mit Eltern zusammenarbeiten
Pädagogische Alltagsgestaltung	
19	Den Tagesablauf gestalten
20	Die Pflege und Begleitung der Sauberkeitsentwicklung beziehungsvoll gestalten
21	Essenssituationen gestalten und auf gesunde Ernährung achten
22	Schlaf- und Ruhesituationen gestalten
23	Erfahrungen mit Musik und Rhythmik anregen
24	Erfahrungen mit gestalterischen Materialien anregen
25	Naturerfahrung sowie physikalisch mathematische und technische Grunderfahrungen anregen
26	Spielprozesse junger Kinder in ihrer Bedeutsamkeit für die kindliche Persönlichkeitsentwicklung wahrnehmen, verstehen und begleiten
26	Mit Belastungen in der Arbeit mit Kleinstkindern umgehen

Tabelle 8.2: Die Handlungsanforderungen »Kinder in den ersten drei Lebensjahren« im Überblick. Aus Deutsches Jugendinstitut 2011, S. 76

8.6 Nachhaltige Qualitätssicherung in Kindertageseinrichtungen

Der heterogene Bereich der Kindertagesbetreuung in Deutschland, die Unterschiede zwischen Ost und West, die Kulturhoheit der Länder, die Zuständigkeit der Kommunen und die vielfältige freie Trägerlandschaft tragen dazu bei, dass die Qualität in den Kindertageseinrichtungen sehr unterschiedlich ausfallen kann. Damit sich Eltern darauf verlassen können, dass ihr Kind die für seine Entwicklung notwendige pädagogische Qualität vorfindet, sind klare Qualitätskriterien, klare Zuständigkeiten und regelmäßige, standardisierte Maßnahmen zur Qualitätssicherung notwendig.

Wenn Kindertageseinrichtungen Bildung, Erziehung und Betreuung bieten sollen, ist eine wissenschaftlich fundierte, systematische und kontinuierliche Qualitätsmessung und Qualitätsentwicklung unabdingbar (Becker-Stoll/Wertfein 2013). Doch der Beratungsbedarf ist von Einrichtung zu Einrichtung sehr unterschiedlich. Während manche Kitas in ihrer Qualitätsentwicklung bereits weit fortgeschritten sind, stehen andere noch ganz am Anfang. Einrichtungen brauchen daher ein individuell auf ihre Stärken und Unterstützungsbedarfe abgestimmtes, passgenaues Angebot, das prozessbegleitend umgesetzt wird. Eine personelle Kontinuität in der Beratung und eine Qualitätsbegleitung »aus einer Hand« ermöglichen, dass die vereinbarten Ziele langfristig und nachhaltig erreicht werden können. Ferner ist zu beachten, dass das Team andere Fortbildungsbedürfnisse hat als die Einrichtungsleitung. Entscheidend ist hier, wie gut die Leitung bereits qualifiziert ist. Wirksame und nachhaltige Unterstützungsmaßnahmen sind ressourcen- und lösungsorientiert, beziehen das gesamte Team mit ein und sind mehrperspektivisch aufgebaut (Kombination von Selbst- und Fremdeinschätzung) (Reichert-Garschhammer/Becker-Stoll 2013). Von zentraler Bedeutung ist, dass im Prozess der Qualitätsentwicklung bestehende Unterschiede zwischen den Einrichtungen (z. B. hinsichtlich des pädagogischen Konzepts) auf der Grundlage »bedeutsamer Gemeinsamkeiten«, insbesondere notwendiger Rahmenbedingungen (z. B. zeitliche und personelle Ressourcen) anerkannt und berücksichtigt werden (Bensel 2013, S. 10).

Individuelle Beratung und Qualitätsbegleitung

Wie kann eine nachhaltige Qualitätsüberprüfung und fortlaufende interne sowie externe Evaluation gestaltet werden? Im Rahmen der Implementierung des Berliner Bildungsprogramms wurde zur Weiterentwicklung der frühpädagogischen Qualität eine »Qualitätsvereinbarung Tageseinrichtungen« getroffen (siehe auch www.beki-qualitaet.de). Damit haben sich Politik und Verbände der Kita-Träger auf ein System von Maßnahmen geeinigt, mit dem die fortlaufende Qualitätsentwicklung aller Berliner Kindertageseinrichtungen auf der Basis des Bildungsprogramms überprüft und gesichert werden soll. Die Evaluation durch qualifizierte Multiplikatorinnen und Multiplikatoren erfolgt für jede Kindertageseinrichtung in einem Rhythmus von fünf Jahren und stützt sich auf die interne und externe Einschätzung der pädagogischen Qualität.

Die interne Evaluation ermöglicht den pädagogischen Teams eine Vergewisserung über die bereits erreichte Qualität ihrer Arbeit und die selbstkritische Analyse von Entwicklungsnotwendigkeiten. Die Fachkräfte können sich im Team darüber austauschen, wo ihre Stärken liegen, was ihnen gut gelingt und wo Veränderungsbedarf besteht (Bensel 2013). Diese Teamreflexion mündet in die Vereinbarung konkreter Schritte für die Weiterentwicklung der Qualität. Dabei stellt sich immer die Frage, welche weiteren Entwicklungen mit den konkreten Rahmenbedingungen geleistet werden können und wo Grenzen liegen. Die externe Evaluation erweitert und ergänzt die Innensicht der internen Evaluation um eine neutrale Expertensicht von außen. Sie unterstützt die Teams durch konkrete Empfehlungen für die Weiterentwicklung ihrer Arbeit auf der Grundlage des Berliner Bildungsprogramms. Auf diese Weise können die Vorteile von Selbst- und Fremdevaluation verknüpft werden (Braun 2010).

Verknüpfung von Selbst- und Fremdevaluation

Das Berliner Modell zur Qualitätsentwicklung in Kindertageseinrichtungen macht deutlich, dass eine kontinuierliche Evaluation und Weiterentwicklung von Qualität in Kindertageseinrichtungen möglich ist, wenn sich die Verantwortlichen aus Politik, Wissenschaft und Praxis auf ein koordiniertes und standardisiertes Vorgehen verständigen und dafür die notwendigen Ressourcen bereitstellen. Dies trifft sowohl auf die Durchführung der internen und der externen Evaluation, also auch auf die laufende Koordination und wissenschaftliche Begleitung des Prozesses zu. Was in Berlin mit über 1000 Kindertageseinrichtungen und 950 Trägern möglich ist, kann auch Modell für andere Bundesländer sein. In Bayern wird seit Herbst 2013 daran gearbeitet, ein dauerhaft angelegtes System der Qualitätssicherung und Qualitätsentwicklung der Kindertageseinrichtungen durch die Ausbildung und den Einsatz von Qualitätsbegleitern und -begleiterinnen flächendeckend zu verankern. Dabei sollen die bestehenden Strukturen und Systeme (z. B. Fachberatung, Fortbildung) in einem gemeinsamen Kompetenznetzwerk so verbunden werden, dass ein institutionenübergreifender Dialog zwischen den verschiedenen Bildungsorten und Akteuren unterstützt wird (Reichert-Garschhammer/Becker-Stoll 2013).

Kommentierte Literaturempfehlungen Kapitel 8.

Tietze, W. / Becker-Stoll, F. / Bensel, J. / Eckhardt, A. G. / Haug-Schnabel, G. / Kalicki, B. / Keller, H. / Leyendecker, B. (Hrsg.) (2013). Nationale Untersuchung zur Bildung, Betreuung und Erziehung in der frühen Kindheit (NUBBEK). Weimar/Berlin: Verlag das netz.

NUBBEK ist die aktuelle Nationale Untersuchung zur Bildung, Betreuung und Erziehung in der frühen Kindheit, die als multizentrische Studie von sechs Studienpartnern bundesweit durchgeführt wurde. Sie gibt einen umfassenden Überblick, wie Kinder im vorschulischen Alter in Deutschland betreut werden: in Kindertageseinrichtungen, in der Kindertagespflege und in ihren Familien. Im Mittelpunkt stehen die pädagogische Qualität der Betreuung und ihre Beziehung zur Bildung und Entwicklung der Kinder. Ein besonderes Augenmerk liegt auf Kindern mit russischem und türkischem Migrationshintergrund. Die Ergebnisse sind nicht nur für Wissenschaftler, sondern besonders auch für Praktiker, Aus- und Fortbildner sowie Verantwortliche in Verbänden, Verwaltung und Fachpolitik von Bedeutung.

Wertfein, M. / Müller, K. / Kofler, A. (2012). Kleine Kinder – großer Anspruch! 2010. Zweite IFP-Krippenstudie in Tageseinrichtungen für Kinder unter drei Jahren (IFP-Projektbericht). Verfügbar unter http://www.ifp.bayern.de [12.3.2014].

Der Ergebnisbericht zur zweiten IFP-Krippenstudie gibt einen Überblick über die Studienergebnisse aus Hospitationen in 81 Einrichtungen mit Kinderkrippengruppen in München und erklärt ausführlich und in zahlreichen Beispielen, wie die Gestaltung einer auf die Bedürfnisse der Kinder in den ersten drei Lebensjahren abgestimmte pädagogische Praxis gelingen kann.

Herrnberger, G. / Schubert, Ch. (2010). Qualität für die Kleinsten. Entwicklung und Sicherung von Standards in Kinderkrippen, hrsg. von S. Viernickel / P. Völkel. Troisdorf: Bildungsverlag EINS.

Das Buch bietet Einrichtungen, die die Qualität ihrer pädagogischen Arbeit für die »Kleinsten« systematisch erarbeiten möchten, einen praxistauglichen Leitfaden. Insbesondere die methodischen Schritte der Entwicklung von Qualitätskriterien und -standards sind ausführlich und damit gut nachvollziehbar beschrieben. Dabei erläutern die Autoren Moderationstechniken sowie einige Methoden der Erwachsenenbildung und orientieren sich an bewährten Methoden des Qualitätsmanagements.

Literatur

Ahnert, L. (2010): Wie viel Mutter braucht das Kind? Bindung – Bildung – Betreuung: öffentlich und privat. Heidelberg: Spektrum.

Ahnert, L. (2007a): Inanspruchnahme öffentlicher Kinderbetreuung. In: M. Hasselhorn/W. Schneider (Hrsg.): Handbuch der Psychologie, Bd. Entwicklungspsychologie (S. 479–488). Bern: Hogrefe.

Ahnert, L. (2007b): Von der Mutter-Kind zur Erzieherinnen-Kind-Bindung. In: F. Becker-Stoll/M. R. Textor (Hrsg.): Die Erzieherin-Kind-Beziehung. Zentrum von Bildung und Erziehung (S. 31–41). Berlin/Düsseldorf/Mannheim: Cornelsen Scriptor.

Ahnert, L. (2006): Anfänge der frühen Bildungskarriere. Frühe Kindheit: die ersten sechs Jahre (6), 18–23.

Ahnert, L. (2004): Bindungsbeziehungen außerhalb der Familie: Tagesbetreuung und Erzieherinnen-Kind-Bindung. In: L. Ahnert (Hrsg.): Frühe Bindung. Entstehung und Entwicklung (S. 256–277). München: Reinhardt.

Ahnert, L./Pinquart, M./Lamb, M. L. (2006): Security of children's relationships with nonparental care providers: A meta-analysis. Child Development, 74 (3), 664–679.

Ahnert, L./Gappa, M. (2008): Entwicklungsbegleitung in gemeinsamer Erziehungsverantwortung. In: J. Maywald/B. Schön (Hrsg.): Entwicklungsbegleitung in gemeinsamer Erziehungsverantwortung (S. 74–95). Weinheim: Beltz.

Ahnert, L./Rickert, H./Lamb/M. E. (2000): Shared caregiving: Comparison between home and child care, Developmental Psychology, 36, 339–351.

Ainsworth, M. D. S. (1978/2003): Skalen zur Erfassung mütterlichen Verhaltens: Feinfühligkeit versus Unempfindlichkeit gegenüber den Signalen des Babys. In: Grossmann, K. E. (2003). Entwicklung der Lernfähigkeit (S. 96–107). München: Kindler.

Ainsworth, M. D. S./Bell, S. M. (1974/2003): Die Interaktion zwischen Mutter und Säugling und die Entwicklung von Kompetenz. In: K. E. Grossmann/K. Grossmann (2003). Bindung und menschliche Entwicklung. John Bowlby, Mary Ainsworth und die Grundlagen der Bindungstheorie (S. 97–118). Stuttgart: Klett-Cotta.

Ainsworth, M. D. S. / Blehar, M. C. / Waters, E./Wall, S. (1978): Patterns of attachment: A psychological study of the Strange Situation. Hillsdale, NJ: Erlbaum.

Ainsworth, M. D. S. (1964/2003): Muster von Bindungsverhalten, die vom Kind in der Interaktion mit seiner Mutter gezeigt werden. In: K. E. Grossmann/K. Grossmann (2003). Bindung und menschliche Entwicklung. John Bowlby, Mary Ainsworth und die Grundlagen der Bindungstheorie (S. 102–111). Stuttgart: Klett-Cotta.

Amelang, M. / Schmidt-Atzert, L. (2006): Psychologische Diagnostik und Intervention (4. Auflage). Berlin, Heidelberg: Springer.

Anders, Y. / Rossbach, H.-G. / Weinert, S. / Ebert, S. / Kuger, S. / Lehrl, S. et al. (2012): Home and preschool learning environments and their relations to the development of early numeracy skills. Early Childhood Research Quarterly, 27 (2), 231–244.

Balluseck, H. von/Nentwig-Gesemann, I. (2008): Wissen, Können, Reflexion – die Verbindung von Theorie und Praxis in der Ausbildung von ErzieherInnen. In: Sozial Extra. Zeitschrift für Soziale Arbeit, H. 3/4, S. 28–32.

Baltes, P. B. (1990): Entwicklungspsychologie der Lebensspanne: Theoretische Leitsätze. Psychologische Rundschau, 41, 1–24.

Bayerisches Staatsministerium für Arbeit und Sozialordnung, Familie und Frauen/Staatsinstitut für Frühpädagogik (Hrsg.) (2010): Bildung, Erziehung und Betreuung von Kindern in den ersten drei Lebensjahren. Handreichung zum Bayerischen Bildungs- und Erziehungsplan für Kinder in Tageseinrichtungen bis zur Einschulung. Weimar/Berlin: verlag das netz.

Bayerisches Staatsministerium für Arbeit und Sozialordnung, Familie und Frauen/Staatsinstitut für Frühpädagogik München (2007): Der Bayerische Bildungs- und Erziehungsplan für Kinder in Tageseinrichtungen bis zur Einschulung (2. Aufl.). Berlin/Mannheim: Cornelsen Scriptor.

Becker, N. (2010): Hirnentwicklung und Lernen in der frühen Kindheit – Möglichkeiten und Grenzen neurowissenschaftlicher Forschung. In: H. R. Leu/A. von Behr (Hrsg.): Forschung und Praxis der Frühpädagogik. Profiwissen für die Arbeit mit Kindern von 0–3 Jahren (S. 26–38). München: Reinhardt.

Becker-Stoll, F. / Wertfein, M. (2013): Qualitätsmessung und Qualitätsentwicklung in Kindertageseinrichtungen. In: M. Stamm/D. Edelmann (Hrsg.): Handbuch frühkindliche Bildungsforschung. Wiesbaden: Springer Fachmedien.

Becker-Stoll, F. / Textor, M. R. (Hrsg.) (2007): Die Erzieherin-Kind-Beziehung: Zentrum von Bildung und Erziehung. Berlin/Düsseldorf/Mannheim: Cornelsen Scriptor.

Beckh, K. / Mayer, D. / Berkic, J. / Becker-Stoll, F. (2014): Der Einfluss der Betreuungsqualität auf die sprachliche und sozial-emotionale Entwicklung von Kindern mit und ohne Migrationshintergrund. Frühe Bildung, 2/2014.

Beckh, K. / Mayer, D. / Berkic, J. / Becker-Stoll, F. (2013): Qualität in Kindertageseinrichtungen – Ergebnisse der NUBBEK-Studie. In: TPS – Theorie und Praxis der Sozialpädagogik, 9/2013, 44–48.

Beelmann, A. (2006): Wirksamkeit von Präventionsmaßnahmen bei Kindern und Jugendlichen. In: Zeitschrift für Klinische Psychologie und Psychotherapie 35, H. 2, S. 151–162.

Beller, E. K. (2002): Eingewöhnung in die Krippe. Ein Modell zur Unterstützung der aktiven Auseinandersetzung aller Beteiligten mit Veränderungsstress. Frühe Kindheit (2), 9–14.

Beller, E. K. / Beller, S. (2005): Kuno Bellers Entwicklungstabelle (5. Aufl.): Freie Universität Berlin.

Belsky, J. (2009): Classroom Composition, Child-Care History and Social Development: Are Child-Care Effects Disappearing or Spreading? Social Development, 18, 230–238.

Belsky, J. / Vandell, D. / Burchinal, M. / Clarke-Stewart, K. A. / McCartney, K. / Owen, M. / the NICHD Early Child Care Research Network (2007): Are there long-term effects of early child care? Child Development, 78, 681–701.

Bensel, J. (2013): Qualitätssicherung in Kitas. Kleinstkinder in Kita und Tagespflege (3), 6–10.

Bensel, J. / Haug-Schnabel, G. (2008) Krippenkinder integrieren. Betreuung, Bildung und Erziehung der 0–3-Jährigen. Klein & Groß (1), 7–9.

Bensel, J. / Haug-Schnabel, G. (2005): Kinder beobachten und ihre Entwicklung dokumentieren. Kindergarten heute spezial, Freiburg im Breisgau: Herder.

Berkic, J. / Schneewind, K. A. (2007): Förderung von Elternkompetenzen: Ansätze zur Prävention kindlicher und familialer Fehlentwicklungen. Kindesmisshandlung und Vernachlässigung 10, H. 1, S. 31–51.

Bertin, E. / Caccione, T. / Wilkening, F. (2006): Die Welt erkunden. Wie kleine Kinder wahrnehmen. klein & groß, (09), (7–9):

Birch, S. H. / Ladd, G. W. (1998): Children's interpersonal behaviors and the teacher–child relationship. Developmental Psychology, 34 (5), 934–946.

Boldaz-Hahn, S. (2013): »Weil ich dunkle Haut habe …« – Rassismuserfahrungen im Kindergarten. In: P. Wagner (Hrsg.): Handbuch Inklusion. Grundlagen vorurteilsbewusster Bildung und Erziehung (S. 139–149). Freiburg im Breisgau: Herder.

Bortz, J. (2005): Statistik für Human- und Sozialwissenschaftler (6. Auflage). Berlin/Heidelberg: Springer.

Bowlby, J. (1988/2008) Bindung. Elterliche und kindliche Entwicklung. In: Bowlby, J. (Hrsg.) (1988/2008): Bindung als sichere Basis. Grundlagen und Anwendung der Bindungstheorie (S. 3–15). München: E. Reinhardt.

Bowlby, J. (1987/2003) Bindung. Grossmann, K. E. / Grossmann, K. (2003): Bindung und menschliche Entwicklung. John Bowlby, Mary Ainsworth und die Grundlagen der Bindungstheorie. Stuttgart: Klett-Cotta.

Bowlby, J. (1969/1982): Attachment and loss. Vol I: Attachment (2. Aufl.). New York: Basic Books.

Brandes, H. (2010): Entwicklungspotenziale von Kindergruppen – Gruppenprozesse und ihre Förderung im Kindergarten. In: E. Hammes-Di Bernardo/A. Speck-Hamdan (Hrsg.): Kinder brauchen Kinder (S. 16–24). Weimar/Berlin: verlag das netz.

Brandes, H. (2008): Selbstbildung in Kindergruppen. Die Konstruktion sozialer Beziehungen. München: Ernst Reinhardt.

Braun, A. K. / Meier, M. (2004): Wie Gehirne laufen lernen oder: »Früh übt sich, wer ein Meister werden will!«. Überlegungen zu einer interdisziplinären Forschungsrichtung. Zeitschrift für Pädagogik, 50 (4), 507–520.

Braun, A. K. / Bock, J. / Gruss, M. / Helmeke, C. / Ovtscharoff, W. / Schnabel, R. / Ziabreva, I. / Poeggel, G. (2002): Frühe emotionale Erfahrungen und ihre Relevanz für die Entstehung und Therapie psychischer Erkrankungen. In: B. Strauß/A. Buchheim/H. Kächele (Hrsg.) (2002). Klinische Bindungsforschung – Methoden und Konzepte (S. 121–128). Schattauer: Stuttgart.

Braun, U. (2010): Wie wird pädagogische Qualität gemessen? Verfügbar unter http://www.u-braun.de/pdf/F_1_2.pdf [10.3.2014].

Braun, U. (2003): Fünf Jahre Einschätzskalen – Qualitätsfeststellung in Tageseinrichtungen für Kinder nimmt zu. Kita aktuell NRW (2), S. 40–43.

Bretherton, I. / Munholland, K. (1999): Internal working models in attachment relationships: A construct revisited. In: J. Cassidy/P. Shaver (Hrsg.): Handbook of attachment (S. 89–111). New York: Guilford.

Broda-Kaschube, B. / Wertfein, M. (2012): Selbstcoaching – mit den eigenen Ressourcen sinnvoll umgehen. Verfügbar unter https://www.familienhandbuch.de [12.3.2014].

Brownell, C. A. / Iesue, S. S. / Nichols, S. R. / Svetlova, M. (2013): Mine or yours? Development of sharing in relation to ownership understanding. Child Development 84 (3), 906–920.

Bundesarbeitsgemeinschaft Landesjugendämter (Hrsg.) (2013): Sicherung der Rechte von Kindern als Qualitätsmerkmal von Kindertageseinrichtungen. Verfügbar unter http://www.bagljae.de/downloads/114_sicherung-der-rechte-von-kindern-in-kitas.pdf [12.3.2014].

Bundesministerium für Familie, Senioren, Frauen und Jugend (Hrsg.) (2006): Nationaler Aktionsplan für ein kindergerechtes Deutschland 2005–2010. Verfügbar unter http://www.national-coalition.de/pdf/UN-Kinderrechtskonvention.pdf [10.3.2014].

Bundesministerium für Familie, Senioren, Frauen und Jugend (Hrsg.) (2005): Zwölfter Kinder- und Jugendbericht: Bericht über die Lebenssituation junger Menschen und die Leistungen der Kinder- und Jugendhilfe in Deutschland: München: Verlag Deutsches Jugendinstitut.

Bundesministerium für Familie, Senioren, Frauen und Jugend (Hrsg.) (1992): Übereinkommen über die Rechte des Kindes (UN-Kinderrechtskonvention). Verfügbar unter http://www.national-coalition.de/pdf/UN-Kinderrechtskonvention.pdf [10.3.2014].

Burchinal, M. / Howes, C. / Pianta, R. / Bryant, D. / Early, D. / Clifford, R. / Barbarin, O. (2008): Predicting child outcomes at the end of kindergarten from the quality of pre-kindergarten teacher-child interactions and instruction. Applied Developmental Sciences, 12(3), 140–153.

Burchinal, M. R. / Roberts, J. E. / Riggins, R. / Zeisel, S. / Neebe, E. / Bryant, M. (2000): Relating quality of center child care to early cognitive and language development longitudinally. Child Development, 71, S. 339–357.

Canning, N. (2007): Children's empowerment in play. European Early Childhood Education Research Journal (15), 2, 227–236.

Cooper, G. / Hoffman, K. / Marvin, R. / Powell, B. (1999/2000): Secure and limited circles of security. Unpublished material, Centre for Clinical Intervention, Spokane, WA, and University of Virginia.

Corsaro, W. A. (1997): The sociology of childhood. Thousand Oaks, Ca.: Pine Forge Press.

Cryer, D. (1999): Defining and Assessing Early Childhood Programm Quality. The Annals of American Academy of Political and Social Science (Vol. 563), S. 39–55.

Datler, W. / Datler, M. / Hover-Reisner, N. (2010): Von den Eltern getrennt und doch nicht verloren – Annäherungen an das Alltagserleben von Krippenkindern unter dem Aspekt der Bildung. In: G. E. Schäfer/R. Staege/R. Meiners (Hrsg.): Kinderwelten – Bildungswelten. Unterwegs zur Frühpädagogik (S. 83–93). Berlin: Cornelsen Scriptor.

De Wolff, M. S. / van Ijzendoorn, M. H. (1997): Sensitivity and attachment: A meta-analysis on parental antecedents of infant attachment. Child Development, 68, 571–591.

Deci, E. L. / Ryan, R. M. (1995): Human autonomy: The basis for true self-esteem. In: M. Kernis (Hrsg.) (1995). Efficacy, agency, and self-esteem (S. 31–49). New York: Plenum.

Deci, E. L. / Ryan, R. M. (1992): The initiation and regulation of intrinsically motivated learning and achievement. In: A. K. Boggiano / T. S. Pittman (Hrsg.) (1992). Achievement and motivation: a social-developmental Perspective (S. 9–36). Cambridge: Cambridge University Press.

Deutsche Liga für das Kind (2008): Gute Qualität in Krippe und Kindertagespflege. Positionspapier der Deutschen Liga für das Kind. Verfügbar unter http://liga-kind.de/downloads/krippe.pdf [10.3.2014].

Deutsches Jugendinstitut e.V. (Hrsg.) (2011): Kinder in den ersten drei Lebensjahren. Grundlagen für die kompetenzorientierte Weiterbildung. Ein Wegweiser der Weiterbildungsinitiative Frühpädagogische Fachkräfte (WiFF). Verfügbar unter www.weiterbildungsinitiative.de [10.3.2014].

Edelmann, D. / Tippelt, R. (2007): Kompetenzentwicklung in der beruflichen Bildung und Weiterbildung. Zeitschrift für Erziehungswissenschaft, 10. Jg., Sonderheft 8, S. 129–146.

Engdahl, I. (2012): Doing friendship during the second year of life in Swedish preschool. European Early Childhood Education Research Journal 20 (1), 83–98.

Freter, K. (2004): Dialog (fast) ohne Worte. In: R. Henneberg / H. Klein / L. Klein / H. Vogt (Hrsg.): Mit Kindern leben, lernen, forschen und arbeiten. Kindzentrierung in der Praxis (S. 210–216). Seelze-Velber: Kallmeyer.

Fried, L. (2004): Kindergartenkinder konstruieren ihr Wissen über die soziale Welt. In: L. Fried,/G. Büttner (Hrsg.): Weltwissen von Kindern. Zum Forschungsstand über die Aneignung sozialen Wissens bei Krippen- und Kindergartenkinder (S. 55–77). Weinheim: Juventa.

Friedlmeier, W. (1999): Emotionsregulation in der Kindheit. In: W. Friedlmeier/M. Holodynski (Hrsg.): Emotionale Entwicklung (S. 192–218). Heidelberg: Spektrum.

Friedman, S. L. / Boyle, D. E. (2009): Kind-Mutter-Bindung in der NICHD-Studie. Early Child Care and Youth Development. Methoden, Erkenntnisse und zukünftige Ausrichtungen. In: K. H. Brisch/T. Hellbrügge (Hrsg.) Wege zu sicheren Bindungen in Familie und Gesellschaft. Prävention, Begleitung, Beratung und Psychotherapie (S. 94–151). Stuttgart: Klett-Cotta.

Friedrich, H. (2008): Beziehungen zu Kindern gestalten (4. komplett überarb. und erweiterte Aufl.). Mannheim: Cornelsen Scriptor.

Fröhlich-Gildhoff, K. / Dörner, T. / Rönnau-Böse, M. (2012): Prävention und Resilienzförderung in Kindertageseinrichtungen – PRiK. Ein Förderprogramm (2., überarb. Aufl.). München/Basel: Reinhardt.

Fröhlich-Gildhoff, K. / Nentwig-Gesemann, I. / Pietsch, S. (2011): Kompetenzorientierung in der Qualifizierung frühpädagogischer Fachkräfte. WiFF Expertise. München. Verfügbar unter www.weiterbildungsinitiative.de/publikationen.html [10.3.2014].

Fthenakis, W. E. (2003): Zur Neukonzeptualisierung der Bildung in der frühen Kindheit. In: W. E. Fthenakis (Hrsg.): Elementarpädagogik nach Pisa (S. 18–37). Freiburg im Breisgau: Herder.

Fuchs, G. / Bayer. GUVV/Bayer. LUK/Unfallkasse Nord (o. J.): Kinder sich bewegen lassen. DVD. Verfügbar unter http://www.kuvb.de/praevention/betriebsarten/kindertageseinrichtungen/ [10.3.2014].

Gabriel, B. / Bodenmann, G. (2006): Elterliche Kompetenzen und Erziehungskonflikte. Kindheit und Entwicklung 15, H. 1, S. 9–18.

Gartinger, S. (2009): Früheste Beobachtung und Dokumentation. Bildungsarbeit mit Kleinstkindern. Troisdorf: Bildungsverlag EINS.

Gawehn, N. (2013): Resilienzförderung in der Frühen Bildung – was Kinder aus psychosozialen Risikokonstellationen benötigen. Sonderpädagogische Förderung heute 58 (4), 358–369.

Gerwig, K. / Schneider, K. (o. J.): Kitas kleinkindgerecht bauen und ausstatten. AV1 Pädagogik Filme.

Gopnik, A. / Kuhl, P/Meltzoff, A. (2003): Forschergeist in Windeln. München: Piper.

Graf, J. / Walper, S. (2010): So gelingt die Stärkung der Erziehungskompetenz bei Eltern und pädagogischen Fachkräften. In: F. Becker-Stoll, J. Berkic, B. Kalicki (Hrsg.): Bildungsqualität für Kinder in den ersten drei Lebensjahren (S. 231–242). Berlin: Cornelsen Scriptor.

Gralla-Hoffmann, K. / Antunes, F. M. (2010): Qualifizierung von langzeitarbeitslosen Männern zu Erziehern im Land Brandenburg. Evaluation ihrer pädagogischen Praxis im Berufsfeld. Verfügbar unter http://www.mbjs.brandenburg.de/media_fast/4113/CB_Bericht20100422_korr.pdf [25.03.2014].

Gralla-Hoffmann, K. / Antunes, F. M. / Stoewer, D. (2010): Pädagogische Qualität in Kindertageseinrichtungen der Stadt Münster. Ergebnisse der Erhebungen in acht städtischen Kindertageseinrichtungen im April 2010. Berlin: PädQUIS.

Griebel, W. / Niesel, R. (2015): Übergänge verstehen und begleiten. Transitionen in der Bildungslaufbahn von Kindern (3. aktualisierte Aufl.). Berlin: Cornelson Verlag Scriptor.

Griebel, W. / Niesel, R. / Reidelhuber, A. / Minsel, B. (2004): Erweiterte Altersmischung in Kita und Schule. Grundlagen und Praxishilfen für Erzieherinnen, Lehrkräfte und Eltern. München: Don Bosco.

Grossmann, K. / Grossmann, K. E. (2012): Bindung – das Gefüge psychischer Sicherheit. Stuttgart: Klett-Cotta.

Grossmann K. / Grossmann, K. E. / Kindler, H. (2005): Early care and the roots of attachment and partnership representations in the Bielefeld and Regensburg Longitudinal Studies. In: K. E. Grossmann / K. Grossmann / E. Waters (Hrsg.) (2005). Attachment from Infancy to Adulthood. The Major Longitudinal Studies (S. 98–136). New York: Guilford Press.

Grossmann, K. / Grossmann K. E. (1991): Newborn behavior, early parenting quality and later toddler-parent relationship in a group of German infants. In: J. K. Nugent/B. M.Lester/T. B. Brazelton (1991). The cultural context of infancy, Bd. II. (S. 3–38). Norwoo: Ablex.

Grossmann, K. / Grossmann, K. E. / Spangler, G. / Suess, G. / Unzner, L. (1985): Maternal sensitivity and newborns orientation responses as related to quality of attachment in northern Germany. In: I. Bretherton/E. Waters (Hrsg.): Growing points of attachment theory and research. Monographs of the Society for Research in Child Development, 50, 1–2, Ser. No. 209, S. 233–256.

Gunnar, M. R. / Kryzer, E. / van Ryzin, M. J. / Phillips, D. A. (2010): The Rise in Cortisol in Family Day Care: Associations with aspects of care quality, child behavior, and child sex. Child Development, 81 (3), 851–869.

Gutknecht, D. (2015): Wenn kleine Kinder beißen. Achtsame und konkrete Handlungsmöglichkeiten.Freiburg im Breisgau: Herder.

Gutknecht, D. (2012): Bildung in der Kinderkrippe. Wege zur Professionellen Responsivität. Stuttgart: Kohlhammer.

Hamre, B. K. / Pianta, R. C. (2007): Learning opportunities in preschool and early elementary classrooms. In: R. C. Pianta/J. C. Martha/K. L. Snow (Hrsg.): School Readiness and the Transition to Kindergarten in the Era of Accountability (S. 49–84). Baltimore: Brookes.

Hardenberg, M. (2007): Hier spielt sich Bildung ab. In: C. Lipp-Peetz (Hrsg.): Praxis Beobachtung. Auf dem Weg zu individuellen Bildungs- und Erziehungsplänen (S. 120–145). Berlin/Düsseldorf/Mannheim: Cornelsen Scriptor.

Hatfield, B. E. / Hestenes, L. / Kintner-Duffy, V. L. / O'Brien, M. (2013): Classroom emotional support predicts differences in preschool children's cortisol and alpha-amylase levels. Early Childhood Research Quarterly, 28, 347–356.

Hauf, P. (2008): Lernen im Dialog. Frühe Kindheit, (3), (14–19).

Haug-Schnabel, G. (2012): Das hab ich nicht gewollt! In: Themenheft »Sozialemotionale Entwicklung« von »Kleinstkinder in Kita und Tagespflege«, 41–46.

Haug-Schnabel, G. (2009): Aggression bei Kindern. Praxiskompetenz für Erzieherinnen. Freiburg im Breisgau: Herder.

Haug-Schnabel, G. / Bensel, J.(2013a): Altersmischung braucht Qualität. TPS Theorie und Praxis der Sozialpädagogik (2), S. 4–7.

Haug-Schnabel, G. / Bensel, J.(2013b): U3/Ü3 Wie sinnvoll ist die Unterscheidung zwischen Kindern unter drei und über drei Jahren. TPS Theorie und Praxis der Sozialpädagogik (2), S. 38.

Haug-Schnabel, G. / Bensel, J. (2006): Kinder unter 3 – Bildung, Erziehung und Betreuung von Kleinstkindern. Kindergarten heute spezial. Freiburg im Breisgau: Herder.

Haug-Schnabel, G. / Bensel, J. (2005): Grundlagen der Entwicklungspsychologie: Die ersten 10 Lebensjahre. Freiburg im Breisgau: Herder.

Haug-Schnabel, G. / Wehrmann, I. (Hrsg.) (2012): Raum braucht das Kind. Anregende Lebenswelten für Krippe und Kindergarten. Weimar/Berlin: verlag das netz.

Hauser, B. (2013): Spielen. Frühes Lernen in Familie, Krippe und Kindergarten. Stuttgart: Kohlhammer.

Havighurst, R. J. (1982): Developmental tasks and education (1. Aufl. 1948). New York: Longman.

Hédervári-Heller, É. (2012): Wie viel Öffnung vertragen Kinder unter drei? Eine Orientierung für Leiterinnen. Kindergarten heute. Das Leitungsheft (1), 4–9.

Hédervári-Heller, É. (2010): Eingewöhnung. In: W. Weegmann / C. Kammerlander (Hrsg.): Die Jüngsten in der Kita. Ein Handbuch zur Krippenpädagogik (S. 237–250). Stuttgart: Kohlhammer.

Heimlich, U. / Behr, I. (2008): Qualitätsstandards in integrativen Kinderkrippen (QUINK) – Ergebnisse eines Begleitforschungsprojektes. Vierteljahreszeitschrift für Heilpädagogik und ihre Nachbargebiete, 77 (4), 301–316.

Heinze-Nießner, U. (2007): Warum wir Ihr Kind beobachten. In: C. Lipp-Peetz (Hrsg.): Praxis Beobachtung. Auf dem Weg zu individuellen Bildungs- und Erziehungsplänen (S. 174–178). Berlin, Düsseldorf/Mannheim: Cornelsen Scriptor.

Henneberg, R. (2004): Max entdeckt das »Elektrische« … In: R. Henneberg / H. Klein/L. Klein/H. Vogt (Hrsg.): Mit Kindern leben, lernen, forschen und arbeiten. Kindzentrierung in der Praxis (S. 196–200). Seelze-Velber: Kallmeyer.

Howes, C. (2000a): Social-emotional Classroom Climate in Child Care, Child-Teacher Relationships and Children's Second Grade Peer Relations. Social Development, 9 (2), 191–204.

Howes, C. (2000b): Social development, family, and attachment relationships of infants and toddlers. In: D. Cryer/T. Harms (Hrsg.): Infants and toddlers in out-of-home care (S. 87–223). Baltimore: Paul H. Brooks.

Howes, C. / Galinsky, E. / Kontos, S. (1998): Child care cargegiver sensitivity and attachment. Social Development, 7 (1), 25–36.

Janke, B. (1999): Naive Psychologie und die Entwicklung des Emotionswissens. In: W. Friedlmeier/M. Holodynski (Hrsg.): Emotionale Entwicklung (S. 70–98). Heidelberg: Spektrum Akademischer Verlag.

Kärtner, J. (2012): Komm, ich helfe dir! In: Themenheft »Sozial-emotionale Entwicklung« von »Kleinstkinder in Kita und Tagespflege, 36–40.

Kasten, H. (2008): Soziale Kompetenzen. Berlin: Cornelsen Scriptor.

Kasten, H. (2005): 0–3 Jahre. Entwicklungspsychologische Grundlagen. Weinheim/Basel: Beltz.

Kazemi-Veisari, E. (2004): Kinder verstehen lernen. Wie Beobachtung zu Achtung führt. Seelze-Velber: Kallmeyer.

Keller, H. (2013): Wissenschaftliche Grundlagen und Rahmenbedingungen. In: H. Keller (Hrsg.): Interkulturelle Praxis in der Kita (S. 11–23). Freiburg im Breisgau: Herder.

Kettner-Grosbüsch, A. (2013): Ohne Öffnung geht es nicht. Altersmischung braucht gruppenübergreifende Zusammenarbeit. TPS Theorie und Praxis der Sozialpädagogik (2), 18–19.

Kieferle, C. (2011): Interkulturelle Pädagogik. In: E. Reichert-Garschhammer / C. Kieferle (Hrsg.): Sprachliche Bildung in Kindertageseinrichtungen (S. 193–200). Freiburg im Breisgau: Herder.

Kindler, H. / Grossmann, K. (2004): Vater-Kind-Bindung und die Rollen von Vätern in den ersten Lebensjahren ihrer Kinder. In: Ahnert, L. (Hrsg.) (2004). Frühe Bindung. München: Ernst Reinhardt Verlag., S. 240–255.

Klein, H. (2004): Lerngeschichten. In: R. Henneberg / H. Klein / L. Klein / H. Vogt (Hrsg.): Mit Kindern leben, lernen, forschen und arbeiten. Kindzentrierung in der Praxis (S. 234–240). Seelze-Velber: Kallmeyer.

Klein, L. (2008): Das Portfolio gehört dem Kind. Theorie und Praxis der Sozialpädagogik (9), 5–9.

Kobelt Neuhaus, D. (2010): Was kleine Kinder (nur) von Peers lernen können. In: E. Hammes-Di Bernado / A. Speck-Hamdan (Hrsg). Kinder brauchen Kinder (S. 45–56). Berlin: verlag das netz.

Kollmann, I. (2013): Hauen, beißen, sich vertragen. Umgang mit aggressivem Verhalten 0- bis 3-jähriger in der Kita. Berlin: Cornelsen.

König, A. (2009): Interaktionsprozesse zwischen Erzieherinnen und Kindern: Eine Videostudie aus dem Kindergartenalltag. Wiesbaden: VS.

Kontos, S. / Wilcox-Herzog, A. (1997): Teachers' interactions with children: Why are they so important? Young Children, 52 (2), 4–12.

Krapp, A. (2005): Das Konzept der grundlegenden psychologischen Bedürfnisse. Ein Erklärungsansatz für die positiven Effekte von Wohlbefinden und intrinsischer Motivation im Lehr-Lerngeschehen. Zeitschrift für Pädagogik, 51 (5), 626–641.

Laewen, H.-J. / Andres, B. (2013): Grundlagen für die Qualitätsentwicklung in Kinderkrippen. Berlin: infans Sonderdruck.

Laewen, H. / Andres, B. / Hédervári, É. (2000): Die ersten Tage in der Krippe. Ein Modell für die Gestaltung der Eingewöhnungssituation (3. erweiterte Aufl.). Neuwied/Berlin: Luchterhand Verlag.

Laewen, H.-J. (o. J.): Grenzsteine der Entwicklung als Grundlage eines Frühwarnsystems für Risikolagen in Kindertageseinrichtungen. Verfügbar unter http://www.mbjs.brandenburg.de/media/5lbm1.c.107479.de [12.3. 2014].

Largo, R. H. (2011): Babyjahre. Entwicklung und Erziehung in den ersten vier Jahren (7. Aufl.). München: Piper.

Legendre, A. (2003): Environmental features influencing toddlers' bioemotional reactions in day care centers. Environment and Behavior, 35, 523–549.

Leu, H. R. / Flämig, K. / Frankenstein, Y. / Koch, S. / Pack, I. / Schneider, K. et al. (2007): Bildungs- und Lerngeschichten. Bildungsprozesse in früher Kindheit beobachten, dokumentieren und unterstützen. Weimar/Berlin: verlag das netz.

Liegle, L. (2013): Frühpädagogik. Erziehung und Bildung kleiner Kinder. Ein dialogischer Ansatz. Stuttgart. Kohlhammer.

Liegle, L. (2008): Erziehung als Aufforderung zur Bildung. In: W. Thole / H.-G. Roßbach / M. Fölling-Albers / R. Tippelt (Hrsg.): Bildung und Kindheit. Pädagogik der Frühen Kindheit in Wissenschaft und Lehre (S. 85–114). Opladen: Barbara Budrich.

Loizou, E. (2004): Humorous bodies and humorous minds: Humour within the social context of an infant child care setting. European Early Childhood Education Research Journal (12), 1, 15–28.

Lorber, K. / Hanf, J. (2013): Beziehungsdidaktik in der Krippe. In: N. Neuß (Hrsg.): Grundwissen Didaktik für Krippe und Kindergarten (S. 112–123). Berlin: Cornelsen.

Lucas-Thompson, R. G. / Goldberg W. A. / Prause, J. (2010): Maternal Work Early in the Lives of Children and Its Distal Associations With Achievement and Behavior Problems: A Meta-Analysis, Psychological Bulletin, 136(6), 915–942.

Maccoby, E. E. (2000): Psychology der Geschlechter. Stuttgart: Klett-Cotta.

Main, M. (1982): Vermeidung im Dienste von Nähe: Ein Arbeitspapier. In: K. Immelmann / G. Barlow / L. N. Petrinowitsch / N. Main (Hrsg.): Verhaltensentwicklung bei Mensch und Tier: Das Bielefeld-Projekt (S. 753–779). Berlin.

Marvin, R. S. / Cooper, G. / Hoffman, K. / Powell, B. (2003): Das Projekt »Kreis der Sicherheit«: Bindungsgeleitete Intervention bei Eltern-Kind-Dyaden im Vorschulalter. In: H. Scheuerer-Englisch / G. J. Suess / W. P. Pfeifer (Hrsg.): Wege zur Sicherheit – Bindungswissen in Diagnostik und Intervention (S. 25–50). Gießen: Psychosozial Verlag.

Mashburn, A. J. / Pianta, R. C. / Hamre, B. K. / Downer, J. T. / Barbarin, O. / Bryant, D. et al. (2008): Measures of classroom quality in prekindergarten and childen's development of academic, language, and social skills. Child Development, 79 (3), 732–749.

Matas, L. / Arend, R. / Sroufe, L. A. (1978): Continuity of adaptation in the second year: The relationship between quality of attachment and later competence. In: Child Development 49, S. 547–556.

Mayr, T. (2008): Früherkennung von Entwicklungsauffälligkeiten in Kindertageseinrichtungen als Prozess – ein Stufenmodell. In: D. Diskowski / L. Pesch (Hrsg.): Familien stützen – Kinder stützen. Was Kitas beitragen können (S. 199–213). Weimar/Berlin: verlag das netz.

Mayr, T. (2000): Entwicklungsrisiken bei armen und sozial benachteiligten Kindern und die Wirksamkeit früher Hilfen. In: H. Weiß (Hrsg.): Frühförderung mit Kindern und Familien in Armutslagen (S. 142–163). München/Basel: Reinhardt.

Mayr, T. / Ulich, M. (2006): Die Engagiertheit von Kindern. Zur systematischen Reflexion von Bildungsprozessen. In: W. E. Fthenakis (Hrsg.): Elementarpädagogik nach PISA. Wie aus Kindertageseinrichtungen Bildungseinrichtungen werden können (5. Aufl.) (S. 169–189). Freiburg im Breisgau: Herder.

McCartney, K. / Burchinal, M. / Clarke-Stewart, A. / Bub K. L. / Owen M. T. / Belsky J. (2010): Testing a series of causal propositions relating time in child care to children's externalizing behaviour. Developmental Psychology, Vol. 46[1], 1–17.

Meltzoff, N. A. (2007): The ›like me‹ framework for recognition and becoming an intentional agent. Anta Psychologica 124, 26–43.

Monaco, C. / Pontecorvo (2010): The interaction between young toddlers: constructing and organizing participation framework. EECERJ (18), 3, 341–371.

Müller, K. (2011): Teamqualität in Kinderkrippen und ihre Bedeutung für die Interaktionsprozesse. Unveröffentlichte Diplomarbeit: Universität Augsburg.

NICHD Early Child Care Research Network (2006a): Child care effect sizes for the NICHD Study of Early Child Care and Youth Development. American Psychologist, 61(2), 99–116.

NICHD Early Child Care Research Network (2006b): Infant-mother attachment: Risk and protection in relation to changing maternal caregiving quality over time. Developmental Psychology, 42(1), 38–58.

NICHD Early Child Care Research Network. (2006c): The relations of classroom contexts in the early elementary years to children's classroom and social behavior. In: A. C. Huston / M. N. Ripke (Hrsg.): Developmental contexts in middle childhood: Bridges to adolescence and adulthood (S. 217–236). New York: Cambridge University Press.

NICHD Early Child Care Research Network (2003): Does quality of child care affect child outcomes at age 4 ½? Developmental Psychology, 39, 451–469.

NICHD Early Child Care Research Network (2002a): Child-care structure —> process —> outcome: Direct and indirect effects of child-care quality on young children's development. Psychological Science, 13, 199–206.

NICHD Early Child Care Research Network (2002b): Parenting and family influences when children are in child care: Results from the NICHD Study of Early Child Care. In: J. Borkowski / S. Ramey / Bristol-Power, M. (Hrsg.), Parenting and the child's world: Influences on intellectual, academic, and social-emotional development (pp. 99–123). Mahwah, NJ: Erlbaum.

NICHD Early Child Care Research Network (2001): Non maternal care and family factors in early development: An overview of the NICHD Study of Early Child Care. Journal of Applied Developmental Psychology, 22, S. 457–492.

NICHD Early Child Care Research Network (2000): The relation of child care to cognitive and language development. Child Development, 71, 958–978.

NICHD Early Child Care Research Network (1999): Child outcomes when child care center classes meet recommended standards for quality. American Journal of Public Health, 89, 1072–1077.

NICHD Early Child Care Research Network (1998): Early child care and self-control, compliance and problem behavior at twenty-four and thirty-six months. Child Development, 69, 1145–1170.

NICHD Early Child Care Research Network. (1997) The effects of infant child care on infant-mother attachment security: Results of the NICHD Study of Early Child Care. Child Development, 68, S. 860–879.

Nicko, O. / Schreyer, I. / Kademann, S. (2013): Evaluationsbericht zum Projekt Sprachberatung in Kindertageseinrichtungen in Bayern. München: Staatsinstitut für Frühpädagogik. Verfügbar unter http://www.ifp.bayern.

de/imperia/md/content/stmas/ifp/evaluationsbericht_projekt-sprachberatung.pdf [25.03.2014].

Nied, F. / Niesel, R. / Haug-Schnabel, G. / Wertfein, M. / Bensel, J. (2011): Kinder in den ersten drei Lebensjahren in altersgemischten Gruppen. Anforderungen an frühpädagogische Fachkräfte. WiFF-Expertise verfügbar unter www.weiterbildungsinitiative.de [12.3.2014].

Niesel, R. (2013): Anregungen zur Genderpädagogik – Konflikte nicht ausgeschlossen. KiTa aktuell spezial 05, 26–28.

Niesel, R. (2010): Sich zugehörig fühlen. Der Übergang in die Kita von Kindern und Eltern mit Zuwanderungsgeschichte. TPS (3), 11–13.

Niesel, R. (2008a): Wach, neugierig, klug. Kompetente Erwachsene für Kinder unter drei. Filmszenen und Informationen zur Entwicklung von Kindern. Gütersloh: Bertelsmann Stiftung.

Niesel, R. (2008b): Kinder sind niemals geschlechtsneutral. Die Kita als Erfahrungsraum des sozialen Geschlechts. Theorie und Praxis der Sozialpädagogik (TPS), 2, 12–14.

Niesel, R. / Griebel, W. (2015): Übergänge ressourcenorientiert gestalten: Von der Familie in die Kindertagesbetreuung. (KinderStärken, Bd. 3). Stuttgart: Kohlhammer.

Niesel, R. / Wertfein, M. (2013): Vom Kindergarten zur Kita mit erweiterter Altersmischung. TPS Theorie und Praxis der Frühpädagogik (2), 8–12.

Niesel, R. / Wertfein, M. (2010): Kinder unter drei Jahren im Kindergarten. Die erweiterte Altersmischung als Qualitätsgewinn für alle (Bayerisches Staatsministerium für Arbeit und Sozialordnung, Familie und Frauen, Hrsg.): PDF-Download verfügbar unter: http://www.bestellen.bayern.de/shoplink/10010264.htm [12.3.2014].

Oerter, R. (2012): Lernen en passant: Wie und warum Kinder spielend lernen. Diskurs Kindheits- und Jugendforschung, 4, S. 389–403.

Oerter, R. (1993): Psychologie des Spiels. Ein handlungstheoretischer Ansatz. München: Quintessenz.

Oerter, R. / Montada, L. (Hrsg.) (2008): Entwicklungspsychologie (6., vollständig überarb. Aufl.). Weinheim und Basel: Psychologie Verlags Union.

Ostermayer, E. (2013): Pikler. Berlin: Cornelsen.

Ostermayer, E. (2007): Unter drei – mit dabei. Wege zu einem qualifizierten Betreuungsangebot in der Kita. München: Don Bosco.

Österreicher, H. / Prokop. E. (2006): Kinder wollen draußen sein. Seelze: Kallmeyer.

Papousek, M. (2008): Vom ersten Schrei zum ersten Wort (5. Aufl.). Bern: Huber.

Pasternack, P. / Schulze, H. (2010): Die frühpädagogische Ausbildungslandschaft. Strukturen, Qualifikationsrahmen und Curricula. Gutachten für die Robert-Bosch-Stiftung; (HoF – Arbeitsbericht 2/2010). Hrsg. vom Institut für Hochschulforschung (HoF) an der Martin-Luther-Universität Halle-Wittenberg. Wittenberg.

Pauen, S. (2011): Vom Baby zum Kleinkind. Entwicklungstagebuch zur Beobachtung und Begleitung in den ersten Lebensjahren (MONDEY). Heidelberg: Spektrum Akademischer Verlag.

Pauen, S. / Rauh, H. (2008): Frühe Kindheit: Das Säuglingsalter. In: M. Hasselhorn / R. K. Silbereisen (Hrsg.): Enzyklopädie der Psychologie, Serie V. Entwicklungspsychologie des Säuglings- und Kindesalters (S. 67–125). Göttingen: Hogrefe.

Petermann, F. / Wiedebusch, S. (2003): Emotionale Kompetenz bei Kindern. Göttingen: Hogrefe.

Petermann, U. / Petermann, F. / Koglin, U. (2008): Entwicklungsbeobachtung und -dokumentation. Eine Arbeitshilfe für pädagogische Fachkräfte in Krippen und Kindergärten. Mannheim: Cornelsen Scriptor.

Pianta, R. C. / Hamre, B. K. (2009): Conceptualization, Measurement, and Improvement of Classroom Processes: Standardized Observation Can Leverage Capacity. Educational Researcher, 38, 109–119.

Pinquart, M. / Schwarzer, G. / Zimmermann. P. (2011): Entwicklungspsychologie – Kindes- und Jugendalter. Hogrefe Verlag GmbH/Co. KG: Göttingen.

Pramling Samuelsson, I. (2004): How do children tell us about their childhoods? Early Childhood Research and Practice (6), 1. Verfügbar unter http://ecrp.uiuc.edu/v6n1/pramling.html [10.3.2014].

Prokop, E. (2013): Gelebte Partizipation. Gemeinsamkeit und Differenzierung als ko-konstruktiver Prozess. TPS Theorie und Praxis der Sozialpädagogik (2), 32–34.

Rauh, H. (2008): Vorgeburtliche Entwicklung und Frühe Kindheit. In: R. Oerter / L. Montada (Hrsg.): Entwicklungspsychologie (6. Aufl.) (S. 131–208). Weinheim: Beltz.

Reichert-Garschhammer, E. et al. (2013): Projektarbeit im Fokus. Berlin: Cornelsen.

Reichert-Garschhammer, E. / Becker-Stoll, F. (2013): Qualitätsbegleitung für Kindertageseinrichtungen in Bayern. IFP-Infodienst, 18, 34–39.

Reichert-Garschhammer, E. / Kieferle, C. (Hrsg.) (2011): Sprachliche Bildung in Kindertageseinrichtungen. Freiburg im Breisgau: Herder.

Remsperger, R. (2011): Sensitive Responsivität. Zur Qualität pädagogischen Handelns im Kindergarten. Wiesbaden: VS Verlag für Sozialwissenschaften.

Remsperger, R. (2008): Feinfühligkeit im Umgang mit Kindern. Kindergarten heute spezial, Freiburg im Breisgau: Herder.

Riemann, W. / Wüstenberg, W. (2004): Die Kindergartengruppe für Kinder ab einem Jahr öffnen. Eine empirische Studie. Frankfurt am Main: Fachhochschulverlag.

Ries-Schemainda, G. (2013): Den Anfang gut gestalten. TPS Theorie und Praxis der Sozialpädagogik (2), 16–17.

Roberts, R. (2011): Companionable learning: a mechanism for holistic wellbeing development from birth. European Early Childhood Education Research Journal, 19 (2), 195–205.

Rohrmann, T. / Wanzeck-Sielert, C. (2014): Mädchen und Jungen in der KiTa. Körper, Gender, Sexualität. Stuttgart: Kohlhammer.

Rohrmann, T. (2013): Geschlechtsbewusste Pädagogik – eine Gratwanderung. In: P. Wagner (Hrsg.): Handbuch Inklusion. Grundlagen vorurteilsbewusster Bildung und Erziehung (S. 93–106). Freiburg im Breisgau: Herder.

Rohrmann, T. (2008): Zwei Welten? Geschlechtertrennung in der Kindheit. Opladen: Budrich.

Rosenthal, M. K. / Gatt, L. (2010): ›Learning to Live Together‹: training early childhood educators to promote socio-emotional competence of toddlers and pre-school children. European Early Childhood Education Research Journal, 3, 373–390.

Roth, X. (2014): Handbuch Elternarbeit. Bildungs- und Erziehungspartnerschaft in der Kita. Freiburg im Breisgau: Herder.

Rothe, H.-J. (2005): Ursachen von arbeitsbedingtem Stress und deren Bewältigung. In: Landesvereinigung für Gesundheitsförderung Mecklenburg-Vorpommern e.V. (LVG) (Hrsg.): Betriebliche Gesundheitsförderung (Dokumentation).

Rubenstein, J. L. / Howes, C. (1983): Social-emotional development of toddlers in day care: The role of peers and of individual differences. In: S. Kilmer (Hrsg.): Advances in early education and day care, Band 3. Greenwich: JAI Press, S. 13–45.

Rutanen, N. (2007): Two-year-old children as co-constructors of culture. European Early Childhood Education Research Journal 15 (1), 59–69.

Ryan, R. M. / Deci, E. L. / Grolnick, W. S. (1995): Autonomy, relatedness and the self: Their relation to development and psychopathology. In: D. Cicchetti / D. J. Cohen (Hrsg.) (1995): Development and psychopathology, Vol. 1: Theory and methods. Oxford, England: John Wiley and Sons., S. 618–655.

Ryan, R. M. / Kuhl, J. / Deci, E. L. (1997): Nature and autonomy: An organizational view of social and neurobiological aspects of self-regulation in behavior and development. In: Development and Psychopathology 9, 701–728.

Schad, M. (2011): Aufsichtspflicht und Sicherheit in der Krippe. In: N. Neuß (Hrsg.) Grundwissen Kinderkrippe (S. 162–172). Berlin: Cornelsen.

Schäfer, G. (2013): Wahrnehmendes Beobachten. TPS (10), 4–7.

Schäfer, G. (2008): Bildung in der frühen Kindheit. In: W. Thole / H.-G. Roßbach / M. Fölling-Albers / R. Tippelt (Hrsg.): Bildung und Kindheit. Pädagogik der Frühen Kindheit in Wissenschaft und Lehre (S. 125–140). Opladen: Barbara Budrich.

Scheuerer-Englisch, H. / Suess, G. J. / Pfeifer, W.-K. (Hrsg.) (2003): Wege zur Sicherheit. Bindungswissen in Diagnostik und Intervention. Gießen: Verlag Psychosozial.

Schieche, M. (1996): Exploration und physiologische Reaktion bei zweijährigen Kindern mit unterschiedlichen Bindungserfahrungen. Dissertation, Universität Regensburg.

Schneewind, K. A. / Berkic, J. (2007): Stärkung von Elternkompetenzen durch primäre Prävention: Eine Unze Prävention wiegt mehr als ein Pfund Therapie. Praxis der Kinderpsychologie und Kinderpsychiatrie 56, H. 8, S. 643–659.

Schneider, K. (2011): Mit Bildungs- und Lerngeschichten auf die Interessen von Kindern eingehen. In: N. Neuß (Hrsg.): Grundwissen Krippenpädagogik. Ein Lehr- und Arbeitsbuch (S. 127–139). Berlin: Cornelsen Verlag Scriptor.

Senatsverwaltung für Bildung, Jugend und Wissenschaft Berlin (Hrsg.) (2012): Merkblatt der Berliner Kindertagesstättenaufsicht zum Meldeverfahren bei möglicher Kindeswohlgefährdung. Verfügbar unter http://s475533673.online.de/index.php/aktuelles/44-merkblatt-zur-kindeswohlgefaehrdung.html [12.3.2014].

Siegler, R. / DeLoache, J. / Eisenberg, N. (2005): Entwicklungspsychologie des Kindes- und Jugendalters. Heidelberg: Spektrum Akademischer Verlage.

Singer, E. (2013): Play and playfulness, basic features of early childhood education. European Early Childhood Education Research Journal (21), 2, 172–184

Singer, E. / de Haan, D. (2007): Social life of young children. Amsterdam: B. V. Uitgeverij SWP.

Siraj-Blatchford, I. (2007): Effektive Bildungsprozesse: Lehren in der frühen Kindheit. In: F. Becker-Stoll / M. R. Textor (Hrsg.): Die Erzieherin-Kind-

Beziehung. Zentrum von Bildung und Erziehung (S. 97–114). Berlin, Düsseldorf/Mannheim: Cornelsen Scriptor.
Siraj-Blatchford, I. / Sylva, K. / Muttock, S. / Gilden, R. / Bell, D. (2002): Researching Effective Paedagogy in the Early Years: DfES Research Report 356. Verfügbar unter http://www.327matters.org/Docs/RR356.pdf [12.3.2014].
Skinner, E. A. / Wellborn, J. G. (1994): Coping During Childhood and Adolescence: A Motivational Perspective. In: D. L. Featherman / R. M. Lerner / M. Perlmutter (1994). Life-Span Development and Behavior (S. 91–133). Hilldale, N. J: Lawrence Erlbaum Associates.
Sodian, B. (2008): Entwicklung begrifflichen Wissens. In: R. Oerter / L. Montada (Hrsg.): Entwicklungspsychologie (443–468) (6., vollständig überarb. Aufl.). Weinheim / Basel: Psychologie VerlagsUnion.
Sodian, B. / Kristen, S. / Koerber, S. (2010): Früh erobertes Weltwissen – Sozial-kognitive Kompetenzen in frühester Kindheit: Was folgt aus der neueren Bildungsforschung für die Bildungsarbeit. In: H. R. Leu / A. von Behr (Hrsg.): Forschung und Praxis der Frühpädagogik. Profiwissen für die Arbeit mit Kindern von 0–3 Jahren (S. 39–54). München: Reinhardt.
Sodian, B. / Thoermer, C. (2009): Sozial-kognitive und Handlungsverstehen in der frühen Kindheit. In: F. Becker-Stoll / B. Nagel (Hrsg.): Bildung in Deutschland (S. 55–63). Berlin: Cornelsen Scriptor.
Sommer, D. / Pramling Samuelsson, I. / Hundeide, K. (2013): Early care and education: a child perspective paradigm. European Early Childhood Research Journal (21), 4, 459–475.
Spangler, G. (2001): Die Psychobiologie der Bindung: Ebenen der Bindungsorganisation. In: G. J. Suess / H. Scheuerer-Englisch / W. K. P. Pfeifer (2001). Bindungstheorie und Familiendynamik. Anwendung der Bindungstheorie in Beratung und Therapie (S. 126–177). Gießen: Psychosozial-Verlag.
Spangler, G. / Fremmer-Bombik, E. / Grossmann, K. (1996): Social and individual determinants of attachment security and disorganization during the first year. Infant Mental Health Journal, 17, 127–139.
Spangler, G. / Schwarzer, G. (2008): Kleinkindalter. In: M. Hasselhorn / R. K. Silbereisen (Hrsg.): Enzyklopädie der Psychologie, Serie V. Entwicklungspsychologie des Säuglings- und Kindesalters (S. 127–175). Göttingen et al.: Hogrefe.
Spitz, R. A. (1945): Hospitalism. Psychoanalytic Study of the Child 1, S. 53–74.
Sroufe, L. A. (2002): Attachment and the complexity of development. Journal of Infant, Child, and Adolescent Psychotherapy, 2(4), 19–26.
Sroufe, L. A. (1983): Infant-caregiver-attachment and patterns of adaptation in preschool: The roots of maladaptation and competence. In: M. Perl-

mutter (1983). The Minnesota Symposia on Child Psychology (S. 41–81). Hillsdale, NJ: Erlbaum.

Sroufe, L. A. / Egeland, B. / Carlson, E. A. / Collins, W. A. (2005): Placing Early Attachment Experiences in Developmental Context: The Minnesota Longitudinal Study. In: Grossmann, K. E., Grossmann, K., Waters, E. (Hrsg.): Attachment from Infancy to Adulthood. The Major Longitudinal Studies (S. 48–70). New York, Guilford Press.

Stern, A. (2008): Das Malspiel und die natürliche Spur. Malort. Malspiel und die Formulation (2. Aufl.). Klein Jasedow: Drachen Verlag.

Steudel, A. (2008): Beobachtung in Kindertageseinrichtungen. Entwicklung einer professionellen Methode für die pädagogische Praxis. Weinheim und München: Juventa.

StMAS / IFP (2010) vgl. Bayerisches Staatsministerium

Strätz, R. (2013): Ziele und Formen von Entwicklungsdokumentation. TPS (10), 8–12.

Strehmel, P. (2008): Frühe Förderung von Kindern in Tageseinrichtungen. In: F. Petermann / W. Schneider (Hrsg.): Angewandte Entwicklungspsychologie (S. 205–236): Göttingen et al.: Hogrefe.

Suchodoletz von, A. (2013): Classroom-Management im Kindergarten: Auf positive Beziehungen kommt es an. In: C. Eichhorn (Hrsg.): Chaos im Klassenzimmer (S. 147–160). Stuttgart: Klett-Cotta.

Suess, G. J. (2011): Missverständnisse über Bindungstheorie. Eine Expertise der Weiterbildungsinitiative Frühpädagogische Fachkräfte (WIFF). Herausgeber: Deutsches Jugendinstitut e. V. (DJI).

Suess, G. J. / Grossmann, K. E. / Sroufe, L. A. (1992): Effects of infant attachment to mother and father on quality of adaptation in preschool: From dyadic to individual organization of self. International Journal of Behavioral Development 15, S. 43–65.

Sumner, M. M. / Bernard, K. / Dozier, M. (2010): Young Children's Full-Day Patterns of Cortisol Production on Child Care Days. Archives of Pediatric/Adolescent Medicine, 164 (6), 567–571.

Sunderland, M. (2006): Die neue Elternschule. Kinder richtig verstehen – ein praktischer Erziehungsratgeber. London: Dorling Kindersley.

Textor, M. (2012). Defizite, Defizite, Defizite. KiTa BY (9), 213–215.

Textor, M. R. (Hrsg.) (2006): Erziehungs- und Bildungspartnerschaft mit Eltern. Freiburg im Breisgau: Herder.

Tietze, W. (Hrsg.) (2010): Tagespflege-Skala (TAS-R). Berlin: Forschungsversion Tietze, W. (2008). Qualitätssicherung im Elementarbereich. Zeitschrift für Pädagogik, 54 (12), 16–35.

Tietze, W. (2006): Frühpädagogische Evaluations- und Erfassungsinstrumente. In: L. Fried / S. Roux (Hrsg): Pädagogik der frühen Kindheit. Handbuch und Nachschlagewerk (S. 243–253). Weinheim / Basel: Beltz Verlag.

Tietze, W. (Hrsg.) (2004): Pädagogische Qualität entwickeln. Praktische Anleitung und Methodenbausteine für Bildung, Betreuung und Erziehung in Tageseinrichtungen für Kinder von 0–6 Jahren. Weinheim / Basel: Beltz.

Tietze, W. (Hrsg.) (1998): Wie gut sind unsere Kindergärten? Eine Untersuchung zur pädagogischen Qualität in deutschen Kindergärten. Berlin: Luchterhand Verlag.

Tietze, W. / Becker-Stoll, F. / Bensel, J. / Eckhardt, A. G. / Haug-Schnabel, G. / Kalicki, B. et al. (Hrsg.) (2013): Nationale Untersuchung zur Bildung, Betreuung und Erziehung in der frühen Kindheit (NUBBEK). Weimar / Berlin: verlag das netz.

Tietze, W. / Bolz, M. / Grenner, K. / Schlecht, D. / Wellner, B. (2007): Krippen-Skala. Revidierte Fassung (KRIPS-R). Feststellung und Unterstützung pädagogischer Qualität in Krippen. Berlin / Düsseldorf / Mannheim: Cornelsen Verlag Scriptor.

Tietze, W. / Knobeloch, J. / Gerszonowicz, E. (2005): Tagespflege-Skala (TAS). Feststellung und Unterstützung pädagogischer Qualität in der Kindertagespflege. Weinheim / Basel: Beltz.

Tietze, W. / Rossbach, H. / Stendel, M. / Wellner, B. (2005): Hort- und Ganztagsangebote-Skala (HUGS). Feststellung und Unterstützung pädagogischer Qualität in Horten und außerunterrichtlichen Angeboten. Weinheim / Basel: Beltz.

Tietze, W. / Schuster, K.-M. / Grenner, K. / Roßbach, H.-G. (2007): Kindergarten-Skala (KES-R) – Revidierte Fassung: Feststellung und Unterstützung pädagogischer Qualität in Kindergärten (3. überarb. Aufl.). Berlin, Düsseldorf / Mannheim: Cornelsen Scriptor.

Tietze, W. / Viernickel, S. (Hrsg.) (2007): Pädagogische Qualität in Tageseinrichtungen für Kinder. Ein nationaler Kriterienkatalog (4. Aufl.). Weinheim / Basel / Berlin: Beltz.

Tomasello, M. (2009): Die Ursprünge der menschlichen Kommunikation. Frankfurt am Main: Suhrkamp.

TPS-Gespräch (2013): Die Altersmischung bringt uns zu neuen pädagogischen Lösungen. TPS Theorie und Praxis der Sozialpädagogik (2), S. 13–15.

van den Boom, D. (1994): The influence of temperament and mothering on attachment and exploration: An experimental manipulation of sensitive responsiveness among lower-class mothers with irritable infants. Child Development, 65, 1457–1477.

Van Dieken, Ch./van Dieken, J. (2013): Ganz nah dabei – Raumgestaltung in Kitas für 0–3-Jährige. Berlin: Cornelsen (Buch und DVD).

van Hoogdalem, A.-G./Singer, E./Wijngaards, L./Heesbeen, D. (2012): The role of familiarity and similarity in friendships in toddlers in Dutch daycare centers. European Early Childhood Education Research Journal 20 (2), 189–204.

Vermeer, H. J./van Ijzendoorn, M. H. (2006): Children's elevated cortisol levels at daycare: A review and meta-analysis. Early Childhood Research Quarterly, 21, 390–401.

Viernickel, S. (Hrsg.) (2009): Beobachtung und Erziehungspartnerschaft. Berlin und Düsseldorf: Cornelsen Scriptor.

Viernickel, S. (2008): Qualitätskriterien und -standards im Bereich der frühkindlichen Bildung und Betreuung (2. Aufl.). Remagen: Ibus-Verlag.

Viernickel, S. (2004): Kleinkinder konstruieren soziale Beziehungen. In: L. Fried/G. Büttner (Hrsg.): Weltwissen von Kindern. Zum Forschungsstand über die Aneignung sozialen Wissens bei Krippen- und Kindergartenkindern (S. 35–54). Weinheim: Juventa.

Viernickel, S. (2000): Spiel, Streit, Gemeinsamkeit. Einblicke in die soziale Welt der unter Zweijährigen. Landau: Empirische Pädagogik e.V.

Viernickel, S./Schwarz, S. (2009): Expertise Schlüssel zu guter Bildung, Erziehung und Betreuung – Wissenschaftliche Parameter zur Bestimmung der pädagogischen Fachkraft-Kind-Relation. Berlin: GEW. Verfügbar unter http://www.gew.de/Binaries/Binary47887/expertise_gute_betreuung_web.pdf [12.3.2014].

Viernickel, S./Völkel, P. (2009): Beobachten und dokumentieren im pädagogischen Alltag (5. Aufl.). Freiburg im Breisgau: Herder.

Vogt, H. (2013): Zwischen Notlösung und pädagogischer Intention. TPS Theorie und Praxis der Sozialpädagogik (2), 29–31.

Wagner, P. (2013): Vielfalt und Diskriminierung im Erleben von Kindern. In: P. Wagner (Hrsg.): Handbuch Inklusion. Grundlagen vorurteilsbewusster Bildung und Erziehung (S. 87–92). Freiburg im Breisgau: Herder.

Wagner, P. (Hrsg.) (2013): Handbuch Inklusion. Grundlagen vorurteilsbewusster Bildung und Erziehung. Freiburg: Herder

Warneken, F. (2010): Die Grundlagen prosozialen Verhaltens in der frühen Kindheit. In: H. R. Leu/A. von Behr (Hrsg.): Forschung und Praxis der Frühpädagogik. Profiwissen für die Arbeit mit Kindern von 0–3 Jahren (S. 73–91). München: Reinhardt.

Watamura, S. E. / Donzella, B. / Alwin, J. / Gunnar, M. R. (2003): A secure base from which to explore close relationships. Child Development 74 (1), 684–689.

Watamura, S. E. / Phillips D. A. / Morrissey, T. W. / McCartney, K. / Bub, K. (2011): Double jeopardy: poorer social-emotional outcomes for children in the NICHD SECCYD experiencing home and child-care environments that confer risk. Child Development, 82(1), 48–65.

Waters, E. / Cummings, E. M. (2000): A secure base from which to explore close relationships. Child Development 71 (1). 164–72.

Waters, E. / Sroufe, L. A. (1983): Social competence as a developmental construct. Developmental Review, 3, 79–97.

Wertfein, M. (2010): Die gemeinsame Stärkung der Elternkompetenzen. In: F. Becker-Stoll / J. Berkic / B. Kalicki (Hrsg.): Bildungsqualität für Kinder in den ersten drei Lebensjahren (S. 224–230). Berlin: Cornelsen Scriptor.

Wertfein, M. (2006): Emotionale Entwicklung im Vor- und Grundschulalter im Spiegel der Eltern-Kind-Interaktion. e-Dissertation an der LMU München, verfügbar unter http://edoc.ub.uni-muenchen.de/5997/ [12.3.2014].

Wertfein, M. / Byliza, I. (2012): Altersmischung in Kinderkrippengruppen. Ergebnisbericht der wissenschaftlichen Begleitung im Montessori Kinderhaus Augsburg. München: Staatsinstitut für Frühpädagogik (IFP) Projektbericht 23.

Wertfein, M. / Kofler, A. (2011): Erster Ergebnisbericht zur zweiten IFP-Studie zur Qualitätssicherung in Tageseinrichtungen für Kinder unter drei Jahren »Kleine Kinder – großer Anspruch 2010«. Unveröffentlichtes Manuskript.

Wertfein, M. / Müller, K. / Danay, E. (2013): Die Bedeutung des Teams für die Interaktionsqualität in Kinderkrippen. Frühe Bildung, 2 (1), 20–27.

Wertfein, M. / Müller, K. / Kofler, A. (2012): Kleine Kinder – großer Anspruch! 2010. Zweite IFP-Krippenstudie in Tageseinrichtungen für Kinder unter drei Jahren (IFP-Projektbericht). Verfügbar unter http://www.ifp.bayern.de/imperia/md/content/stmas/ifp/projektbericht_nr18.pdf [12.3.2014].

Wertfein, M. / Spies-Kofler, A. (2008): Kleine Kinder – großer Anspruch! Studie zur Implementation des BayBEP und zur Qualitätssicherung in Kinderkrippen. München: Staatsinstitut für Frühpädagogik. Verfügbar unter http://www.ifp.bayern.de/imperia/md/content/stmas/ifp/qualitaet_in_krippen.pdf [12.3.2014].

Wertfein, M. / Spies-Kofler, A. / Becker-Stoll, F. (2009): Quality curriculum for under-threes: the impact of structural standards. Early Years, 29 (1), 19–31.

Whitebook, M. / Howes, C. / Phillips, D. (1990): Who cares? Child care teachers and the quality of care in America. Oakland, California: Child Care Employee Project.

Winner, A. (2010): Zwei Eingewöhnungsmodelle im Vergleich. KiTa aktuell Bayern, 6, 129–131.

Winner, A. (2007): Kleinkinder ergreifen das Wort. Sprachförderung mit Kindern von 0 bis 4 Jahren. Berlin, Düsseldorf/Mannheim: Cornelsen Scriptor.

Winner, A. / Erndt-Doll, E. (2009): Anfang gut? Alles besser! Ein Modell für die Eingewöhnung in Kinderkrippen und anderen Kindertageseinrichtungen für Kinder. Berlin / Weimar: verlag das netz.

Wise, S. / da Silva, L. / Webster, E. / Sanson, A. (2005): The efficacy of early childhood interventions. Melbourne: Australian Institute of Family Studies.

Wragg, M. (2013): Towards an inversion of the deficit model of intervention in children's play. European Early Childhood Education Research Journal (21), 2, 283–291.

Wüstenberg, W. (2006): Gleichaltrige im Krippenalter entwickeln Humor, eigene Themen und Freundschaften untereinander: Nützt das ihrer Entwicklung? Verfügbar unter www.kindergartenpaedagogik.de/1813.html [12.3.2014].

Wüstenberg, W. / Schneider, C. (2010): Soziale Kompetenz von Kleinkindern in der Gruppe. In: E. Hammes-Di Bernardo / A. Speck-Hamdan (Hrsg.): Kinder brauchen Kinder (S. 69–85). Berlin: verlag das netz.

Wustmann, C. (2011): Resilienz in der Frühpädagogik – verlässliche Beziehungen, Selbstwirksamkeit erfahren. In: M. Zander (Hrsg.): Handbuch Resilienzförderung (S. 350–359). Wiesbaden: VS Verlag.

Wustmann, C. (2009): Resilienz. Widerstandsfähigkeit von Kindern in Tageseinrichtungen fördern. Berlin: Cornelsen Scriptor (3. Aufl.).

Wustmann, C. (2004): Resilienz. Widerstandsfähigkeit von Kindern in Tageseinrichtungen fördern. Berlin: Cornelsen.

Yoshikawa, H. (1995): Long-term effects of early childhood programs on social outcomes and delinquency. In: The Future of Children 5, S. 51–75.

Youniss, J. (1994): Soziale Konstruktion und psychische Entwicklung. Frankfurt am Main: Suhrkamp.

Zimmermann, P. (2001): (Reaktive) Bindungsstörung im Kindesalter. In: G. W. Lauth / Brack, U. / Linderkamp, F. (Hrsg.) (2001). Praxishandbuch Verhaltenstherapie bei Kindern und Jugendlichen (S. 113–123). Weinheim: Psychologie Verlags Union.

Zimmermann, P. (2000): Bindung, Emotionsregulation und internale Arbeitsmodelle: Die Rolle von Bindungserfahrungen im Risiko-Schutz-Modell. Frühförderung Interdisziplinär 19, S. 119–129.

Zimmermann, P. / Becker-Stoll, F. / Grossmann, K. / Grossmann, K. E. / Scheuerer-Englisch, H. / Wartner, U. (2000): Längsschnittliche Bindungsentwicklung von der frühen Kindheit bis zum Jugendalter. In: Psychologie in Erziehung und Unterricht 47, 99–117.

Zimmermann, P. / Maier, M. / Winter, M. / Grossmann, K. E. (2001): Attachment and adolescents' emotion regulation during a joint problem-solving task with a friend. In: International Journal of Behavioral Development 25, 331–342.

Zimmermann, P. / Spangler, G. (2008): Bindung, Bindungsdesorganisation und Bindungsstörungen in der frühen Kindheit: Entwicklungsbedingungen, Prävention und Intervention. In: R. Oerter / L. Montada (Hrsg.): Lehrbuch Entwicklungspsychologie (S. 689–704). Weinheim: Beltz.